KB079782

War
History
Gallery

| 일러두기 |

- 본문에 등장하는 인명의 영문명 및 생몰연도를 첨자 스타일로 국문명과 함께 표기하였다.
  (예 : 레오나르도 다빈치Leonardo da Vinci, 1452~1519)
- 미술작품은 〈 〉로 묶고, 단행본은 『 』, 논문이나 정기간행물은 「 」로 묶었다.
- 본문 뒤에 작품과 인명 색인을 두어, 가나다 순으로 작품과 인명을 찾아볼 수 있도록 하였다.
- 인명, 지명의 한글 표기는 원칙적으로 외래어 표기법에 따랐으나, 일부는 통용되는 방식을 따랐다.
- 미술작품 정보는 '작가명, 작품명, 제작연도, 기법, 크기, 소장처' 순으로 표시하였다.
- 작품의 크기는 세로×가로로 표기하였다.

승자와 패자의 운명을 가른
역사의 한 장면

미술관에서 만난 전쟁사

이현우 지음

어바웃어북

| 머리말 |

나는 미술관에서 전쟁사를 고증한다

대학 새내기 시절, 방학을 맞아 서양사 답사를 겸해 다녀왔던 이탈리아 여행이 떠오른다. 역사의 흔적이 놀라울 정도로 잘 보존된 로마는 사학도들에게는 성지와도 같은 도시다. 1000년 넘게 제국의 정치, 경제, 종교의 중심지였던 포로 로마노에서 티투스 황제의 개선문, 그 유명한 콜로세움을 지나 시민들이 모여 집정관을 선출하던 코미티움 광장 한복판에 서서 붉은 벽돌로 지어진 원로원을 바라봤을 때의 순간을 나는 지금도 잊을 수 없다. 카이사르가 아들처럼 아꼈던 브루투스에게 암살당하면서 "브루투스, 너마저!"라는 유명한 말을 남긴 바로 그 곳에 섰을 때 치기어린 젊은 사학도의 가슴은 뜨거웠다.

그리고, 바티칸 박물관에서 만난 거대한 그림 한 폭에 나는 압도당하고 말았다. 당시엔 이 그림이 어떤 작품인지 전혀 몰랐다. 그때만 해도 스마트폰이 일상이 아니던 때라 바로 검색해볼 수도 없었다. 그저 그림을 응시하며 디지털 카메라 셔터를 눌러대느라 정신없던 시절이었다. 그림에는 수많은 기병대들이 깃발을 들고 서 있고, 중앙에 사령관으로 보이는 콧수염 멋진 장군이 홀을 들고 주변을 응시하는 모습이 담겨 있었다.

그림의 정확한 정체를 알게 된 것은 한국으로 돌아오고도 한참 뒤의 일이었다. 그해 겨울 개봉했던 영화 〈반지의 제왕〉 3편에 나온 로한 기병대의 모습과 1683년 오스만터키의 침략을 받은 오스트리아 비엔나 성을 구하러 간 폴란드 기병대의 모습이 무척 흡사해 보여 인터넷 검색을 하다가 잊고 있었던 바로 그

그림을 다시 만나게 된 것이다. 그림은 1683년 비엔나를 구하기 위해 출전했던 폴란드 기병대를 그린 작품이었다. 동양적인 옷차림에 콧수염이 퍽 인상적이던 인물은 폴란드 기병대를 인솔한 총대장이자 국왕인 '얀 3세 소비에스키'다. 그림의 제목은 〈비엔나에 입성하는 얀 3세 소비에스키〉로 폴란드 국민화가 얀 마테이코가 1883년에 그린 것이다. 1978년 폴란드 출신 요한 바오로 2세가 교황으로 선출된 것을 축하하는 뜻으로 폴란드정부가 교황청에 기증한 작품이라고 한다. 피터 잭슨 감독은 〈반지의 제왕〉을 촬영할 당시 로한 기병대가 돌격하는 장면을 찍을 때 이 폴란드 기병대의 모습을 모티브로 삼았다고 한다. 하나의 역사적 장면이 웅장한 회화와 대작 영화에 동시에 녹아들어간 셈이다.

나는 이 작품을 계기로 회화에서 역사를 소환해내는 재미에 푹 빠지고 말았다. 그 중에서도 특히 전쟁사의 중요한 장면을 담은 전쟁화에 깊이 경도되었다. 과거에는 어느 전시회에 가든 사진부터 찍기 바빴지만 지금은 어떤 그림을 만나든 작품의 이력을 먼저 살피게 된다. 그림에 담긴 역사가 무엇이고 그 역사적 사건이 어떤 작품들에 영향을 끼쳤는지 찾아보는 일은, 역사를 전공하던 대학 시절 유적지로 답사를 다니며 고증에 열중하던 모습과 다르지 않다.

무엇보다 그림 속 치열한 전투 장면을 가만히 들여다보고 있으면, 마치 호메로스의 『일리아스』와 같은 고대 서사시나 톨스토이의 『전쟁과 평화』 같은 대하소설을 읽는 착각에 빠지곤 한다. 문학 속 텍스트의 행간에서 수많은 서사적 장면을 머릿속에 떠올리듯이, 그림 한 폭의 구석구석에는 말과 글로 다 설명할 수 없는, 전쟁의 승패를 가르는 결정적 순간들이 녹아들어 있다. 그렇게 그림에는 전쟁에 얽힌 흥미진진한 속내가 가득 차 있음을 나는 미술관에서 수많은 작품들과의 눈 깊은 교감을 통해서 비로소 알게 되었다.

프랑스 낭만주의 화가 테오도르 제리코가 그린 〈기병의 초상화〉에서 유럽의 군인들이 입었던 갑옷이 어떻게 여성 속옷 코르셋의 기원이 됐는지를 알게 되었고, 영국 출신 역사화가 엘리자베스 S. 톰슨이 그린 거대한 전쟁화에서 칼을 든 기병과 총을 든 보병의 숨 막히는 격전의 현장을 목도하면서, 때로는 총보다 칼이 더 빠를 수밖에 없음에 고개를 끄덕였다. 패션쇼 현장을 방불케 할 정도로 18세기 서양의 군복이 화려했던 이유도 회화 속에 등장했던 군인들의 복식사를 공부하면서 알게 되었다.

또한 프랑스 파리 루브르 박물관에서 〈모나리자〉만큼 인기가 많은 〈밀로의 비너스〉가 두 팔을 잃게 된 사연을 통해, 19세기 서구 열강의 제국주의적 민낯과 마주하면서 역사와 예술이 불편한 조우를 이어가는 루브르의 현주소를 되새길 수 있었다.

한편, 화가의 시선은 예술의 추구에만 고정돼 있지 않았다. 프랑스 대혁명 시절 파란만장한 삶을 살았던 자크 루이 다비드 같은 화가는, 백마를 타고 기세등등해 하는 전쟁 영웅 나폴레옹 보나파르트를 그려 최고 권력자의 위세를 상찬했지만, 독일 화가 아놀드 노르텐은 러시아 원정에 실패해 퇴각하는 패배자 나폴레옹을 그려 권력의 덧없음과 전쟁의 참상을 세상에 고발했다. 정복자 나폴레옹의 몰락은 러시아 화가 바실리 베레시차긴이 그린 〈On the Big Road〉라는 작품에서, 얼어붙은 길 위로 부하들과 힘없이 걸어서 후퇴하는 모습에서 절정을 이뤘다.

회화는 역사적 고증의 대상이 되기도 한다. 프랑스 화가 장 오귀스트 도미니크 앵그르는 철갑으로 된 원피스를 입고 도끼와 긴 칼로 무장한 잔다르크를 그렸다. 그런데 기록에 따르면, 15세기 프랑스 시골 마을의 열일곱 살 소녀의 평균 키는 150cm가 안 됐고, 몸무게도 40kg을 넘지 않았다. 이처럼 여린 소녀가 30kg이 넘는 철갑 원피스를 입고 거대한 기병용 창을 들고 적진을 향해 돌격할 수 있었을까? 프랑스는 나폴레옹 시대부터 영국과의 치열한 전쟁에서 애국심 고취를 위한 일종의 국가주의적 산물로서 잔다르크라는 구국의 성녀 캐릭터가 필요했고, 화가 앵그르는 그러한 시대적 요구를 화폭에 충실하게 담아냈던 것이다.

회화와 조각을 비롯한 미술작품에서 전쟁사의 숨은 이야기들을 밝혀내는 작업은 퍽 의미 있고 매력적인 일이지만, 그만큼 깊이 있는 연구와 고증이 뒷받침돼야 가능한 프로젝트다. 이 책 『미술관에서 만난 전쟁사』는 그 첫발을 뗀, 미약한 시작에 불과하다.

이 책의 표지에는 "다빈치에서 뒤러, 루벤스, 렘브란트, 김홍도에 이르기까지 거장들의 붓끝을 따라가다 보면, 어느 새 전 세계 미술관이 전쟁터가 된다!"는 문구가 적혀 있다. 나는 이 문구가 허언(虛言)이 되지 않도록 공부를 게을리 하지 않겠다는 다짐으로 독자 여러분과 이 책을 응원해주신 모든 분들께 감사 인사를 대신하고자 한다.

2018년 어느 뜨거운 여름날

이현우

전쟁의 승패는 늘 사소함에서 갈렸다!

CHAPTER 02 탐욕의 참극

피에 묻힌 진실

누구를 위한 전쟁인가?

Chapter 01

전쟁의 승패는 늘 사소함에서 갈렸다!

돌팔매의 전쟁사

'강자를 이긴 약자' 그 반전의 대명사

'다윗과 골리앗'의 싸움은 구약성경에 나오는 중요한 사건 중 하나다. 키가 3m에 이르는 거구인데다 투구와 갑주로 완전무장한 전사 골리앗을 작고 어린 다윗이 돌팔매질로 한방에 쓰러뜨리는 장면은 매우 드라마틱하다. 그래서 수천 년 동안 강자와 약자의 전쟁에서 약자가 극적인 승리를 거둔 전투마다 다윗과 골리앗의 싸움이라는 수식어가 붙곤 했다.

오늘날 현대인 입장에서 바라볼 때, 짱돌 하나로 백전노장의 완전무장한 병사를 쓰러뜨렸다는 이야기는 과장된 허구라 생각하기 쉽다. 그러나 막상 고대 전쟁사를 다루는 전문가들 입장에서는 다윗과 골리앗의 싸움이 결코 허황된 이야기가 아니라고 한다.

고대에는 다윗같이 돌팔매질을 전문적으로 하는 '투석병(投石兵)'이라는 병종(兵種)이 실제로 존재했고 대단히 오랫동안 운용됐으며 정말 소년들이

지안 로렌조 베르니니, 〈다윗〉, 1623~1624년, 대리석, 높이 170cm, 보르게제 미술관, 로마

던진 짱돌에 맞아죽은 병사들이 상당히 많았다고 한다.

골리앗을 쓰러트린 '리썰 웨폰'

어떻게 소년의 돌팔매질에 완전무장한 병사가 죽을 수 있는지 비밀을 풀기 위해서는 다윗과 골리앗을 묘사한 조각상과 그림에 등장하는 '투석구(投石具)'에 대해 살펴봐야 한다. 투석구는 다윗이 돌팔매질을 하려고 빙빙 돌리던 줄모양의 도구로, 우리말로는 줄팔매 혹은 무릿매라고 부른다. 고대 그리스에서는 '케스트로스(kestros)'라 불렀으며 현재 영어로는 슬링(sling)이라고 부른다. 투석구는 시대와 장소를 불문하고 거의 모든 문명권에서 쓰인 원시적인 사냥도구이자 무기였던 셈이다.

투석구는 80cm에서 180cm 정도 길이의 줄, 천, 끈 등 주위에서 흔히 구할 수 있는 재질의 것으로 만들 수 있었는데, 원심력을 극대화시켰다가 돌을 날려 주로 적의 머리나 다리에 명중시켜 사살시키는 무서운 무기였다. 숙련된 투석병들은 시속 140km 정도 구속의 돌을 날릴 수 있었으며 유효사거리는 200~300m 정도였다고 하니 정말 대단하다 하지 않을 수 없다. 가까운 거리에서 정면으로 머리에 맞으면 투구가 쪼개지고 돌은 그대로 두개골을 깨트리고 들어가 골리앗처럼 즉사할 수 있었다고 한다.

| 투석구의 모습

이탈리아 나폴리 출신의 바로크 건축가이자

조각가인 지안 로렌조 베르니니Gian Lorenzo Bernini, 1598~1680가 조각한 〈다윗〉(15쪽)을 보면, 투석구를 들고 상체를 크게 뒤로 젖혀 원심력을 극대화하는 다윗의 모습이 생동감 있게 형상화 됐다. 베르니니는 바로크 미술의 특징인 역동성을 강조해 다윗이 골리앗을 향해 투석구로 돌을 날리는 장면을 연출한 것이다.

안드레아 델 카스타뇨, 〈어린 다윗〉, 1450년경, 방패에 유화, 77×115×41cm, 워싱턴 내셔널 갤러리

투석구를 든 다윗을 소재로 한 작품 중에 이탈리아 르네상스 화가 안드레아 델 카스타뇨Andrea del Castagno, 1423~1457가 방패에 채색해 그린 것도 퍽 인상적이다. 사울왕은 골리앗과의 결투에 나선 어린 다윗에게 갑옷을 하사했지만 다윗은 이를 거절하고 양치기 복장으로 싸움에 나섰다. 투석구를 자유자재로 다루는데 무거운 갑옷은 거추장스러웠을 터이다. 그림을 보면, 바닥에 쓰러진 골리앗의 이마에는 다윗이 투석구로 명중시킨 돌이 놓여 있다.

고대로마는 물론 조선 임진왜란 때도 활약했던 투석병

이 투석구의 장점은 주먹 크기 돌을 빙빙 돌릴 정도의 힘만 필요하지 근력을 크게 쓸 필요가 없으므로 어린아이나 노인이나 누구든 배워서 연습만 하면 곧장 실전에 투입될 수 있다는 것이다. 숙달된 사람들의 명중률은 대단히 높았으며 특히 이를 놀이처럼 자주하던 아이들의 명중률이 훨씬 높았다고 하니 기막힌 일이다.

구약성경의 기록을 보면 다윗은 양치기를 하면서 날쌘 맹수들도 사냥할 정도로 매우 능숙한 투석병이었기 때문에 오히려 골리앗처럼 키가 큰 사람을 겨냥하는 것은 훨씬 쉬운 일이었을 것이다.

로마제국시대에는 투석병을 위한 철탄과 납탄 등을 보급하기도 했다. 수만 명의 투석병이 성벽을 향해 이런 철탄을 집어던지면서 대량살상을 유도했고 성벽까지도 공격할 수 있었다고 한다. 또한 '스태프 슬링(staff sling)'이라 하여 긴 나무막대에 연결한 투석구도 있는데 이를 이용하면 메주덩어리만한 돌을 날릴 수 있었으며 고대에 공성전(攻城戰 : 성이나 요새를 빼앗기 위하여 벌이는 전쟁)에서 많이 활용했다고 한다. 이것을 거대화해 훗날 전쟁터를 누비게 된 것이 투석기(catapult)라고 한다.

공성전에 투입된 투석병을 그린 옛 그림

이탈리아 르네상스의 거장 레오나르도 다빈치Leonardo da Vinch, 1452~1519도 한때 투석기를 고안했다는 사료가 전해질 정도로, 투석기는 서양 전

다빈치가 스케치한 도면을 참고해 실제로 제작한 투석기 모델

쟁사에서 매우 중요한 무기였다. 흥미로운 사실은 투석기가 서양에서 뿐만 아니라 우리나라에서도 임진왜란 때까지 주요 무기로 활용됐다. 우리나라에서는 옛부터 석전(石戰)이라 하여 평시에 아이들이나 어른들이 동네에서 돌팔매질 싸움을 벌이다 전시에는 투석병으로 참전했다고 한다. 특히 안동과 김해 지역의 석전꾼들이 유명했다고 전해진다. 그들은 삼포왜란과 임진왜란 때 크게 활약했다. 특히 임진왜란 3대 대첩 중 하나인 행주대첩에서 투석병들이 크게 활약했는데, 많은 병사들이 줄팔매를 이용해 왜군을 무찌른 것으로 알려져 있다.

결국 골리앗이 단번에 다윗의 돌팔매에 죽은 것은 병사가 총에 맞아 죽은 것과 같은 이치이며 어느 전쟁터에서건 충분히 발생할 가능성이 있었다는 이야기다. 아무리 왜소하고 힘없어 보이는 상대라도 이를 경시하는 오만함이 어떤 결과를 낳는지 잘 보여준 사례라 하겠다.

War History Gallery

여성의 속옷을 입었던 전사들

'브래지어'는 원래 궁사들의 '팔목보호대'였다?

오늘날 '브래지어(brassiere)'란 단어는 여성 속옷의 대명사처럼 알려져 있지만, 단어의 어원을 좇아 시대를 거슬러 올라가다보면 기묘한 단어와 만나게 된다. 다름 아닌 전쟁터에서 활을 쏘는 궁사들의 팔목보호대로 쓰이는 '브라시에르(braciere)'란 프랑스 단어다. 영어로 '브레이서(bracer)'라 불리는 이 말은, 양궁에서 여전히 팔목보호대란 뜻으로 사용된다.

여성 속옷과 궁사들의 팔목보호대는 상당한 거리감이 있지만, 브레이서는 중세 말기를 지나면서 단순히 팔목보호대를 넘어 갑옷의 가슴 보호구를 통칭하는 용어로도 쓰이면서 오늘날 브래지어와 연결고리가 생겼다고 한다. 19세기로 넘어와 프랑스어 브라시에

| 〈브레이서〉, 16세기 후반, 메트로폴리탄 뮤지엄 오브 아트, 뉴욕

테오도르 제리코, 〈기병의 초상화〉, 1814년, 캔버스에 유채, 101×85cm, 루브르 박물관, 파리

르는 조끼 혹은 구명조끼 등을 뜻하는 단어가 됐고, 현대적 의미의 브래지어가 발명된 이후에는 주로 여성들이 가슴에 착용하는 속옷의 의미로 뜻이 고정되면서 지금에 이르렀다고 알려져 있다.

중세 기병의 흉갑에서 기원한 코르셋

사실 브래지어뿐만 아니라 상당수의 현대 여성 속옷 및 의상들은 고대와 중세 갑옷에서 착안돼 나왔다. 20세기 초·중반까지 여성들의 필수 속옷이었던 '코르셋(corset)' 역시 갑옷 중 가슴과 배를 보호하는 '흉갑'의 개념을 본떠 만들어졌다. 17세기 이후 총기가 유행하면서 은폐와 엄폐가 어렵고 활동성을 저하시키는 전신갑옷은 대부분 전장에서 퇴출됐지만, 심장과 내장 부위를 보호할 수 있는 흉갑은 오랫동안 유지됐다. 특히 전장의 선봉에 서는 기병대에서는 흉갑을 중요시 여겼다. 이 흉갑을 철갑에서 직물로 바꿔 만든 것이 코르셋의 효시가 됐다고 한다.

테오도르 제리코, 〈부상당한 흉갑기병〉, 1814년, 캔버스에 유채, 358×294cm, 루브르 박물관, 파리

프랑스의 낭만주의 화가 테오도르 제리코Jean-Louis-André-Théodore Géricault, 1791~1824가 그린 〈기병의 초상화〉(21쪽)를 보면, 흉갑을 착용한 기병의 상반신이 자세히 묘사돼 있다. 이 작품 말고도 제리코는 기병의

모습을 담은 그림을 여럿 그렸는데, 그 가운데 유명한 것이 〈부상당한 흉갑 기병〉이다. 그림의 제호로 알 수 있듯이 제리코는 부상당한 기병의 모습을 그렸다. 실제로 그림 속 기병을 자세히 살펴보면, 귀 뒤로 피를 흘리고 있다. 나폴레옹 군대의 일원인 그림 속 기병은, 러시아 원정 이후 거듭된 패전에서 부상을 입고 고향으로 돌아온 수많은 프랑스 군인들을 상징한다.

물론 화가 제리코는 이 그림에서 군인의 몸을 완벽하게 보호하지 못하는 흉갑의 효용가치를 폄하하지 않았다. 다만 이 그림을 전쟁사적 관점으로 살펴보건대, 아무리 견고하게 만든 흉갑이라도 군인의 몸 전체를 완벽하게 방어하는 데는 한계가 있음을 알 수 있다. 실제로 흉갑은 그 당시 군인들 사이에서 안전성에 의문이 제기됐었다고 한다. 특히 총기류가 발전할수록 흉갑의 군사적 효용가치는 더욱 떨어졌다.

한편 흉갑은 어깨가 벌어져 보이고 허리는 잘록해 보이게 하는, 이른바 '역삼각형 몸매'를 유지시켜 준다는 새로운 효용성이 강조됐다. 고대부터 장교들이 역삼각형 몸매를 유지하지 못하는 것은 나태한 군인이란 의미로 여겨졌고, 그만큼 죄악시되었기 때문이다. 허리를 조금이라도 더 가늘어 보이게 하기 위해 고통을 감내하며 코르셋을 조였던 여성들과 동병상련이 아니었을까. 이 대목에서 코르셋을 조이며 거울 앞에 서 있는 여인의 모습을 그린 에두아르 마네Edouard Manet, 1832~1883의 그림이 겹쳐진다.

에두아르 마네, 〈거울 앞에서〉, 1876년, 캔버스에 유채, 92.1×71.4cm, 솔로몬 구겐하임 미술관, 뉴욕

흥미로운 사실은 제2차 세계 대전 때까지도 각 군의 장교들이 코르셋을 입어 허리를 잘록하게 보이려고 노력했다고 하니, 군인들 사이에서도 외모에 대한 관심이 적지 않았던 모양이다. 결국 코르셋 역시 처음부터 여성들의 전유물은 아니었던 셈이다.

스타킹에 하이힐까지 신고 적진 앞으로 돌격!

상반신뿐만 아니라 하반신과 관련된 속옷들도 '갑옷 입은 기사(騎士)'들로부터 나왔다. 대표적인 기사들의 내의였던 스타킹은 원래 중세시대에 판금으로 만든 갑옷을 입어야 하는 기사들이 갑옷을 입기 전에 속에 입던 바지 대용의 옷이었다. 처음에는 일반 옷을 입고 그 위에 갑주를 걸쳤지만 일반 천으로 된 옷을 입고 갑옷을 걸치기에는 너무 덥고 활동도 힘들어 얇은 비단이나 레이온으로 만든 속옷을 입었다.

특히 땀이 많이 차는 하반신의 경우에는 뭘 입을지 상당히 고민이었는데 이때 등장한 것이 스타킹이었다. 스타킹은 갑옷의 강판이 피부를 긁어 생기는 상처를 막아줄 뿐만 아니라 보온과 활동성을 유지하는데 좋은 역할을 했다. 스타킹이 흘러내리지 않게 만든 가터벨트 역시 스타킹과 함께 만들어졌다.

스타킹은 현대에 이르러 여성들의 대표 의상이 됐지만, 18세기까지는 남성들의 전유물처럼 여겨졌다. 프랑스 루이 14세Louis XIV, 1643~1715의 궁정화가였던 이아생트 리고Hyacinthe Rigaud, 1659~1743가 그린 〈루이 14세의 초상화〉를 보면, 스타킹에 하이힐까지 신은 루이 14세의 모습이 퍽 인상적이다. 유럽에서 19세기까지는 왕이나 남성 귀족들이 주로 비단 등 값비싼 천으로 만든 스타킹을 신고 다리를 노출하는 것이 유행이었다. 반면, 여성들은 하반신 노

이아생트 리고, 〈루이 14세의 초상화〉, 1701년, 캔버스에 유채, 277×194cm, 루브르 박물관, 파리

출을 하면 안 된다는 인식이 오랫동안 유지되면서 20세기에 들어서야 스타킹이 여성들의 의류로 바뀌게 됐다.

스타킹과 함께 여성들이 많이 신는 하이힐 역시 전쟁터를 달리던 기사들의 산물이었다. 현대적인 디자인의 하이힐은 유럽이 아니라 동방 페르시아 등 중동 지역에서 온 것으로 알려졌는데, 주로 기병들이 말에 올라 등자(鐙子)에 발을 고정시키는 용도로 쓰였다. 특히 긴 창을 들고 말의 가속도와 체중을 실어 충격력으로 적을 제압하던 기병대 입장에서는 전투 중에 등자에서 발이 빠지면 제대로 힘을 내기가 어려웠기 때문에 고안된 신발이었다고 한다.

War History Gallery

소총수의 비애

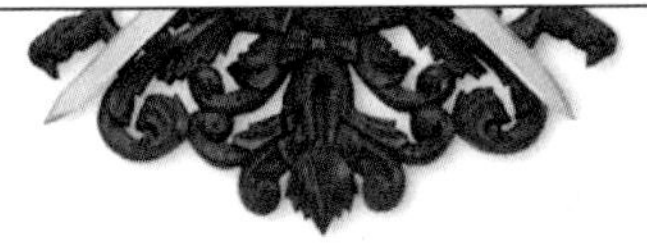

한 전투 당 열두 발의 속내

보통 성경에서 예수의 열 두 제자를 상징하는 '12사도(12 Apostles)'란 단어는 순수하게 종교적인 의미로서의 사도 외에 한 가지 의미가 더 있다. 중세 시대 말기에 주요 무기로 쓰였던 '화승총(火繩銃)', 즉 우리나라를 비롯한 동양에서 흔히 '조총(鳥銃)'이라 부르는 총기의 탄약을 '12사도'라고 불렀다. 한 전투마다 병사들에게 보통 열두 발을 지급했기 때문에 '12사도'라는 이름이 붙게 된 것이다. 그나마 열두 발 다 주는 경우는 드물었고, 보통 많아야 열 발, 적으면 다섯에서 여섯 발을 주기도 했다.

칼이 더 빠르냐, 총이 더 빠르냐

자동소총을 사용하는 오늘날에는 열두 발은 정말 눈 깜짝할 새 소진될 양이지만, 조총을 쏘던 시기에는 열두 발이나(!) 쏘는 전투는 거의 일어나지 않았다. 보통 다섯 발 이상 쏠 일이 있으면 격렬한 전투로 기록될 정도였다.

19세기 중엽, 후장식 소총이 나오기 전까지 탄약은 주요 전투에서 한두 번 쏘는 수준이었으며, 19세기 초 나폴레옹전쟁 때만해도 아예 총 한 발 안 쏘고 끝나는 전투도 꽤 있었다. 그러다보니 탄약이 부족한 전투는 극히 드물었다고 한다.

열두 발로 전투 하나를 책임질 수 있었던 이유는 그만큼 총기의 운용이 제한적인 시대였기 때문이다. 한 번 장전하는데 2분, 숙련돼도 1분 정도 걸리는 전장식 총기들의 경우에는 전투에서 총을 쏠 기회가 그렇게 많지 않았다. 특히 기병과의 전투에서는 정도가 훨씬 심했다. 1분에 800m 정도를 주파하는 기병대와 마주치면, 소총부대가 통제된 사격을 통해 제대로 화망을 구축해 일제사격을 한다 해도 적에게 가할 수 있는 총격 기회는 한 번 밖에 없었다. 첫 번째 사격 때 많이 맞히지 못하면 오히려 기병대에 전열이 무너져 전멸을 면하기 힘들었다.

영국 출신의 여류 역사화가인 엘리자베스 S. 톰슨Elizabeth S. Thompson, 1846~1933이 그린 〈콰트르 브라(Quatre Bras) 전투에서 28대 기병대〉(28쪽)에는 소총부대와 기병대 간의 숨 막히는 전투 장면이 생생하게 묘사됐다. 콰트르 브라는 현재 벨기에의 수도 브뤼셀 부근의 마을로 1815년 워털루전투의 전초전이 벌어졌던 곳이다. 그림을 살펴보면, 영국 소총부대가 말을 타고 진격해오는

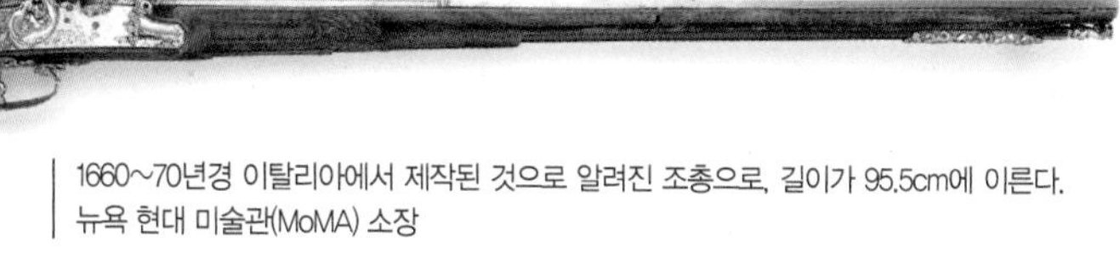

1660~70년경 이탈리아에서 제작된 것으로 알려진 조총으로, 길이가 95.5cm에 이른다. 뉴욕 현대 미술관(MoMA) 소장

엘리자베스 S. 톰슨, 〈콰트르 브라 전투에서 28대 기병대〉, 1875년, 캔버스에 유채, 97.2×216.2cm, 빅토리아 내셔널 갤러리, 멜버른(호주) : 그림 속 총기는 19세기에 사용된 머스킷총으로 추정됨.

프랑스 기병대에 맞서 총구를 곧추세우고 있다. 불과 몇 미터 앞까지 다가온 기병대의 위협에도 대열을 깨지 않고 긴 소총으로 대항하는 영국 소총부대의 모습이 매우 사실적이다. 바로 그 격전의 현장을 포착해 그린 화가는 뜻밖에도 남성이 아닌 여류화가 엘리자베스 S. 톰슨이다.

한편, 전장식 소총의 한계를 여실히 보여준 전투 가운데 병자호란 당시 조선군이 참패한 전투로 알려진 '쌍령(雙嶺)전투'가 있다. 당시 남한산성에 고립된 인조와 중앙군을 구조하고자 경상좌도절도사였던 허완許完, 1569~1637 장군이 1만여 명의 병력을 이끌고 북상해, 경기도 광주(廣州)의 쌍령 일대에서 청군 300여 기와 맞서 싸웠다. 그러나 사격 통제가 제대로 이뤄지지 않아 화망을 구축하지 못한 상태에서 강력한 청나라 기병대가 빠른 속도로 진영에 들이닥치자 그대로 참패하고 말았다. 당시 조선군도 병사당 열 발 정도의 탄약을 지급한 것으로 알려졌지만 역부족이었다.

전장식 총기의 경우에는, 이처럼 느린 사격 속도도 문제였지만 무기 비용도 만만치 않아 부담이 컸다. 당시 흑색화약은 가격이 상당히 비싼 편이었고 총알 또한 납으로 만들었기 때문에 고가일 수밖에 없었다. 서양에서 화승총 탄약 열두 발을 기본으로 병사들에게 준 이유는 1파운드의 납으로 35그램(g)짜리 납탄환을 열두 발 만들 수 있기 때문이었다. 그 이상 지급하는 것은 국방 예산이나 총력전이란 개념이 전무했던 전 근대시대 국가 입장에서 쉽지 않은 일이었다.

전쟁의 승패는 전술보다도 탄약과 식량에서 갈렸다!

탄약은 보통 납탄과 일정 화약을 나무통에 넣어서 열두 개 카트리지를 만들어 주렁주렁 매달고 다녔는데, 이것이 훗날 탄창의 원형이 됐다. 화약까지 카트리지로 나눈 것은 사격 속도를 조금이라도 빠르게 하기 위한 노력이었다. 이런 화승총은 화약을 너무 많이 넣으면 총기가 폭발해 밀집한 보병대열을 무너뜨리는 자폭장치가 될 위험이 있고, 너무 적게 넣으면 탄알이 아예 발사되지 않았기 때문에 미리 일정량을 배분할 수밖에 없었다.

레드코트를 입고 있는 영국 소총부대 소속 병사 (1742년경 추정).

이처럼 전투에 쓸 탄약도 열두 발 밖에 주지 않는 상황에서 사격훈련이란 정말 기대하기 어려운 일이었다. 가뜩이나 유효사거리가 기껏해야 80m 안팎인 화승총의 경우에는 단거리에서 일제사격 하는 것 말고는 큰 효과를 볼 방법이 없었다. 19세기 초반까지 대부분 나라에서 총기훈련이란 나무총으로 하거나 납탄환 대신 나무나 돌 조각을 넣고 쏘기도 했으며 그나마 제대로 총알을 넣고 훈련을 받은 군대는 영국 육군인 레드코트(Red Coat) 정도였다. 17세기 말부터 19세기까지 영국 육군의 정복이 붉은색의 코트였기 때문에, 레드코트는 영국 군대의 별칭으로 불렸다.

19세기 중엽 이후 후장식 소총과 기관총 등의 발명으로 열두 발 정도로는 전장에서 1분도 버티기 힘든 환경으로 변하면서, 전쟁은 더 이상 우수한 전술의 싸움이 아닌, 누가 더 오랫동안 탄약과 식량을 댈 수 있는지 겨루는 국가총력전으로 변하기 시작했다. 12사도로 승부를 보던 화승총 시절 이야기는 완전히 동화 속 이야기처럼 변하고 말았다.

곤충의 전쟁사

인간을 기겁하게 만드는 작고 하찮은 미물

유럽의 한 미술관에서 그림을 감상하며 거닐다 갑자기 나도 모르게 손사래를 치며 움찔거렸던 기억이 난다. 독일 출신 화가 루카스 크라나흐Lucas Cranach the Elder, 1472~1553가 그린 〈벌꿀 도둑 큐피드〉라는 그림 앞에서였다. 그림을 보면 열매가 주렁주렁 매달린 사과나무가 있고, 그 아래에 비너스와 큐피드가 서 있다. 벌집을 손에 든 큐피드는 달려드는 벌에 쏘여 울면서 엄마 비너스를 바라보고 있다. 그림 속 어린 큐피드의 표정만으로도 움찔거리게 만든 건 어린 시절 벌에 쏘였던 기억이 순간 그림 위로 겹쳐졌기 때문이다.

작고 하찮은 미물에 지나지 않는 곤충이지만, 그 존재만으로 인간을 기겁하게 만드는 것이 있으니 바로 '벌'이다. 벌만큼 종족의 생존을 위한 방어본능이 호전적으로 발동하는 곤충도 없을 것이다. 이러한 벌의 호전성은 뜻밖에도 인간이 벌였던 전쟁의 도구로 활용되기도 했다.

루카스 크라나흐, 〈벌꿀 도둑 큐피드〉, 1530년, 패널에 유채, 58×38cm, 덴마크 내셔널 갤러리, 코펜하겐

벌의 호전적 본능이 치명적인 무기가 되다

임진왜란 당시 홍의장군(紅衣將軍)으로 이름을 날린 의병장, 곽재우郭再祐, 1552~1617의 일화 중에는 벌을 전술무기로 활용한 이야기가 전해진다. 곽재우가 경상남도 창녕의 화왕산성(火旺山城)에서 왜군과 맞섰을 때, 옻칠한 관속에 벌통을 넣고 이를 왜군이 주둔한 곳 근처에 두고 갔는데 그것을 왜병들이 보물이 든 함인 줄 알고 열었다가 벌에 쏘여 크게 당황하자 그 순간 기습해 승전을 거뒀단 이야기다.

이후 왜병들이 관을 발견하면 벌을 박멸하고자 일단 불에 태우기 시작했다는 정보를 듣고, 그 다음부터는 관속에 화약을 투입했다. 왜군 주둔지 여기저기서 폭발이 일어나자 재차 기습해 승리를 거뒀다는 일화도 전해진다. 의병들뿐만 아니라 관군들이 산성에서 벌이던 전투에서도 벌통은 자주 무

알브레히트 뒤러(Albrecht Dürer, 1471~1528), 〈벌꿀 도둑 큐피드〉, 1514년, 종이에 채색, 22×31cm, 비엔나 미술사 박물관. '벌꿀 도둑 큐피드' 이야기는 루카스 크라나흐에 앞서 알브레히트 뒤러가 처음으로 화폭에 담았다. 뒤러의 그림에는 큐피드를 공격하는 벌떼의 모습이 훨씬 더 위협적으로 묘사됐다.

기로 쓰였으며 특히 밀집보병 방진(88쪽 참조)을 주로 펴서 다니던 왜군들에게는 상당히 치명적인 무기였다고 한다.

벌통은 서양에서도 고대부터 쓰였던 주요 전술 무기 중 하나였다. 고대 그리스 · 로마시대부터 벌통을 투석기에 넣고 성안으로 쏴서 성내 혼란을 유도하는 작전이 잦았는데, 특히 고대로마시대에는 벌통이 남아나질 않았을 정도로 로마군이 벌통 수집에 혈안이 됐었다고 한다. 11~14세기 십자군 원정기는 물론 17세기 독일의 30년전쟁 때에도 벌통이 공성전에 쓰였다는 기록이 남아있다.

고대 최고의 정복왕 마저 쓰러뜨리다

의도치 않게 로마 제국을 구한 곤충도 있다. 바로 기원전 323년, 전술의 천재 알렉산더 대왕Alexandros the Great, BC356~BC323을 바빌로니아에서 말라리아에 걸려 숨을 거두게 한 '모기'가 그 주인공이다. 당시 알렉산더 대왕은 그리스로 귀환하며 동방 원정 이후 서방 원정을 진행할 계획을 세우고 있었고 아라비아 반도 원정 후 로마로 진군할 계획이었다. 모기가 알렉산더 대왕을 물지 않았다면 당시 작은 도시국가였던 로마는 함락됐을 가능성이 높고 우리가 아는 로마 제국은 탄생되기도 전에 멸망할 수도 있었던 셈이다.

전장에서 곤충의 활약상(?)은 현대전에서도 등장한다. 주로 열대지방에서 벌어진 전투에서는 적의 총탄보다 모기에 의해서 승패가 좌우되는 경우가 많았다. 그러다보니 제2차 세계 대전 중 연합국과 일제가 벌인 태평양전쟁 중에 모기 박멸을 목표로 한 살충제의 개발과 대량 투하가 이뤄졌다.

가장 대표적인 살충제는 흔히 'DDT'라 불리는 디클로로-디페닐-트라클로로에탄(dichloro-diphenyl-trichloroethane)이었으며, 1950년대 미국에서는 DDT가 몸에 좋다며 DDT를 넣은 칵테일 '미키 슬림'을 마시기도 했다. 이후 베트남전에서도 미군은 모기 박멸을 목표로 고엽제를 대량으로 공중 투하시키는 일이 잦았으며, 이로 인해 참전용사들의 고엽제 후유증 문제도 발생했다.

이런 독충들이 주로 '전술적' 측면에서 전쟁의 향방을 갈랐다면, 메뚜기의 경우에는 고대국가 전체의 운명을 좌우하는 '전략급' 무기였다. 메뚜기는 중국과 우리나라에서는 흔히 '황충(蝗蟲)'이라 불렸으며 일단 대규모로 발생하면 왕조를 쉽사리 교체시킬 정도로 치명적이었다. 성경에도 출애굽기에 등장하는 하나님의 열 가지 심판 중 메뚜기떼가 등장한다. 요한묵시록에도 지옥의 악신 중 '아바돈'이 메뚜기떼의 왕으로 나온다.

메뚜기의 경우에는 12억 마리 이상이 무리를 지어 다니면서 거의 모든 것을 갉아먹어 치우는 것으로 알려졌다. 서기 1200년에는 아프리카 중부에서 대량 발생한 메뚜기떼가 계절풍을 타고 이집트로 건너와 대기근을 일으켰던 것으로 알려졌으며 당시 사람들이 기아에 시달리다가 서로 잡아먹었다는 기록이 남아있다.

『삼국지』에서도 메뚜기는 심심찮게 등장하는 재앙 중 하나다. 당시 중국 중부의 연주에서 자웅을 겨루던 조조와 여포의 접전 양상을 메뚜기가 뒤바꾼 이야기는 유명하다. 전투 경험이 풍부한 여포군에 밀리던 조조군은 대규모 메뚜기떼의 출현으로 전쟁 양상이 바뀌면서 결국 보급 유지에 성공해 승리를 거둔다.

메뚜기는 보통 기근이 심해져 생활 환경이 안 좋아지면 종족 보존을 위한 수단으로 개체수를 기하급수적으로 늘린다고 알려져 있다. 호르몬 변화로

부화율이 급증하고 날개가 길어져 장거리 비행이 가능해지며 평소보다 식사량도 늘어나 자기 몸무게의 두 배까지 먹을 수 있게 된다. 이후 주변 군체들을 보두 불러 모아 아주 거대한 군락을 형성한 뒤, 각 지역을 초토화시키며 먹어치운다. 메뚜기떼 자체가 주로 기근으로 발생하기 때문에 가뜩이나 안 좋은 식량 사정을 거의 최악의 상황까지 몰고 가는 셈이다.

이처럼 전생사를 살펴보면, 뜻밖에도 곤충들이 치명적인 무기가 되어 등장한다. 곤충은 때론 약자의 편에 서서 고마운 무기가 되기도 했고, 패전을 모르고 승승장구하는 강자의 오만함에 경종을 울리는 경고음이 되기도 했다. 작고 하찮은 곤충의 존재가 어마무시한 전투의 승패를 가를 정도였으니 이 대목에서 '나비 효과'의 교훈이 떠오르지 않을 수 없다.

전쟁사를 살펴보면, 뜻밖에도 곤충들이 치명적인 무기가 되어 등장한다. 곤충은 때론 약자의 편에 서서 고마운 무기가 되기도 했고, 패전을 모르고 승승장구하는 강자의 오만함에 경종을 울리는 경고음이 되기도 했다. 정복왕 알렉산더 대왕의 숨을 거둔 것은 적장의 창칼이 아닌 모기 한 마리였다. 알렉산더 대왕의 거창한 장례식 장면을 묘사한 일러스트를 보고 있으면 그의 죽음이 더욱 허망하게 느껴진다.

War History Gallery

장기에서 '차(車)'는 왜 대각선으로 못 움직일까?

전차부대의 한계

바둑과 함께 옛날부터 내려오는 놀이인 '장기(將棋)'에서 가장 중요한 말은 단연 '차(車)'다. 실제로 점수제 장기게임에서는 차를 하나 잡으면 13점을 얻어 2점을 주는 졸(卒)이나 5점을 주는 마(馬), 7점을 주는 포(包)보다 훨씬 높은 점수를 받는다. 그만큼 게임에서 가장 중요한 말로 꼽힌다.

그런데 차는 한 번에 가로 세로 직선으로만 움직일 수 있다. 대각선으로는 움직이지 못한다. 서양 체스에서 '룩(Rook)'도 같은 법칙을 따른다.

쉽게 말해 '차'라는 장기말은 〈벤허(Ben-Hur)〉와 같은 고대 사극에서 주로 나오는, 말로 끄는 전차(chariot)부대의 움직임을 본떠 만들었기 때문에 직진으로만 주행할 수 있다. 고대이집트시대부터 인간이 처음으로 만든 전투 병기 중 하나였던 전차부대는 이동 중 방향 선회가 거의 불가능해 직진만 할 수 있었고, 이로 인해 역사가 뒤바뀌기도 했다.

클레어, 이스라엘 스미스(Clare, Israel Smith, 생몰연도 미상)가 그린 고대 이집트 전차 일러스트. 1875년에 출간된 책 『Topics World History SHOW MORE』에 수록됨.

기병대보다 훨씬 먼저 탄생한 전차부대

일반적으로 생각하면, 그저 말 위에 안장하나 올려놓은 기병대에 비해 전차부대가 늦게 만들어졌을 거라 생각할 수 있지만 전차부대가 기병대보다 훨씬 먼저 탄생했다. 전차부대는 지금으로부터 거의 6000여 년 전인 고대 이집트와 중동 인근에서 만들어진 것으로 추정되며, 사람이 말 등에 올라타는 기병은 이보다 수천 년 뒤에 탄생했다.

이유는 고대에는 말의 크기가 지금보다 훨씬 작았기 때문이다. 오늘날 말은 보통 몸 길이가 2m 이상, 무게가 350~700kg에 이를 정도로 거대한 동물이지만 이는 수천 년간 이어진 끝없는 품종 개량으로 말의 체격이 커졌기 때문이다. 고대시대 말은 기껏해야 세인트버나드 등 대형 견종보다 약간

윌리엄 B.T. 트레고, 〈벤허에서의 전차 경주〉, 1900년, 캔버스에 유채, 제임스 A. 미케너 아트 뮤지엄, 펜실베이니아

전차 위에서 활을 쏘는 람세르 2세를 그린 벽화(스웨덴에서 1876년부터 1956년까지 출간된 백과사전 『Nordisk familjebok』에 수록)

큰 정도에 불과했다. 이런 말 위에 올라타서는 도저히 속도전을 기대할 수가 없었다.

고대 전쟁에서 말을 대신해 기동력을 충족시켰던 것이 바로 전차였다. 고대 이집트나 중동에서 쓰던 전차부대는 보통 전차 한 대당 말 네 마리가 끌고 세 명이 탑승하는 방식으로 조가 짜였다. 마부 한 사람이 조종하고 한 명은 창이나 활로 공격했으며 한 명은 방패로 적의 화살을 막는 방식이다. 중국에서도 이런 방식의 4두전차가 유행했는데, 말 옆에 숫자 4가 붙은 '사(駟)'라는 단어는 이 4두전차를 의미했다.

전차는 기존 보병에 비해 빠른 기동성을 가지고 있고, 위급할 때는 전차를 엄폐물로 삼아 전선을 구축할 수도 있었기 때문에 기병이 유행하기 전, 고대전의 필수 무기 중 하나로 정착됐다. 기원전 13세기경 이집트의 람세스 2세Ramses II, 생몰연도 미상가 히타이트 왕국과 겨뤘다는 '카데시전투'에서는 수천 대의 전차가 동원되기도 했다.

중국에서는 전차가 고대 주(周)나라 때부터 군사력의 기준이 됐으며 일만 대의 수레를 지닌 만승(萬乘) 군주는 황제, 제후국은 천승(千乘) 군주로 불리었다.

이렇게 애용되던 전차였지만 피할 수 없는 단점이 있었으니 한번 돌진하기 시작하면 선회가 거의 불가능하다는 것이었다. 당시 전차는 오늘날 자동차처럼 핸들이 있어서 좌회전과 우회전이 가능한 게 아니라 글자그대로 수레에 바퀴를 단 것이 전부였다. 그러다보니 잘못 선회하면 전차가 아예 뒤집어지기 일쑤였다.

더구나 안 그래도 좁은 곳에 모아놓으면 툭하면 싸우는 말들을 연이어 붙여놓고 조종하다보니 까딱 실수하면 말들이 서로 전차를 이탈해 달아나거나 스텝이 엉켜서 모두 넘어지는 불상사도 잦았다. 뿐만 아니라 전차는 노면이 울퉁불퉁하면 바퀴가 망가지거나 뒤집어지기 쉬웠기 때문에 전투에 앞서 미리 공병들이 가서 열심히 삽질을 해서 노면의 요철을 뒤덮고 땅을 잘 다져놔야 했다.

고대사를 바꾼 전차부대의 활약상

전차의 단점을 이용해 승기를 잡은 인물이 기원전 4세기, 마케도니아의 탁월한 전략가였던 알렉산더Alexandros the Great, BC356~BC323 대왕이다. 그는 페르시아 대군과 맞선 가우가멜라전투에서 페르시아의 최강 병기인 전차를 피하기 위해 새로운 전략을 짰다. 당시 페르시아군은 선봉에 전차부대가 섰고, 전차부대가 적진을 어느 정도 분쇄시키고 빠지면 뒤이어 후위에 선 본대가 적을 공격하는 방식을 선호했다.

작자 미상, 〈알렉산더 모자이크〉, BC100년경 추정, 272×513cm, 나폴리 국립 고고학 박물관
이 작품은 폼페이의 파우누스 저택에서 발굴된 된 것으로, 알렉산더 대왕과 다리우스 3세의 전쟁을 소재로 하고 있다.

이에 알렉산더 대왕은 주력군인 보병대를 이끌고 진군하다가 전차부대가 근접하자, 병력을 좌우로 분산시켜 페르시아 전차부대가 그대로 통과하게 만들었다. 갑자기 선회할 능력이 없는 페르시아 전차부대는 그대로 돌진해 전선을 이탈했고, 이 틈을 타서 다시 집결한 알렉산더 대왕의 군대는 당황한 페르시아군의 중앙부를 파고들어 다리우스 3세Darius III, 생몰연도 미상의 본진을 공격했다. 놀란 다리우스 3세가 그대로 도주하면서 페르시아는 몇 배나 되는 대군을 가지고도 참패하고 말았다.

이렇게 세계사를 바꾸기도 했던 전차부대는 기병대가 보편화되면서 점차 사라졌다. 오늘날에는 유럽 왕실에서 모는 마차나 고대 사극에서 나오는 로마의 마차경기를 통해서나 과거 영광을 살펴볼 수 있게 됐다. 마지막으로 전차의 영광이 남은 흔적은 19세기 지어진 철도에서 볼 수 있는데, 철도 폭의 기준이 고대로마시대 쌍두전차를 기준으로 했기 때문이다.

War History Gallery

군복이 화려하면 전쟁에서 진다?

전쟁터야, 패션쇼야?

18세기나 19세기 유럽을 배경으로 한 영화를 보면 가장 눈에 띄는 것 중 하나가 군인들의 복장이다. 화려한 단색으로 구성된 제복은 각 나라마다 대표색을 입혀 어디서나 눈에 확 들어오는 것이 특징이다. 길이가 긴 모자 위에는 깃털을 달고 화려한 견장까지, 마치 파티장에 초대받은 신사의 복장같다.

흔히 은폐와 엄폐를 목적으로 위장색 도료를 칠하는 현대 군복과는 완전히 정반대되는 옷이다 보니 현대인들 입장에서는 좀처럼 이해하기 어려운 복장이기도 하다. 이런 옷을 입고 야전에 서는 것은 그야말로 날 좀 과녁으로 맞춰 쏴달라는 얘기나 진배없기 때문이다.

무기 체계가 오늘날과 아무리 차이가 난다고 해도 결국 야전에서 개인화기인 총기를 들고 있던 시대에, 어째서 이렇게 화려한 복장으로 전쟁터에 나갔던 것일까?

토머스 로렌스, 〈경기병 유니폼을 입은 찰스 스튜어트 중위〉, 1814년, 캔버스에 유채, 작품 크기와 소장처 미상

아군과 적군을 구별하는 수단

이러한 근대 초기 군복의 아이러니를 이해하기 위해서는 19세기 초반 나폴레옹시대까지 주로 쓰던 총기인 플린트락 머스킷(Flintlock Musket), 즉 수발식(燧發式) 총기에 대한 이해가 필요하다. 수발식 총기는 이전에 사용하던 화승총(26쪽 참조)에 비해 격발 방식이 간편하게 변하긴 했지만 여전히 사용하기 불편한 총이었다. 부싯돌의 마찰을 통해 점화약에 불을 붙여 격발하는 플린트락 머스킷의 가장 큰 단점은 쏘고 나서 엄청난 연기에 휩싸인다는 점이었다.

이때까지 소총에 쓰이던 흑색화약은 오늘날 총탄에 쓰이는 무연화약과 달리 폭발시 연기가 매우 심했다. 병사들이 일렬로 도열해 일제사격을 하고 나면 화약 연기가 자욱해지고 몇 발 쏘면 곧 사방이 검은 화약 연기로 뒤덮여 피아(彼我) 식별도 어려워질 정도였다. 전투가 격렬해지고 나면 온몸이 시커멓게 물들 정도였기 때문에 적군과 아군을 구분하는 방법으로 고안된 것이 강한 원색의 군복이었다.

1654년 러시안산 플린트락 머스킷

또한 당시까지 머스킷은 지금처럼 은폐한 뒤 원거리 조준 사격이 가능할 정도의 성능을 보유하지 못한 구식 무기였다. 라이플 소총처럼 총신 내부에 강선이 들어가 있지 않았기 때문에 사거리도 짧을 뿐 아니라 병사들이 일렬로 서서 단거리에 거대한 탄착군을 형성해 쏘지 않으면 총알이 이리저리 사방으로 튀기 일쑤여서 조준 사격이 거의 의미가 없는 총기였다. 그래서 고대부터 내려오던 밀집보병 전략이 계속 활용될 수밖에 없었다.

병사들의 사기 진작 수단

전쟁터에 나간 병사들은 언제 어떻게 될지 모르는 운명이다. 전쟁터에서도 적과 지척으로 대치 중인 최전선의 병사들은 그야말로 사선(死線) 위에서 줄타기를 하는 심정일 것이다. 이처럼 전쟁터가 위험한 건 예나 지금이나 마찬가지이지만, 과거의 전쟁터는 매우 낙후되기까지 했다. 전쟁터에서 적의 총이나 칼을 맞고 죽는 것 못지않게 굶어 죽거나 추위에 얼어 죽거나 혹은 무서운 전염병에 감염되어 시름시름 앓다가 죽는 예가 다반사였다. 상황이 이러하다보니 병사들은 전의를 불태워도 모자랄 판에 늘 의기소침할 수밖에 없었다.

그런데, 뜻밖에도 군대의 사기를 진작시키기 위해서 군복이 중요했다. 당시 상당수 남자 아이들은 어렸을 때부터 본 화려한 육군 군복과 군도, 총기류에 일종의 판타지를 느꼈다고 한다. 자비로 그처럼 화려한 옷을 입기 어려운 형편의 서민들에게 강력한 입대 동기 중 하나로 작용했던 것이다. 영국 출신 화가 토머스 로렌스Thomas Lawrence, 1769~1830가 그린 초상화(45쪽) 속 인물이 입은 군복은 청년들의 마음을 혹하게 할 만했다. 물론 초상화 속 인물은 일반 병사가 아니라 귀족 출신의 장교인 찰스 스튜어트 경Sir. Charles Stewart,

휴고 보스가 디자인한 나치 친위대 군복

1778~1854이다. 그림에서 찰스 스튜어트 경은 군복을 입은 군인이 아니라 패션쇼 런웨이에 선 명품 의상의 모델 같다. 훗날 나치 친위대 군복을 독일 명품 패션 브랜드 디자이너인 휴고 보스Hugo Boss, 1885~1948가 제작했던 것도 이러한 남성들의 화려한 군복에 대한 판타지를 반영한 것이다.

화려해질수록 위험하다!

군복의 색깔에는 전통적인 국가 대표색, 왕실 색깔을 집어넣어 역시 사기 진작에 이용했다. 영국의 붉은색 군복, 즉 '레드코트(redcoat)'는 아예 육군의 별칭처럼 쓰이게 됐고(31쪽), 프랑스 대혁명 이전에 부르봉 왕가의 지배를 받던 프랑스와 스페인에서는 부르봉 왕가의 문장인 백합의 흰색을 사용하기도 했다. 이런 연유로 유럽의 육군은 18세기 중엽 이후로는 대체로 각 국가마다 통일된 색깔의 군복이 착용됐다.

이에 비해 해군은 좀 입장이 달랐는데, 해군은 19세기 중엽까지 소수 정부 병력과 갑자기 징집한 다수 민간 함선이 전시에만 연합 함대를 구성해 운용하다 전후 다시 소집 해제하는 경우가 많아 복장 통일의 필요성이 늦게 세기됐다. 19세기 중엽에 들어서야 수병들의 군복이 세일러복 형태로 통일되기 시작했으며, 이 세일러복 디자인은 19세기 말부터 전 세계 학생들의 교복으로 넘어가게 됐다.

장 밥티스트 에두아르 데타이유(Jean-Baptiste Edouard Detaille, 1848~1912)가 그린 〈행정부 : 기병들, 노동자들, 사무원들, 비서관들, 간호부들〉(1887년, 판화, 38.7×27.8cm, 파리 군사 박물관)에 등장하는, 말끔하게 차려입은 기병들은 더 이상 전쟁터가 아닌 도심의 광장이 훨씬 잘 어울리는 이미지가 됐다.

한편, 이 화려했던 군복의 전성기를 끝장낸 것은 제1차 세계 대전이었다. 현대적인 연발소총, 기관총 등 개인화기가 비약적으로 발전하자 과거처럼 화려한 옷을 입고 밀집대형 형태로 서있다간 그대로 떼죽음을 당하기 십상이었기 때문이다. 제1차 세계 대전 전후로 "전쟁에선 군복 멋있는 쪽이 진다(The side with the fanciest uniforms loses)"는 속담까지 생겨나면서 군복은 이제 최대한 눈에 덜 띄는 어두운 색, 보호색을 띈 전투복으로 바뀌게 되었다. 과거의 화려했던 군복들은 모두 '예복'이란 형태로 남아 특수한 행사 때만 입는 옷으로 변해 전장을 완전히 떠나게 된 것이다.

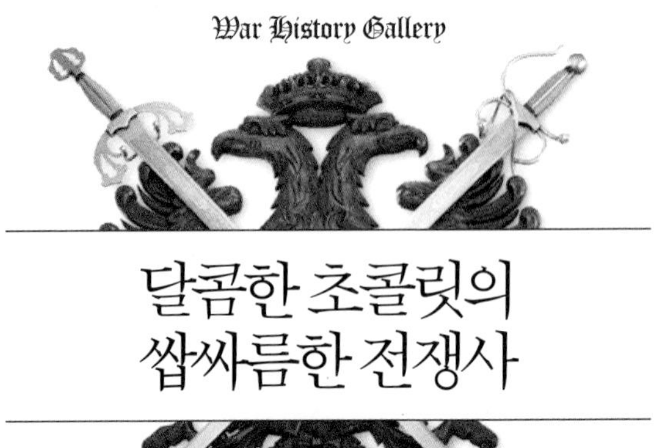

달콤한 초콜릿의 씁싸름한 전쟁사

초콜릿이 '사랑의 전도사'? 태생은 '전투식량'!

매년 2월 14일 밸런타인데이는 성 발렌티누스(Saint Valentinus) 축일을 기념해 연인들끼리 초콜릿을 주고받는 날로 알려져 있다. 19세기 중반부터 시작된 초콜릿 업체들의 마케팅에 따라 만들어진 이날은 실제로 엄청난 양의 초콜릿이 팔린다. 하지만 실제 초콜릿은 이런 연인들의 달달함을 위한 음식이 아니라 처음부터 전투식량으로 태어난 전쟁터의 음식이었다. 원래 초콜릿은 아즈텍 제국에서 쓰이던 나후아틀어로 '쓰디쓴 물'이란 의미의 단어인 '쇼콜라틀(Xocolatl)'이란 말에서 유래됐다.

이 쇼코라틀은 카카오콩과 고추를 갈아 넣어 끓인 음료였다. 이 음료는 전사들의 음료였으며 황제의 음료이기도 했다. 아즈텍 제국의 황제인 몬테수마Montesuma, 1486~1520는 이 음료를 하루에 스무 잔 이상 마셨다고 전해진다. 주로 자양강장제, 정력제 등 남성을 위한 음료로 오랫동안 마셨으며 아즈텍

호세 살로메 피나(Jose Salome Pina, 1830~1909), 〈에르난도 코르테스〉, 1879년, 캔버스에 유채, 109×82cm, 프라도 미술관, 마드리드

장 에티엔 리오타드, 〈초콜릿을 나르는 여인〉, 1744~1745년, 캔버스에 유채, 82×52cm, 알테 마이스터 회화관, 드레스덴(독일)

군대의 중요한 배급식량 중 하나로 카카오콩을 갈아 환약이나 얇은 모양으로 빚어 행군 중인 모든 병사들에게 배급했다고 한다.

아즈텍 원주민들을 통해 초콜릿의 효용성을 알게 된 스페인 정복자 에르난도 코르테스Hernando Cortes, 1485~1547(51쪽)는 이를 신성로마 제국 황제인 카를 5세Karl V, 1500~1558에게 바쳤으며 이후 초콜릿은 유럽 상류층의 기호식품으로 정착됐다. 당시 초콜릿은 지금의 '핫초코'처럼 뜨거운 물에 희석해서 주로 음료로 마셨다. 18세기에 활동했던 스위스 태생의 초상화가이자 풍속화가인 장 에티엔 리오타드Jean-Étienne Liotard, 1702~1789는 초콜릿을 마시거나 접대하는 여성의 그림을 즐겨 그렸는데, 그의 그림만 보면 초콜릿이 전투식량이었다는 사실이 믿어지지 않는다.

서구 제국주의자들의 초콜릿 수탈전

초콜릿은 서구 유럽에서도 아즈텍 제국에서와 마찬가지로 중요한 전투식량으로 자리매김했다. 유럽의 정복자였던 나폴레옹Napoléon Bonaparte, 1767~1821도 전장에서 초콜릿을 즐겨 먹었다고 한다. 그의 조카인 나폴레옹 3세Napoleon III, 1808~1873도 초콜릿을 말안장 주머니에 넣고 다녔으며, 초콜릿은 주요 전투에서 비상식량으로 거의 모든 전장에서 지급되었다. 그러다보니 점차 전략물자화 됐으며 생산 경쟁도 심화되었다. 초콜릿의 역사에 본의 아니게 인간의 탐욕이라는 쌉싸름한 맛이 베이고 만 것이다.

이에 따라 유럽 각국은 경쟁적으로 초콜릿의 원료인 카카오 열매를 아메리카와 아프리카 식민지에 대량으로 심어 대규모 플랜테이션을 건설했으며, 이 과정에서 원주민들이 세운 왕국을 공격해 멸망시키고 인적, 물적 수탈을 심화하는 식민지 수탈전도 함께 이어갔다. 벨기에의 식민지였던 아프리카 중부 자이르 같은 곳

작자 미상, 〈카카오 열매를 나르는 아즈텍 원주민〉, 화산석, 높이 36.2cm, 브루클린 박물관, 뉴욕

에서는 원주민들을 강제 동원해 카카오 농장에 집어넣고 제대로 일을 하지 않으면 팔다리를 자르는 만행까지 저질렀다고 한다.

전쟁훈장까지 받은 초콜릿 회사

초콜릿의 상흔이 아직도 남은 곳이 '가나 초콜릿'으로 유명한 나라인 아프리카 가나(Ghana)와 그 옆 나라인 코트디부아르(Cote d'Ivoire)다. 두 나라는 처음에 포르투갈 식민지를 거쳐 독일 식민지를 겪었고, 뒤이어 제1차 세계대전 이후 독일이 모든 대외 식민지를 빼앗기면서 각각 프랑스와 영국의 식민지로 나눠먹혔다. 가나와 코트디부아르는 지금도 여전히 초콜릿의 원료인 카카오를 생산하고 있으며 세계 카카오 생산량의 절반 정도를 이 두 나라가 책임지고 있다.

우리나라에도 초콜릿은 결코 아름다운 과정을 거쳐 들어오지 않았다. 우리나라에서 처음으로 초콜릿을 선물로 받은 사람은 구한말 명성황후明成皇后, 1851~1895로 알려져 있다. 명성황후는 당시 친러파의 대표적인 인물로 러시아 공사관 부인에게 선물로 초콜릿을 받았다고 한다. 다른 한편에서는 친일파 대신들과 그 부인에게 이토 히로부미Itô Hirobumi, 1841~1909가 선물로 초콜릿을 주고 다녔다는 얘기도 전해진다. 한반도의 지배권을 서로 차지하려는 두 열강의 암투와 함께 들어온 신문물이었던 셈이다.

| 미군에 지급된 D레이션 초콜릿

초콜릿은 20세기 들어 제1차 세계 대전 때부터 본격적인 전투식량으로 보급되었다. 미국에서는 'D레이션'이란 이름으로 지급됐다

제2차 세계 대전 당시 전투식량으로 보급된 초콜릿은 삶은 감자보다 약간 단 정도의 당도를 유지하는 데 그칠 만큼 맛없기로 악명 높았는데, 심지어 이가 상할 만큼 딱딱했다. 미국 뉴욕에서 발간되는 매거진 「Mental Floss」(2015년 6월)에 수록된 일러스트.

고 한다. 전후 초콜릿 보급에 대한 공로로 초콜릿 제조사인 '허쉬(Hershey) 초콜릿'에 훈장이 수여되기도 했다. 허쉬사가 손에 쥐어도 녹지 않는 초콜릿 바를 만들어 지급한 덕에 병사들의 전투력이 크게 향상됐다는 공로가 인정됐기 때문이다.

그러나 이 전투 초콜릿의 맛은 꽤 별로였던 모양이다. 전시 보급된 초콜릿은 병사들이 너무 자주 먹을까봐 '삶은 감자보다 약간 더 단 정도'로 당도를 유지하라는 명령이 내려왔으며 엄청나게 딱딱했다고 한다. 그 당시 연합군 병사들 사이에서는 히틀러Adolf Hitler, 1889~1945가 초콜릿 공장에 테러를 일으켜 초콜릿 맛이 이 모양이 됐다고 비아냥거렸다는 농담까지 돌았다고 하니, 전쟁터에서 초콜릿에 얽힌 에피소드는 한두 가지가 아니었던 모양이다.

화포병들이 화장실 바닥을 긁으러 다닌 이유

화장실 바닥을 파는 병사들

『조선왕조실록』에 심심찮게 나오는 기사 가운데 하나가 병사들이 마음대로 남의 집에 들어와 화장실 바닥이나 가마 아래 혹은 담벼락이나 구들장 밑에 흙을 긁어갔다는 내용이다. 이 병사들은 당시 화약을 제조하는 염초장(焰硝匠)이 데리고 다니는 사람들로, 유사시에는 화약과 화포를 다루는 병과를 담당하기도 했다.

『세종실록』에 수록된 세종 30년 2월 기사를 살펴보면, 염초장이 데리고 다니는 병사들 이야기가 나온다. 성균관 생원인 김유손 등 유생들이 상소문을 올렸는데, 염초장이 문묘(文廟, 유교의 성인 공자를 모시는 사당)에까지 밀고 들어와 흙을 퍼갔다는 내용이다. 『세종실록』에 기록된 내용은 다음과 같다.

"염초약장(焰硝藥匠)이 바닥을 판다고 핑계대고 문묘에 들어와 눈을 부라

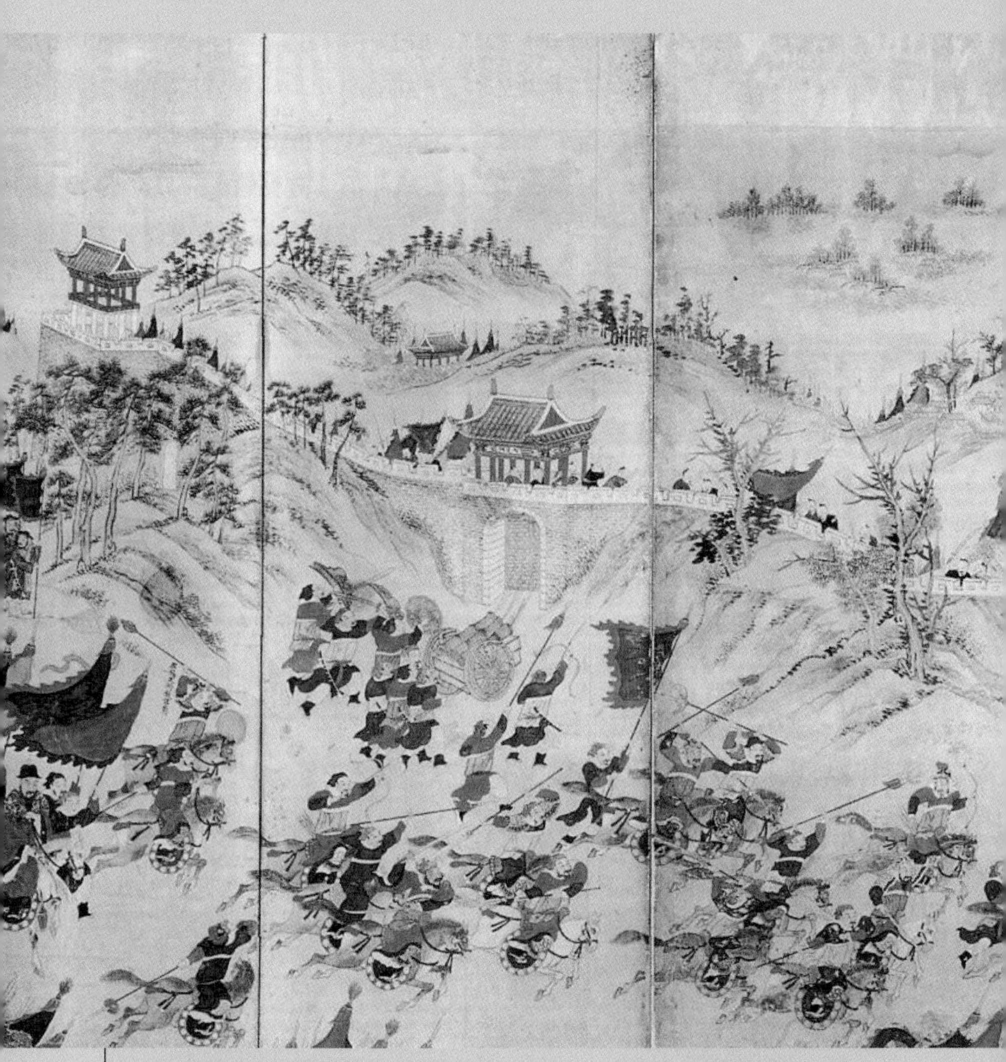

작자 미상, 〈1593년 조명 연합군의 평양성 전투도〉 부분도, 제작연도 미상, 종이에 채색, 국립 중앙 박물관, 서울

리고 팔뚝을 걷고서 관노(館奴)을 구타하므로, 신 등이 대의(大義)로써 몇 번이나 타일러도 들으려 하지 않고……"

염초장이 성균관 문묘까지 들어가 바닥을 팔 정도였으니 일반 가정집에 들어가는 것은 예사였다. 『세종실록』 뿐만 아니라 이후 다른 실록에서도 조선시대 내내 민가나 관가에서 땅을 파 흙을 긁어가려는 염초장 및 그를 따르는 병사들과 그들을 저지하려는 하인들 간의 시비 이야기가 적지 않게 등장한다. 심지어 궁궐 화장실과 담벼락도 주기적으로 염초장에게 개방했다고 하니, 이들이 그렇게 땅 파기에 집착했던 이유가 더욱 궁금해진다.

전쟁의 승패를 갈랐던 가루

염초장과 그 휘하의 병사들이 지위고하를 막론하고 아무데나 들어가 그곳의 화장실 바닥을 파고 흙을 퍼간 이유는 딱 한 가지다. 당시 너무나 구하기 어려웠던 '염초(焰硝)'를 얻기 위해서였다.

염초는 조선시대 전략자산인 화약의 주 원료가 되는 질산칼륨을 뜻한다. 그때만 해도 질산칼륨은 흙에서 얻었으며, 이를 '취토법(取土法)'이라 불렀다. 특히 화장실로 쓰인 곳의 바닥은 질산암모늄이 형성돼 흙에 섞여있기 쉬워서 염초를 구하고자 하는 염초장들에게는 매우 중요한 장소였다. 이런 흙을 한 무더기는 모아야 겨우 밥그릇 하나 정도 되는 염초를 얻을 수 있었으므로, 각 집의 화장실 바닥은 거의 다

| 염초를 주 원료로 했던 흑색화약

긁고 다녀야만 했다.

조선시대에는 흑색화약을 만드는 3요소인 황과 숯은 쉽게 구할 수 있었지만, 가장 중요한 질산칼륨 제조는 매우 어려웠다. 최무선崔茂宣, 1325~1394 장군이 고려 말 원나라에서 들여온 것으로 알려진 취토법 역시 매우 힘들게 유입됐으며, 중국은 명나라 때 질산칼륨 제조법이 개선된 것으로 알려졌지만 국가기밀이라 조선에 알려주지도 않았을 뿐만 아니라 염초 수입 또한 상당히 제한돼 있었다.

거북선 내부에 설치된 대포인 천자총통(거북선 모형, 경상남도 통영 소재).

그러다보니 조선 초기 이후 화약무기는 계속해서 발전을 거듭했지만, 화약이 늘 부족했다. 특히 임진왜란을 맞이해 그 수량이 더욱 부족해졌는데, 이는 국초 이후 병기창인 군기시(軍器寺)에 비축해둔 염초 2만7000근이 한양이 함락되면서 한방에 날아갔기 때문이었다. 선조의 갑작스런 파천으로 한양 일대 치안이 엉망이 됐고, 궁궐부터 불이 나기 시작해 사방으로 퍼져나가자 군기시도 불타면서 어렵게 모은 염초는 한순간 날아간 것으로 알려져 있다.

화약이 부족했던 근본적인 이유는 대포가 소모하는 양이 많았기 때문인데, 전쟁터에서 대포만한 위력을 갖춘 무기가 없었다. 장거리를 날아가 적진을 포격할 수 있는 대포는 전쟁의 승패를 가를 만큼 전략적 비중이 컸다.

〈1593년 조명 연합군의 평양성 전투도〉(57쪽) 가운데 대포가 설치된 부분을 살펴보자. 높은 성벽 너머 왜군을 일망타진하기 위해서는 대포를 어디에 설치해 얼마나 정확하게 타격하느냐가 관건이었다. 대포는 육지에서의 전쟁뿐 아니라 해전에서도 매우 중요한 무기였다. 당장 거북선만 봐도 한 대의 함선에 여러 개의 포구가 장착되어 있다. 이 많은 포구를 감당하기 위해서는 화약이 항상 부족할 수밖에 없었다. 화약의 주 원료인 염초를 구하기 위해 문묘까지 밀고 들어와 흙을 파갈 수밖에 없었던 것이다.

신기전 모형

몇 년 전 영화에 등장해 주목을 받았던 신기전(神機箭) 같은 무기도 화약 소비가 엄청났다. 신기전은 이른바 로켓 추진형 화기로, 『병기도설』에 따르면 직경 46mm의 둥근 나무통 100개를 나무상자 속에 7층으로 쌓고 이 나무 구멍에 화살 100개를 꽂고 화차의 발사각도를 조절한 다음 점화선을 모아 불을 붙이면 동시에 15발씩 차례로 100발이 발사되었다고 한다. 이처럼 신기전이 어마무시한 위력을 발휘했던 데는 다 그만한 이유가 있었다. 무기의 위력은 화약의 양과 비례했기 때문이다.

이순신을 든든하게 떠받쳤던 화약 제조 전문가

조선왕조는 두 차례의 큰 전란을 겪으며 염초 보급의 중요성을 절실히 깨달았다. 선조는 염초 제조에 큰 관심을 가지고 전투 중 생포한 왜인들에게 염초 제조법을 탐문시키고, 중국에서 바닷물로 염초를 제조하는 신기법을 배워오도록 독려하기도 했다. 결국 선조 28년에 임몽林夢, 생몰연도 미상이라는 군관이 이 기술을 국산화하는데 성공했는데, 선조가 직접 그의 품계를 크게 올려주기도 했다. 이순신李舜臣, 1545~1598 장군이 이끄는 전라좌수영의 경우에는, 뛰어난 화약 제조가로 알려진 이봉수李鳳壽, 생몰연도 미상 장군이 3개월 만에 염초 1000근을 제조해 전투에 보탰다는 이야기도 전해진다. 아무튼 염초는 그 당시 전쟁의 승패를 좌우할 정도로 매우 중요한 전쟁자원이었다.

임진왜란 이후 광해군 집권 초기에도 주로 전쟁 대비를 위해 염초의 수입에 신경 쓴 기록들이 전해진다. 중국이나 요동 지역에서 수입하고 제조에도 힘을 쓰는 등 노력을 기울였지만, 광해군이 궁궐 공사에 열정을 쏟으면서부터는 무기가 아닌 궁궐의 청기와를 올리기 위한 재료로 쓰이기 위해 수입을 늘리기 시작했다. 그나마 청나라가 요동을 완전히 장악해 명나라와의 육상 교역로가 막히면서 염초를 구하기가 더욱 힘들어졌다.

병자호란 이후 숙종대에 들어서서 취토법이 더욱 발전해 염초의 안정적 수급이 어느 정도 가능해졌다. 그런데 이후 200년 가까이 대외전쟁이 일어나지 않으면서 염초와 화약은 각 군영에 쌓여가기 시작했다. 화약이 다시 쓰이게 된 것은 19세기 중엽 병인양요 때부터였지만 화장실 밑바닥을 긁어 만든 흑색화약이 근대전에서 완전히 무용지물임을 조선군은 프랑스군과의 전투에서 절실히 깨닫게 됐다. 당시는 당쟁과 세도정치로 나라의 기강이 무너져 내리면서 군사력은 뒷전일 수밖에 없었다. 200년 전 나라를 쑥대밭으로 만들었던 대란의 교훈은 이미 휘발해 버린 지 오래였다. 결국 막강한 군사력을 갖춘 열강의 득세에 속수무책일 수밖에 없었다. 그렇게 역사는 반복됐다.

War History Gallery

나팔소리만으로 성벽을 무너뜨릴 수 있을까?

음파무기의 효시?

구약성경에 등장하는 여러 전투들 중에서 가장 특이한 방식으로 이긴 전투는 단연 '여리고 성 공방전'이다. 구약성경의 여호수아 편에 등장하는 여리고 성의 함락 이야기는 사실 여부를 떠나서 현대 음파무기의 효시로 이야기되곤 한다. 병사들이 나팔을 불고 소리를 치며 성벽을 돌자, 성벽이 무너지면서 함락됐다는 이야기는 상당히 오랫동안 회자됐다.

구약성경의 여호수아 6장 2절부터 5절까지의 내용을 살펴보면, 여호와가 이스라엘 백성을 애굽에서 이끌어 낸 뒤 그들에게 준 가나안땅의 정복전쟁이 시작되었다. 가나안땅을 정복하는 과정에서 만난 여리고 성은 높은 지대에 이중벽으로 건설되어 쉽게 함락할 수 없는 난공불락이었다. 이때 여호와는 이스라엘 민족의 통치자 여호수아에게 이해하기 힘든 전쟁 방법을 명령했다. 병사들과 제사장들이 나팔을 불며 성을 7일간 돌고 행진하면서 일곱

제임스 티소, 〈여리고의 일곱 나팔〉, 1892~1902년경, 보드지에 가슈, 19×31cm, 뉴욕 유대인 미술관

번째 날에는 같은 방식으로 성을 일곱 번 돌라고 했다. 그리고 마지막 날에는 제사장들이 나팔을 불고 백성들은 크게 소리 질러 외치면 성벽이 무너질 것이라고 했다. 병사들과 제사장들이 여호와의 명령에 따라 그대로 실행에 옮기자 성벽이 무너져 내렸고, 결국 여리고 성을 정복할 수 있었다는 것이다.

63쪽 그림을 살펴보면, 여리고 성 앞에서 일곱 명의 제사장이 나팔을 불며 행진하고 있다. 프랑스 출신으로 영국에서 활동했던 화가 제임스 티소James Tissot, 1836~1902는 구약성경에 나오는 여리고의 일곱 나팔 이야기를 화폭에 옮겼다. 티소는 마흔여섯 살에 다녀온 팔레스타인 여행을 계기로 종교화에 심취하여 죽기 전까지 성경의 내용을 작은 크기의 수채화로 그리는 데 몰두했다.

과학적으론 여전히 미스터리

구약성경의 '여리고 성 공방전'이 실제 있었던 일이라면, 음파 공격으로 공성전에 성공한 첫 사례라고 할 수 있다. 하지만 현재로서는 여리고 성이 정말로 나팔소리에 함락됐는지 여부는 명확히 알 수가 없다. 당시 여리고 성 공격을 담당했던 이스라엘 민족의 통치자 여호수아가 기원전 14세기, 즉 지금으로부터 3500여 년 전 사람이고 그 기간 동안 수없는 전투와 약탈이 진행된 팔레스타인 지역에서 그 증거를 찾는다는 것은 불가능하다.

고고학자들과 과학자들은 이미 오랜 공성전에 상당 부분 가라앉아 있었던 여리고 성 주민들의 사기가 나팔소리에 완전히 무너져 내려 항복한 것을 비유적으로 표현한 것인지, 아니면 진짜로 성벽이 무너진 것인지를 두고 계속

여리고 성 유적지 모습. 구약성경의 나팔 이야기와 연관된 성벽은 현재 남아 있지 않고 후대 세워진 성벽들로 추정되는 유적들만이 조사되고 있다. 여리고(Jericho)는 예루살렘 북동쪽 36km, 요르단 강과 사해가 합류하는 북서쪽 15km 지점에 위치해 있다. 본래 요르단 영토였으나, 1967년경 이스라엘군이 점령한 이후 줄곧 이스라엘이 장악하고 있다.

연구를 벌이고 있다. 여리고 성은 기원전 9000년경부터 마을이 형성돼 당시로서도 꽤 오래된 도시였기 때문에 지금 남은 성벽 잔해들을 가지고 그것이 당시 성벽인지, 그 이후의 것인지를 명확히 판단하기가 어려운 상황이다.

하지만 사실 여부를 떠나, 여리고 성의 함락 이야기는 오랫동안 사람들의 뇌리에 남았으며 예수 그리스도의 생존 기간 동안에는 일부 유대인들이 로마군이 주둔한 여리고 성을 일주일 동안 나팔을 불며 돌다가 로마군에 맞아죽었다는 기록도 남아있다. 현대에 이르러서는 음파가 군사무기로 사용될 수 있다는 생각을 심어주면서 음파무기 탄생의 모티브가 되기도 했다.

적의 귀를 공격하라?!

실제로 음파는 현재까지는 성벽을 무너뜨릴 정도로 강력한 물리력을 일으키긴 어렵지만, 대인용 무기로는 충분히 만들 수 있다고 알려져 있다. 이것은 인간이 들을 수 있는 가청음역의 한계를 이용해서 가능하다. 인간은 보통 2만헤르츠(Hz)까지 들을 수 있다고 알려져 있지만, 보통은 250~2000헤르츠 정도의 소리를 듣는다. 손톱으로 칠판을 긁거나 유리병 표면을 칼로 긁을 때 나는 높은 음역대의 소리를 들으면 극심한 스트레스를 받게 되는데, 이 소리의 음역은 2000~4000헤르츠 정도다.

이를 활용해 실제로 음파무기 제작에 처음 나섰던 것은 나치 독일로 알려져 있다. 당시 나치 독일은 전쟁 승리를 목표로 다양한 무기를 개발했는데, 그 가운데 특이한 무기 중 하나가 음파무기였다. 이 무기는 거대한 포환 안에 메탄가스를 다량 압축시킨 다음 격발시켜 강력한 폭음을 내서 반경 200m 내의 군인들을 패닉 상태로 빠뜨리는 무기였다. 효과는 좋았지만 장비가 너무 크고 가격이 만만치 않은데다 일단 무기를 작동시켜야 하는 병사도 피해를 입는다는 점 때문에 제대로 운용되진 못했다.

나치 독일이 활용했던 음파 대포를 장착한 장갑차

하지만 제2차 세계 대전 전후에는 음파무기라는 아이디어가 전 세계로 퍼져나갔다. 음파무기는 주로 비살상용, 방어용으로 개발되기 시작했는데 미군이 이라크에서 썼던 것으로 알려진 '장거리 음향기기(LRAD)'

가 대표적이다. 이 무기는 화재 경보기가 울릴 때 내는 소음의 두 배에 해당하는 150데시벨(dB) 이상의 소음을 내는데, 음파가 매우 높은 2100~3100헤르츠(Hz) 구간의 음파를 내보내 270m 반경 사람들에게 강한 두통을 일으키고 일시적인 착란을 유발시킨다고 한다. 군중을 해산시키거나 적군에 큰 상처를 입히지 않고 생포할 때 쓰인다고 알려져 있다. 군함에 배치해 '음파 대포'로 쓰이기도 한다. 해적이나 테러리스트들과 갑자기 교전이 발생할 경우, 1차적으로 상대를 교란시킬 수 있는 무기로 활용되고 있다.

비살상용, 방어용 무기로 군함 등에 장착되는 '장거리 음향기기(LRAD)'

지난 2017년 9월에는 쿠바와 미국이 이 음파무기를 놓고 외교분쟁이 벌어지기도 했다. 쿠바 아바나의 미국 외교관들이 연쇄적으로 원인 모를 청각 이상 증세를 보이자 미국이 쿠바 측의 음파 공격을 의심해 아바나의 미국 대사관 폐쇄까지 고려하는 등 외교분쟁이 일기도 했다. 2016년 10월 이후부터 약 1년 가까이 스물한 명이 뇌 손상과 두통 등에 시달렸고, 청력과 언어능력에 심각한 타격을 입은 외교관도 있다고 한다. 쿠바정부는 강력히 부인했지만 2만 헤르츠 이상의 초음파 공격에 의한 것일 수 있다는 미국 측의 주장은 한 동안 계속 이어졌다.

War History Gallery

문화강국 '프랑스'의 국명이 원래 도끼란 뜻?

도끼가 프랑스의 어원이 된 사연

보통 유럽의 문화강국 중 하나를 들라고 하면 단연 프랑스를 으뜸으로 친다. 프랑스의 수도 파리는 각종 문화유산의 전시장으로 전 세계에서 가장 많은 관광객이 찾는 도시로 유명하다. 18~19세기에는 프랑스어가 유럽에서 공용어로 쓰일 정도로 강력한 문화력을 자랑하기도 했다.

그런데 정작 나라 이름인 프랑스(France)는 문화적인 단어보다는 상당히 호전적인 단어에서 비롯됐다. 프랑스의 어원이 되는 '프랑크(frank)'란 단어는 원래 도끼란 뜻의 '프란시스카(francisca)'에서 나왔는데, 이는 중세시대 전쟁터에서 살상용으로 던지던 전투용 도끼를 의미하는 말이다. 이 도끼를 주로 사용하던 종족을 '프랑크족'이라 불렀는데, 이들이 오늘날 프랑스의 기반이 된 프랑크 왕국을 세운 민족이다.

샤를 드 스토이벤, 〈투르푸아티에전투〉, 1837년, 캔버스에 유채, 5.4×4.6m, 베르사유 궁전

방패와 갑옷까지 뚫었던 가공할만한 무기

전투용 도끼인 '프란시스카'는 중세시대 매우 무서운 무기 중 하나였다. 개당 무게는 1kg 정도에 크기는 약 40cm 정도로 날이 부메랑 모양으로 휘어져 있는데, 이는 주로 투척용 무기로 쓰면서 사거리를 늘리기 위해 만든 디자인이었다고 한다. 후대 바이킹들이 쓰던 도끼와도 꽤 유사한 모양이다.

전투 시에는 상당한 위력을 발휘하던 무기였는데 수만 명의 전사들이 일제히 진격하기 전에 프란시스카를 먼저 투척해 적군의 방패나 장애물을 무너뜨린 후, 다른 프란시스카나 칼로 돌격하는 식으로 사용했다. 백병전에도 자주 활용됐는데 장검보다 운용하기가 쉽고 방패나 갑옷도 손쉽게 뚫을 정도로 무서운 파괴력을 자랑했다고 한다. 10세기부터 기사 계급이 본격적으로 출현하고 전투 방식이 기사돌격작전으로 변경되기 이전까지 프란시스카는 거의 모든 전장에서 활발히 사용됐다.

프랑스 출신 샤를 드 스토이벤Charles de Steuben, 1788~1856이 그린 〈투르푸아티에 전투〉(69쪽)를 보면, 프랑크의 궁재(宮宰) 카를 마르텔Karl Martell, 688~741이 이슬

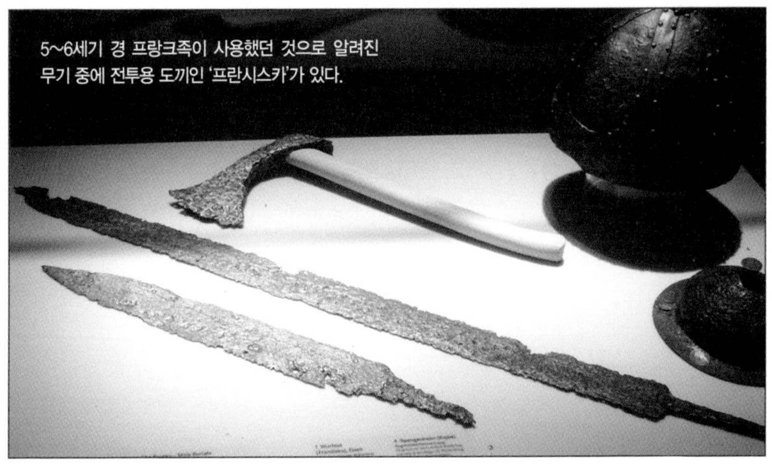
5~6세기 경 프랑크족이 사용했던 것으로 알려진 무기 중에 전투용 도끼인 '프란시스카'가 있다.

람교도군과 투르푸아티에에서 벌어진 전투에서 프란시스카를 높이 쳐들며 진두지휘하는 모습이 나온다. 이 전투에서 프랑크 왕국의 군대는 이슬람군에게 치명적 타격을 입혔다.

유럽 역사의 기반을 이룬 프랑크족

한편, '던지는 도끼'란 의미는 오늘날로 치면 일종의 '돌직구'란 뜻으로도 남았다. 그래서 영어로 'frank'란 단어는 '솔직한'이란 뜻이 됐다. 보통 남을 불편하게 할 수 있을 정도로 솔직히 이야기하는 것을 두고 영어로 'Frankly speaking'이라 표현하는 것도 모두 이 프란시스카란 도끼의 의미에서 파생됐다.

프랑스 출신 조각가 엠마누엘 프르미에(Emmanuel Fremiet, 1824~1910)가 황동 쟁반에 새긴 메로베우스 1세의 모습 _뉴욕 현대 미술관(MoMA) 소장

이 '솔직한' 프랑크족은 원래 오늘날 독일과 네덜란드 일대 살던 게르만족의 일파였다. 로마 제국 시절에는 로마의 갈리아 국경지대에 살다 보니 로마인들과 접촉이 많았고 다른 게르만족들에 비해 상당히 문명 수준이 높았다고 한다. 프랑크족 남성들 중 상당수는 로마 제국에 들어가 용병으로 근무하기도 했는데, 로마 제국 내에서 살기 원했던 사람들이 많았기 때문이다. 당시 로마 제국은 이민족이든 누구든 관계없이 군대에 25년간 복무하면 자신은 물론 그의 자식들도 로마시민권을 부여받아 로마시민으로 살 수 있었다.

독일 뷔르츠부르크에 있는 피핀 3세의 동상

이후 로마 제국이 5세기 말에 크게 약화되면서 프랑크족들은 게르만족의 대이동과 맞물려 로마영내로 대규모로 쏟아져 들어왔다. 이들은 오늘날의 프랑스와 독일 지방을 중심으로 자신들의 왕국인 프랑크 왕국을 건설해 중세시대 서유럽의 중심 국가로 떠오른다. 프랑크 왕국을 처음 세운 메로빙거(Merovinger) 왕조의 시조 메로베우스 1세Meroveus I, 415~457는 원래 로마 제국의 용병 출신으로 제국군 사령관을 맡은 바 있으며 그의 아들인 힐데리히Childeric, 440~482 역시 용병대장을 지냈다.

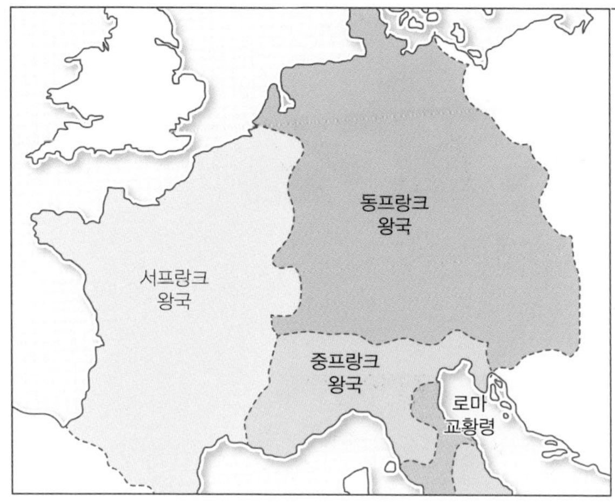

오늘날 프랑스와 이탈리아, 독일 등 유럽 주요국의 모태가 된 프랑크 왕국의 영토

이때까지만 해도 도끼를 휘두르던 프랑크족의 군사국가에 불과했던 프랑크 왕국은 8세기에 새로운 도약의 전기를 맞이한다. 프랑크 왕국의 대신이었던 피핀 3세Pepin III, 715~768가 메로빙거 왕조를 무너뜨리고 새로 카롤링거(Carolinger) 왕조를 건설하고 이 과정에서 로마교황청과 손을 잡으면서 상당한 종교적 지지 기반을 손에 넣은 것이다. 이후 피핀 3세의 아들인 카롤루스Carolus, 742~814 대제 때는 교황청으로부터 로마 제국 황제의 관을 받았으며 이것이 중세 유럽사에 중요한 페이지를 장식하는 신성로마 제국의 시작이 됐다.

이후 카롤루스의 세 아들은 영토를 분할 받아 프랑크 왕국은 셋으로 분할되어 서프랑크와 중프랑크, 동프랑크로 나뉘었고, 서프랑크는 프랑스, 중프랑크는 이탈리아, 동프랑크는 독일의 모태가 됐다. 작은 도끼에서 시작한 여정이 오늘날 유럽 역사의 기반이 된 셈이다.

'무대포'는 정말 무모한 전술일까?

무대포 정신의 함의

보통 앞 뒤 안 가리고 무작정 뛰어드는 무모한 사람을 일컬어 '무대포'라고 부른다. 심지어 기업에서는 아무런 전략이나 대안도 없이 일단 시도하는 공격적인 사업 방식을 두고 '무대포 정신'이라 부르기도 한다. 글자 그대로 풀이하면 대포도 없이 전쟁터로 뛰어드는 무모함을 의미하는 단어다.

국어사전에서 찾아보면 이 말은 원래 일본어 '무데뽀(無鐵砲)'에서 온 말로 '일의 앞뒤를 잘 헤아려 깊이 생각하는 신중함이 없음을 속되게 이르는 말'을 뜻한다.

여기서 데뽀는 16세기 중엽, 일본 전국시대 당시 포르투갈에서 도입된 화승총을 의미한다. 화승총도 없이 무모하게 돌격을 하는 어리석은 장수를 의미하는 말에서 오늘날 단어의 뜻이 만들어졌다고 알려져 있다.

오도레 도미에(Honoré Daumier, 1808~1879), 〈돈키호테〉, 1868년, 캔버스에 유채, 51×32cm, 노이에 피나코테크, 뮌헨

총구보다 빠른 기병의 창끝

무데뽀는 '無手法'이란 한자로도 번역된다. 그렇기 때문에 한자 의미와 관계없이 음을 차용해 단어를 만드는 아테지(宛て字) 단어로, 처음부터 총과 얽힌 말은 아니었다고 한다. 무데뽀가 화승총과 얽히기 시작한 것은 일본 전국시대 판도를 뒤바꾼 전투로 알려진 '나가시노(長篠)전투'를 치른 이후인 것으로 추정된다.

나가시노전투는 일본 전국시대 역사에서 매우 중요한 분기점 중 하나로 흔히 강력한 기마술로 유명했던 타케다(武田) 가문의 맹주 타케다 카츠요리武田勝頼, 1546~1582의 기병대가 화승총부대를 앞세운 오다 노부나가織田信長, 1534~1582에게 참패한 전투로 알려져 있다. 1575년 벌어진 이 전투에서 승리한 오다 노부나가는 이후 승기를 잡고 일본 열도 대부분을 통일하기에 이른다.

〈타케다 카츠요리의 초상화〉

오다의 승리는 흔히 기업에서 혁신에 대해 이야기할 때 자주 회자된다. 오다가 이끄는 3000명의 화승총부대가 주력이 돼 세 개의 부대가 차례로 윤번 사격을 실시하는 '3단 사격술'이란 새로운 전술로 1만5000기에 이르는 타케다의 기병대를 완전히 궤멸시켰다는 내용이 주를 이룬다. 화승총이란 신기술을 재빨리 도입하고 적절한 전술까지 마련한 오다가 낡은 기병돌격작전에 매어있던 타케다의 대군을 궤멸시켰다는 것이다. 여기서 무데뽀는 타케다의 무모하기 짝이 없던 기병돌격을 비유하는 단어로 쓰였다. 돈키호테의 돌격과도 같은 어리석음이 패배의 주 요인이 됐다는 것이다. 스페인의 문호 미겔 데 세르반테스Miguel de Cervantes, 1547~1616의 소설에 등장하는 돈키호테는 물불을 가리지 않는 무대포의 전형으로 꼽힌다.

하지만 최근에는 이에 대한 반론들이 제기되고 있다. 정말로 오다의 화승총부대가 나가시노전투 승리의 원천인지부터가 의심스럽다는 것. 당시 화승총은 한 자루에 보병 한 사람의 연봉과 맞먹을 정도로 엄청나게 비쌌기 때문에 도요토미 히데요시豊臣秀吉, 1536~1598가 일본 전국을 통일하기 이전까진 수천 명씩 운용했다는 기록이 없다고 한다. 여기서 활약한 3000명이 이후 다른 전투에서 활약했다는 기록도 없다.

〈오다 노부나가의 초상화〉

또 다른 문제는 실제로 화승총부대를 수천 명 운용했다고 해도 승리를 늘 장담할 수 없다는 점이다. 당시 화승총은 성능이 그리 좋지 못했고 인명 살상이 가능하려면 80m 내에서 사격을 해야 했으며 1분에 많이 쏴야 두 발 정도가 한계였다. 그러나 당시 기병대는 1분에 800m 정도를 주파했으며 일단 기병대가 진형을 뚫고 들어오면 장창 등 방어 무기가 없는 화승총부대는 전멸할 수밖에 없었다.

그러다보니 화승총부대가 기병대의 돌격 작전에 박살이 난 전투는 꽤 많은 편이다. 1619년 만주 사르후(薩爾滸)에서 청나라 팔기군과 조선, 명나라 연합군 간 전투에서 화승총부대가 주력이었던 조선군 1만3000명은 평지에서 청나라 기병이 기습하자 순식간에 절반이 사망했고 살아남은 병사들은 그대로 항복했다. 이밖에도 1683년, 오스만터키군이 오스트리아의 수도 비엔나를 공격했을 때도 오스트리아를 구원하러 온 폴란드 기병대인 윙드 후사르(Winged Hussar) 수천 기가 열 배가 넘는 오스만터키의 화승총부대를 전멸시켰다는 기록도 있다.

무모하지 않은 무대포

사실상 무대포가 무모한 게 아니라 무작정 화승총만 들고 있는 보병대가 훨씬 무모했던 셈이다. 결국 화승총이 개량되기 전까지는 화승총부대는 기병대로부터 전방을 보호할 장창부대와 함께 운용돼야 했으며 이러한 방어 전력 없이 총만 들고 다니는 부대는 여지없이 기병대에 박살이 났다.

실제로 나가시노전투에서 오다가 승리한 것은 화승총도, 3단 사격술 때문도 아닌 절대적 전력 우세와 타이밍을 놓친 타케다의 실책이 합쳐진 결과라고 한다. 타케다는 원래 나가시노 성의 수비 병력이 500명뿐인 것을 알고 1만5000기를 이끌고 재빨리 점령하러 진격했다가 시일을 끄는 바람

작자 미상, 〈나가시노전투〉, 도쿠카와 미술관, 나고야

에 오다의 본군 3만8000명이 도착했고 결국 두 배가 넘는 적군에 포위돼 대패했다는 것이다.

결국 타케다는 공격하려면 빨리 공격해서 함락시키고 대세가 바뀌었으면 신속하게 병력을 퇴각시켜야 한다는 '병귀신속(兵貴神速)'이란 병법의 기본을 어겼기 때문에 패배한 셈이다. 화승총이란 신기술과 3단 사격이라는 새로운 전술의 가치를 논하기 이전에 기본 전투 운영에 충실한 쪽이 승리한다는 단순한 진리가 '무대포 정신'의 진정한 교훈이라 할 수 있다.

전령병의 희생을 기리기 위해 채택된 올림픽 종목

규정이 까다롭기로 소문난 근대 5종 승마

올림픽 중계를 보다보면 '근대 5종 경기'라는 종목을 한 번씩은 만나게 된다. 근대 5종은 펜싱, 수영, 승마, 사격, 크로스컨트리를 합쳐서 전체 총점이 가장 높은 사람이 우승하는 종목으로, 1912년 스웨덴 스톡홀름 올림픽 이후부터 정식 종목으로 채택됐다.

근대 5종 경기의 다섯 종목 가운데 점수에 가장 큰 영향을 끼치는 것은 단연 '승마'다. 선수 본인의 말을 탈 수 없고 대회 주최 측이 제공한 말 중에서 무작위로 선별된 말을 몰아야 하며, 장애물까지 넘어야 하기 때문에 특히 어려운 종목으로 꼽힌다.

일반 승마 종목에서는 오랫동안 자신과 호흡을 맞춘 자기 말을 타기 때문에 기록 편차가 크지 않지만 생전 처음 보는 말을 타야 하는 근대 5종의 승마에서는 어떤 말을 만나느냐에 따라 기록이 큰 차이를 보인다. 경우에 따

에드가 드가, 〈행진 : 관중석 앞의 경주마들〉, 1868년, 캔버스에 유채, 46×61cm, 오르세 미술관, 파리

2016년 브라질 하계 올림픽 중 근대 5종 경기에서 갑자기 난동을 부리는 말 때문에 곤혹을 치루는 참가 선수

라서는 실격처리 되는 불운이 발생할 수도 있는데, 말이 총 네 번 이상 장애물 뛰어넘기를 거부하거나 경기장 밖으로 도망가거나 두 번 이상 낙마하거나 제한 시간을 두 배 이상 초과할 경우 그 자리에서 실격된다. 성격이 예민하고 다른 사람 태우기를 싫어하는 말이 걸리면 실격 위험까지 있기 때문에 근대 5종 경기의 승패는 주로 승마에서 결정되는 것이다.

근대 5종 경기 중 승마의 까다로운 규정을 생각하면 떠오르는 그림 한 점이 있는 데, 바로 에드가 드가Edgar De Gas, 1834~1917가 그린 〈행진 : 관중석 앞의 경주마들〉(81쪽)이란 작품이다. 물론 이 그림은 근대 5종을 묘사한 게 아니라 일반 승마 경주를 그린 것인데, 말에 올라타 출발을 앞둔 기수들 가운데 고삐 풀린 망아지처럼 난동을 부리는 말 위에 올라탄 기수의 모습이 인상적이다. 4년을 준비해온 올림픽 근대 5종 경기에서 출발하기도 전에 드가의 그림에서처럼 갑자기 난동을 부리는 말을 만난다면 얼마나 난처할까?

전령의 영혼을 기리는 경기

그런데 근대 5종 경기 중 승마에는 왜 이런 까다로운 규정을 두어 참가선수들을 괴롭혀온 걸까? 일반적으로 주인과 말의 호흡을 중요하게 여기는 승마 종목의 유래를 생각하면 언뜻 이해가지 않는 규정이다. 하지만 근대 5종 경기의 승마 종목만은 이 원칙이 유지되고 있다. 여기에는 근대 5종 경기 탄생에 직접적인 영향을 끼친 '전령(傳令)'의 역사가 숨어있다.

근대 5종 경기는 원래 일반적인 스포츠에서 유래된 경기가 아니었다. 근대 올림픽을 제창한 피에르 드 쿠베르탱Pierre de Coubertin, 1863~1937 남작이 19세기 초 나폴레옹전쟁 시기 프랑스 전령병들의 영웅심을 기리기 위해 만든 경기였다. 페르시아전쟁의 승전보를 전하러 뛰다가 숨진 전령을 기리기 위해 만든 마라톤 종목처럼 근대 5종 경기도 전령의 영혼을 기리는 경기였던 것이다.

19세기에 벌어진 수많은 전투에서 전령병은 아주 위험한 병종이었다. 밤낮을 가리지 않고 피아(彼我) 식별이 어려운 전쟁터를 오고 가며 적의 포위를 뚫고 명령과 정보를 전달하기 위해서는 엄청난 용기가 필요했다. 바로 근대 5종은 이 전령들의 용기와 희생이 녹아들어간 스포츠라 할 수 있다. 칼로 적을 제압하는 펜싱, 강을 헤엄쳐 건너가는 수영, 적의 말을 빼앗아 타는 승마, 적의 보초병을 저격하는 사격, 적진을 돌파하는 크로스컨트리 등 전령병이 장군의 막

프랑스 사진작가 H.D. 거드우드(H.D. Girdwood, 1878~1964)가 찍은 1915년경 모터사이클을 타고 승리 소식을 전하러 가는 프랑스의 전령병 사진. 제1차 세계 대전 이전까지 전령병들은 수단과 방법을 가리지 않고 목숨을 걸고 전령을 수행하기 위해 동분서주 했다.

사에서 명령을 하달하는 목적지에 도달하기까지 겪는 모든 과정이 이 종목 안에 담겨 있다.

그러다보니 근대 5종의 승마만큼은 선수 본인 말이 아닌, 한 번도 타 본 적 없는 남의 말을 몰아야 하는 규정이 생겼다. 글자 그대로 말이 심하게 말을 듣지 않아도 이를 극복하고 적진을 탈출해야 했던 전령들의 고충이 그대로 스포츠화 된 셈이다.

결국 근대 5종 경기는 승마에 따라 순위가 심하게 요동치는 종목이 되고 말았다. 실제로 2004년 아테네 올림픽은 물론 2012년 런던 올림픽에서도 메달권이 유력시되던 선수들이 승마 경기 중 낙마해 30위대로 추락하는 일이 벌어졌다. 무슨 말을 탈지는 경기 20분 전에 추첨을 통해 무작위 선발되며, 연습 시간도 20분 남짓 밖에 주어지지 않는다. 심지어 앞에 출전한 선수들이 한참 동안 몰아 지친 말이 걸릴 수도 있기 때문에 그야말로 천운(天運)이 작용해야 하는 종목이라 해도 과언이 아니다. 쿠베르탱 남작은 "근대 5종 경기에 참가하는 사람은 경기에서 승리를 하든 못하든 우수한 만능 스포츠맨이다"라는 말을 남겼다.

전쟁의 승패를 좌우해온 정보

무선통신 장비가 미비했던 제1차 세계 대전 이전까지 전령병들은 무수히 많은 전투에서 사지를 넘나들며 정보를 전달했기에 그만큼 많은 병사들이 목숨을 잃을 수밖에 없었다.

오늘날 일반적으로 사용되는 '정보(情報, information)'의 어원을 거슬러 올라가보면, 전령병이 적진을 정탐한 후 적의 실태를 보고하던 '적정보고(敵情

報告)'란 단어의 줄임말에서 비롯했다. 정확한 적정 보고는 전쟁의 승패를 좌우하는 중요한 기밀이었기 때문에 전령들은 포로로 많이 잡혔으며 고문을 당하기도 했다. 특히 글을 남기면 비밀이 새나갈 확률이 높았기에 많은 전령들은 중요 정보 내용을 암기해 전달하는 경우가 많았고, 그래서 지능이 매우 높은 사람들 중에서 전령병을 선발했다.

이러한 전령의 이미지가 구축돼 만들어진 신이 그리스 · 로마 신화에 등장하는 헤르메스(Hermes)다. 헤르메스신은 제우스의 명령을 전달하는 사자(使者)로 등장하며 특유의 재치와 지혜를 가진 신으로 묘사돼 올림포스의 12주신 중 하나로 남았다. 헤르메스는 전령의 신으로서 저승으로의 통행 또한 자유로웠기 때문에 죽은 자를 저승에 안내하는 역할도 맡았다고 전해진다. 이는 그만큼 전령병들이 죽음과 가까이 지냈음을 비유적으로 상징하는 것이다.

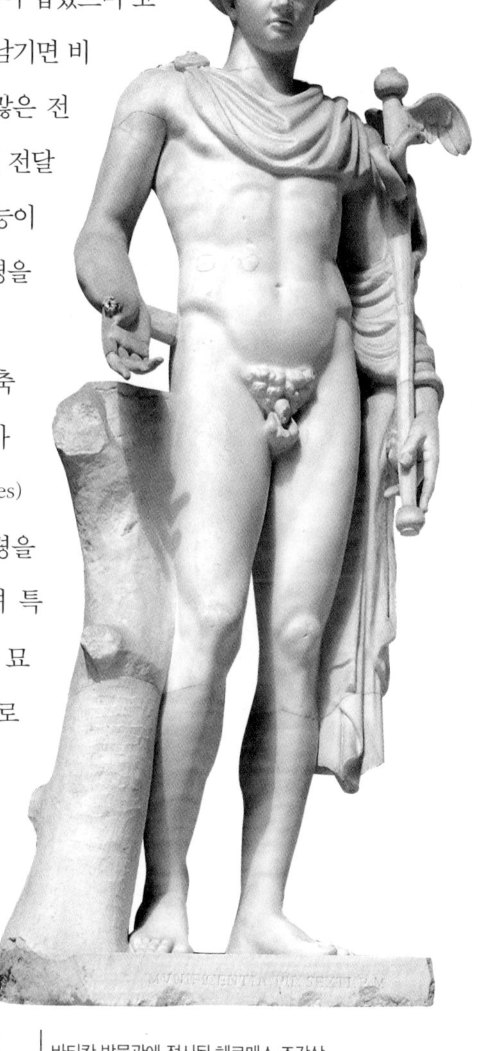

바티칸 박물관에 전시된 헤르메스 조각상

'구구단'이 장교들의 필수덕목이 된 사연

구구단 안에 어떤 전술이?

초등학교 입학을 앞둔 유치원생들이 반드시 거쳐야 할 관문인 '구구단'. 구구단은 초등학교 저학년 과정에 포함된 단원인데, 선행학습이 미취학 아동에게까지 확산되면서 구구단을 외우지 않고 초등학교에 입학하면 큰일이라도 날 것 같은 세태다.

뿐 만 아니다. 과거 "구구단을 외자 구구단을 외자"하며 노래로 외우던 것이 최근 사교육 시장의 영재교육 카테고리에 묶여 인도식 '19단 교육법'까지 유행하면서 어린 학생들을 고단하게 하고 있다.

아무튼 이렇게 어린 아이들의 두뇌를 힘들게 하는 구구단이지만, 원래 구구단은 고대부터 군을 이끄는 장교들의 필수덕목이었다. 장교들은 혼란스러운 전쟁터 한가운데서도 구구단을 비롯해 곱셈 암기를 필수적으로 잘해야만 했기 때문이다. 혹시 구구단 안에 적의 공격을 무력화 시키는 기막힌

〈수메르인의 팔랑크스〉, 130×180×11cm, 루브르 박물관, 파리

전술이라도 담겨 있었던 걸까?

유서 깊은 전투 대형

장교들과 구구단의 악연이 시작된 것은 보병의 방진(方陣) 체계가 생긴 이후부터로 사실상 문명의 시작과 함께했다. 여기서 방진 체계란 군인들이 오(伍)와 열(列)에 맞춰 정사각형 진형을 만드는 것을 의미한다. 서구에서도 그리스의 팔랑크스(Phalanx)가 이 방진에 속하며 고대부터 거의 모든 전쟁터에서 주로 쓰였다.

그리스의 팔랑크스는 중장보병(重裝步兵)들로 구성되며, 오른손에는 사리사(sarissa)라는 2.5m 가량의 긴 창을, 왼손에는 호플론(hoplon)이라는 커다란 둥근 방패를 들고 전형을 짰다. 이 호플론을 들고 싸운다 하여 팔랑크스

니콜로 그라넬로, 〈스페인 방진〉, 프레스코화, 소장처 및 크기 미상

대형에서 싸우는 중장보병들을 홉라이트(hoplite)라고 한다.

한편, 팔랑크스와 비슷한 군사 진형 체계가 인류 최초로 등장한 예는 기원 전 25세기의 것으로 추정되는 수메르 석판(87쪽)이다. 수메르(Sumer)는 세계에서 가장 오래된 문명이 발상한 바빌로니아 남부 지역 및 민족을 가리킨다. 따라서 팔랑크스는 인류 문명이 시작된 때부터 존재했던 것으로 추정해 볼 수 있다.

보병의 방진 체계는 16세기경 스페인에서도 크게 활성화 됐다. '테르시오(Tercio)'는 1534년부터 1704년에 걸쳐 스페인 왕국이 채용한 군사 편성 혹은 전투 대형을 말한다. 단순히 전투 대형을 지칭할 때는 스페인 방진(Spanish square)이라고 부른다. 테르시오의 편성 및 전투 대형은 17세기 초엽까지 유럽 각국에서 왕성하게 모방했다.

스페인계 이탈리안 화가 니콜로 그라넬로Niccolo Granello, 1553~1593가 그린 〈스페인 방진〉에는, 테르세이라 섬에 배를 정박시키고 테르시오 전투 대형을 갖추는 스페인 군대의 모습이 묘사돼 있다.

중요했던 장교의 곱셈능력

보통 가로 16명, 세로 16명이 오와 열을 갖춰 늘어서서 256명이 한 진을 구성하는 팔랑크스는 긴 창을 들고 촘촘히 늘어선 병사들의 모습이 적군을 심리적으로 압도했다. 아울러 진형을 구성한 아군의 사기를 높여주는 병법이기도 했다. 일종의 인간 벽처럼 움직인 이 진형으로 적군을 몰아세운 뒤, 주로 기병대로 적의 후미를 공격해 격멸하는 이른바 '망치와 모루' 전술에 유용하게 쓰인 방진 체계다. 독일의 판화가이자 지도 제작자인 프란스 호겐베르그Franz Hogenberg, 1540~1590가 그린 〈하일리하레전투〉를 보면 팔랑크스 대형을 만날 수 있다.

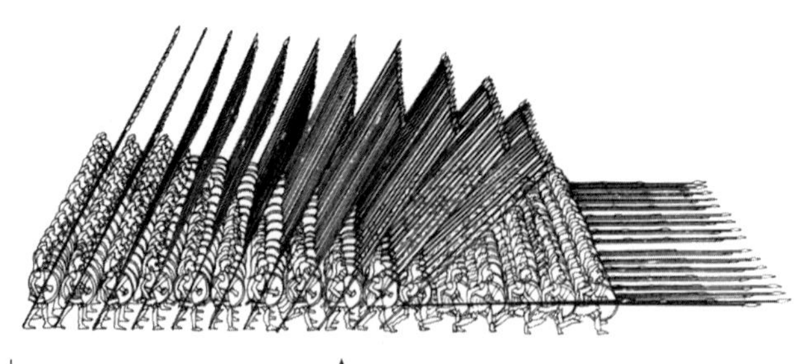

팔랑크스 대형

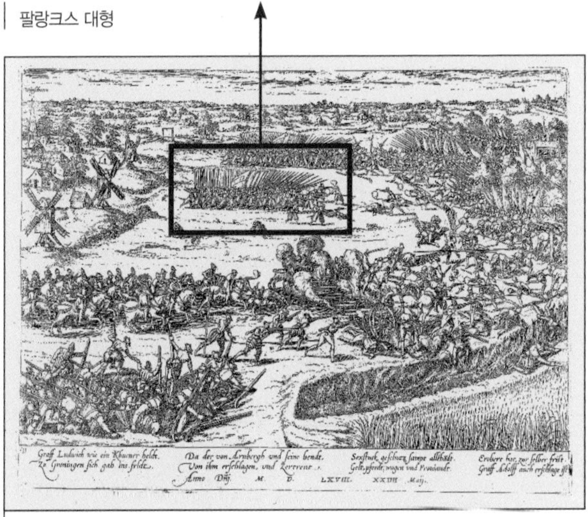

프란스 호겐베르그, 〈하일리하레전투〉, 1568~1588년경, 종이에 연필, 크기 및 소장처 미상

팔랑크스 대형에서 가장 중요한 건 진형이 무너지지 않고 유지되는 것이다. 적의 화살을 맞거나 적의 기병이나 전차에 짓밟혀 진형 한쪽이 무너지면 또다시 곧바로 빈 공간을 남은 병사들이 채우며 사각형의 방진 형태를 계속 유지하면서 진격해 적을 몰아세워야 했기 때문이다.

이때 장교의 역할이 중요했다. 재빨리 오와 열을 맞춰 사각 진형을 유지하려면 살아남은 병력 수를 신속하게 파악해서 다시 오와 열을 정비해 정사각형 진형을 만들어야 했다. 이런 상황에서 특히 곱셈능력이 중요할 수밖에 없었다. 각 수의 배수와 제곱근이 나와 있는 구구단을 외워두면 편리했다. 시대가 흘러 전쟁의 규모가 점점 커지면서 곱셈해야 할 숫자의 단위도 복잡해졌고, 이에 따라 장교들의 곱셈능력도 진화하지 않으면 안 되었다.

작은 병영 개념이었던 학교

방진 체계는 무기가 창에서 총으로 바뀐 이후에도 오랫동안 적용됐다. 19세기까지 전투는 총기의 연사 속도가 분당 2~3발 정도로 느리다보니 긴 소총 위에 총검을 꽂은 보병들이 밀집한 형태로 전개될 수밖에 없었다. 분산해서 기병대와 맞설 경우 전멸할 가능성이 훨씬 높았기 때문에 역시 방진 형태로 모여 진격해 한 줄로 늘어서서 한꺼번에 사격을 한 뒤, 총검술로 교전하는 단순한 전투 방식이 유지됐다.

그러다보니 장교들에게 곱셈은 여전히 중요했고, 19세기 우수 병력자원 생산을 목표로 만들어진 공교육 체계에서 구구단을 비롯한 곱셈이 중요시될 수밖에 없었다. 학생들이 구구단을 열심히 암기하게 된 것은 그 이후부터였다. 학교는 작은 병영의 개념으로 운영되었다. 따라서 작전시간을 정확히 알기 위한 '시계 보는 법', 작전에 혼란을 주지 않기 위한 '표준어와 표준 발음 구사능력', 그리고 곱셈을 비롯한 사칙연산이 중요하게 다뤄졌다.

이런 전쟁방식은 학교뿐만 아니라 군 조직 문화에도 영향을 끼쳤다. 방진 체계로 승부를 보는 전쟁에서는 결국 제식훈련을 강도 높게 받아 어떤 상황에서도 자리를 굳게 유지하는 군대가 승리를 거두었다. 결국 제식훈련이 매우 엄격해질 수밖에 없었고, 병사들에게는 상명하복과 복지부동의 자세가 요구됐다.

장교들은 말을 타고 진형을 돌면서 병사들의 숫자를 세고 빠르게 곱셈을 해서 진형을 유지하는 것은 물론, 전투 도중 군사들의 진형 이탈을 막고 도주자나 명령 불복종자를 골라 처벌하는 역할을 도맡았다. 이러한 19세기 군대문화는 쉽게 바뀌지 않고 다시 학교와 직장으로 퍼지며 지금에까지 이어지고 있다.

조선군은 정말 '포졸복'만 입고 싸웠을까?

군인은 복장도 무기다!

임진왜란 시기를 비롯해 조선시대가 배경인 사극을 보다보면 가장 많이 볼 수 있는 의상이 하나 있다. 바로 '포졸복'이다. 당시 왜군의 복장을 보면, 주요 장수들은 물론 조총이나 장창을 든 일반 사병들까지 사무라이 갑옷을 입고 있다. 명나라의 사병들도 갑주로 무장해 등장한다. 그런데, 유독 조선군은 말 위에서 싸우는 무사들까지 포졸복을 입고 있다. 왠지 복장에서부터 왜군에 밀리는 듯한 인상이다.

아무튼 포졸복을 입은 조선군의 복장은 사극을 보는 사람으로 하여금 의문에 빠지게 한다. 16세기 말에 발발한 임진왜란은 개인화기보다는 창과 칼이 어지러이 오고가는 치열한 격전이 7년이나 이어진 장기전이었다.

이런 피 튀기는 전쟁터에서 적진을 향해 돌격을 준비 중인 기병이 얇은 천으로 만든 옷 하나만 입고 과연 살아남을 수 있었을까? 조총까지 들고 있

단원 김홍도, 〈부벽루연회도〉 중 부분도, 제작연도 미상, 종이에 채색, 71.2×196.9cm(본 그림 크기), 국립 중앙 박물관, 서울

는 왜군의 무장도를 생각하면 더욱 이해가 가기 힘든 대목이다. 거실 쇼파에 누워 리모컨으로 채널을 돌리다 우연히 마주친 사극 속 전투 장면에서 포졸복을 입은 조선군을 보다 순간 멈칫하며 든 생각이 꼬리에 꼬리를 문다. 전공과 직업이 사람 참 피곤하게 한다며 푸념을 늘어놓다가 어느새 고증에 돌입하고 말았다.

사소하지 않은 고증 오류

삼국시대나 고려시대가 배경인 사극에서는 사병들까지 갑옷을 입고 방패를 들고 있다가 임진왜란 이후 전투만 나오면 하나같이 포졸복을 입고 삼지창을 들고 나가서 싸운다. 최근에 와서야 이 사극들의 고증 오류에 대한 문제점이 제기되기 시작했다. 임진왜란 당시에도 조선군은 병과에 따라 서로 다른 복장을 했고, 필요에 따라 갑옷을 입었으며, 특히 선봉에서 적군의 공격을 막는 '팽배수(彭排手)'의 경우에는 갑주와 방패로 무장을 했던 것으로 알려졌다.

팽배수는 조선 초기인 15세기부터 조선군 내에서 상당한 비중을 차지했던 근접전(近接戰) 병종으로 알려져 있다. 갑주를 입고 원모양 방패인 팽배(彭排)를 들고 최전선에서 적군의 진격을 막는 보병부대다. 그동안 팽배수 뒤에서 사격을 준비한 포수나 궁수들이 적을 향해 포를 쏘거나 활을 쐈다. 팽배수는 갑옷을 입은 채로 무거운 방패를 들면서 여기저기 뛰어다녀야 하는 병종 특성으로 인해 주로 힘이 센 장사들이 맡았다고 전해진다.

임진왜란 당시 일본에 선교사로 왔던 포르투갈 신부인 루이스 프로이스 Luis Frois가 쓴 『일본사』에는 갑주를 입은 조선군에 대한 설명이 나와 있다.

삼국시대에 갑옷을 입고 전투에 임하는 사병의 모습이 담긴 고화(古畵)들이 전해진다. 그림은 중국 길림성 집안시 태왕향 우산촌에서 발굴된 통구12호분 벽화로, 5세기 중엽 투구를 쓰고 갑옷을 입은 고구려 무사가 칼을 높이 들어 적장의 목을 내리치려는 순간을 묘사한 것이다. 심지어 말도 쇠로 된 갑옷으로 무장했다.

"병사들은 단단한 갑옷을 착용했고, 유럽인과 같은 철모를 쓰고 있었으며, 어떤 것은 강철로 돼 있거나 어떤 것은 무쇠로 돼 있었다"고 한 그의 기록을 보아 조선군도 왜군이나 명군만큼 상당히 튼튼한 갑주를 입었던 것으로 추정된다. 이순신李舜臣, 1545~1598 장군이 쓴 『난중일기』에서도 병사들이 갑옷과 투구를 점검했다는 기록이 자주 나온다.

갑옷을 입지 않은 장수는 패하기 마련이다!

물론 모든 병사들이 고위 장수들이 입는 '두정갑(頭釘甲)'과 같은 값비싼 갑주로 무장하지는 못했겠지만, 조선시대에 갑옷은 여러 종류였으며 병종이나 개인에 따라 무장 정도가 천차만별이었다고 한다. 갑옷의 제질도 철제나 가죽, 혹은 면이나 종이를 여러 번 덧붙여 만들기도 하는 등 다양한 재료를 가지고 만들었다고 한다.

옛 부산 동래부성 해자에서 발견된 찰갑(刹甲)이나 조선 후기에 방탄복으로 개발된 면제배갑(綿製背甲)과 같은 갑옷들은 조선시대 일반 병사들이 다양한 갑옷으로 무장했음을 방증한다.

조선 『인조실록』 중 병자호란 직후인 1627년 5월의 기록에는, 인조가 갑옷을 많이 준비하도록 하교를 내렸다는 내용이 등장한다. 인조가 내린 명을 좀 더 자세히 살펴보면 다음과 같다.

"예로부터 전쟁을 치르는 나라는 모두 갑옷과 병기의 마련에 힘썼는데, 근래 우리나라의 장사(將士)들은 갑옷을 입으려 들지 않으니, 이는 반드시 패하게 되는 원인이다. …… 〈중략〉 …… 이번 군사를 조련할 때에 용사(勇士)를 정선하고 갑주를 많이 준비하여 공수(攻守)의 쓰임으로 삼는 것이 오늘날의 급선무이다."

하지만 임진왜란과 병자호란 이후 조선왕조는 멸망할 때까지 직접적으로 큰 대외전쟁을 겪지 않았고, 군졸들 대부분이 치안 유지를 담당하는 포졸로 변하면서 갑옷의 사용량이나 생산량이 크게 줄어들었던 것으로 알려져 있다. 포졸은 포도청에 근무하는 군졸을 뜻하는 포도군사(捕盜軍士)의 줄임말이다. 치안 업무를 수행했지만 신분은 분명 군인이었다.

이런 이유 때문일까. 조선시대에 그려진 그림 중 포졸이 등장하는 작품은 전쟁화가 아니라 풍속화다. 치안과 질서 유지를 담당했던 포졸의 역할을 가장 다양하게 묘사한 작품으로는 조선시대 대표적인 풍속화가 단원 김홍도檀園 金弘道, 1745~1806의 그림 〈부벽루연회도(浮碧樓宴會圖)〉(93쪽)가 유명하다. 이 그림은 제목에서 알 수 있듯이 연회의 장면을 그린 것으로, 평양에 소재한 '부벽루'라는 누정에서 평안도 감찰사의 취임을 경축하는 잔치를 묘사했다. 이 그림에는 수십 명의 포졸이 등장하는데, 그림 속 포졸의 모습을 살펴보면 잔치에 모인 사람들의 치안과 질서 유지에 동원되었음을 알 수 있다.

조선 후기 풍속화가 기산 김준근箕山 金俊根, 생몰연도 미상의 그림을 보면 백성들이 관아에서 형벌을 받는 장면이 나오는 데, 곤장을 내리치는 인물들은 대체로 포졸로 추정된다.

이처럼 병자호란 이후 200년 이상 대외 전쟁이 발발하지 않으면서 조선군의 이미지는 대체로 치안과 질서 유지에 힘쓰는 포졸의 모습으로 굳어졌다. 치안 유지에 동원된 포졸이 갑옷으로 무장했을 리 만무하다.

기산 김준근의 그림 속 포졸은 백성의 곤장을 치는 모습으로 묘사됐다.

임진왜란이나 병자호란을 다룬 드라마나 영화에서 사병으로 출연한 엑스트라들이 왜 포졸복을 입고 전쟁 장면을 찍었는지 이제야 알 것 같다. 치안 유지에 나선 포졸의 의복과 전투에 임한 포졸의 의복을 구분하지 못했던 것이다.

조선시대 포졸은 전쟁화가 아니라 풍속화에 주로 등장한다. 당시 포졸의 역할을 가장 생생하게 묘사한 작품으로는 김홍도의 그림 〈부벽루연회도〉가 유명하다. 그림 속 포졸은 연회장에서 길을 안내하거나 취객을 밖으로 내모는 등 치안과 질서 유지에 한창이다(위 네 컷의 그림은 93쪽 〈부벽루연회도〉에서 포졸의 모습이 있는 부분도임).

Chapter 02

탐욕의 참극

미친 사랑의 전쟁사

고대사 최대의 해전

로마공화정이 제국으로 나아가는 마지막 내전으로 알려져 있는 '악티움(Actium) 해전'. 로마의 두 거물 정치인인 옥타비아누스Gaius Julius Caesar Octavianus, BC63~AD14와 안토니우스Marcus Antonius, BC83~BC30가 천하를 두고 건곤일척(乾坤一擲)의 승부를 걸었던 전투로 유명하다. 옥타비아누스를 모시던 명장 아그리파Marcus Vipsanius Agrippa, BC62~BC12의 활약으로 대승을 거둔 옥타비아누스가 안토니우스를 쓰러뜨리고 로마의 대권을 장악함과 동시에 이집트까지 정복한 전투로 흔히 알려져 있다.

지금의 벨기에를 일컫는 플랑드르 출신의 화가 로렌조 카스트로Laurenzo A. Castro, 1664~1700가 그린 〈악티움 해전〉을 보면, 그 당시 이 전쟁이 얼마나 치열하게 전개되었는지를 가늠하게 한다. 카스트로는 거대한 함선이 바다를 항해하는 광경을 실감나게 묘사하는 데 탁월했던 화가였다. 현장감 넘치는 카스트로의 그림을 감상하면서 그 당시 긴박했던 상황 속으로 좀 더 들어가 보자.

로렌조 카스트로, 〈악티움 해전〉, 1672년, 캔버스에 유채, 108×158cm, 국립 해양 박물관, 런던

실제로 악티움 해전은 초반부터 안토니우스가 훨씬 유리한 게임이었다. 전투가 벌어진 악티움도 이집트에 있는 도시가 아니라 그리스 서부에 위치한 도시로, 안토니우스는 이곳에서 옥타비아누스의 함대를 물리친 후 로마로 진격하기 위해 이집트 함대와 함께 진영을 펼친 상태였다. 병력의 수나 질, 작전 수행능력에서 안토니우스의 군대는 옥타비아누스의 군대를 압도했다. 더구나 백전노장인 안토니우스에 비해 옥타비아누스는 그야말로 정치판에만 능숙한 백면서생에 불과했다.

명장인 아그리파 역시 안토니우스 군대를 일거에 물리칠 만한 계책을 내놓진 못했다. 다만 안토니우스의 동방 병력이 집결될 때까지 시간이 필요했기 때문에 양군의 교착상태가 지속됐다. 좀 더 시일을 끌면 점점 유리해지는 상황에서 이 균형을 깨트리고 안토니우스를 패배로 인도한 인물은 안토니우스의 애인이자 세기의 미녀로 유명한 클레오파트라Cleopatra VII, BC69~BC30였다. 사실상 이 전투는 그녀에 대한 과도한 애정이 맞물려 공사 구분이 불가능해진 안토니우스가 자초한 패배나 마찬가지였다.

단 두 시간 만에 로마 최고의 용사를 사로잡은 여인

프톨레마이오스 왕조의 마지막 여왕으로 클레오파트라의 공식적인 명칭은 클레오파트라 7세다. 스물다섯 살 때 처음 안토니우스를 만나 빼어난 미모로 그를 사랑의 포로로 만든 클레오파트라는 옥타비아누스의 여동생과 이미 결혼한 안토니우스가 스스로 가정을 깨뜨리게 만들었다. 클레오파트라와 단 두 시간을 이야기한 뒤 안토니우스는 자신이 정복한 중동의 모든 영토를 그녀에게 주기로 약속했다.

A. M. 포크너, 〈안토니우스를 맞이하는 클레오파트라〉, 1906년, 종이에 채색, 102×153cm, 폴거 셰익스피어 도서관, 워싱턴DC

클레오파트라에 빠진 안토니우스는 아예 로마로 돌아갈 생각을 접고 이집트에 정착해버린다. 로마 정규군을 이끌고 전투를 수행한 장군은 로마공화정과 로마의 신들에게 영광을 돌리기 위해 로마 시로 돌아와 개선식을 해야 했으나 안토니우스는 알렉산드리아에서 개선식을 열어 로마의 정치인들로부터 엄청난 공분을 샀다. 여기에 더해 안토니우스는 클레오파트라에게 동방의 '왕중왕'이란 칭호를 부여해주고 그녀와의 사이에서 낳은 아이들에게 로마 정규군이 정복한 동방 영지 전체를 상속하겠다고 선언해 버렸다.

이 일로 안토니우스는 클레오파트라에게 영혼을 팔아버린 매국노로 낙인 찍혔다. 원로원에서 그의 편을 들던 의원들, 부하 장수들, 측근들까지 모두 안토니우스의 발언에 큰 충격을 받았다. 그래도 로마에서 삼두정치를 할 정도의 공인이 그렇게 생각 없는 짓을 하리라고 상상도 못했기 때문이다. 클레오파트라가 이집트 전통의 최면 주술을 걸어 안토니우스의 몸과 마음을 지배하기 시작했다는 소문이 퍼진 것도 그를 지지하던 세력들이 믿기지 않는 현 상황을 조금이나마 이해하기 위해 퍼뜨린 것이었다.

그래도 곧장 안토니우스가 무너지지 않은 이유는 군사적으로 그의 세력이 옥타비아누스 세력을 압도했기 때문이다. 하지만 이 역시 클레오파트라가 안토니우스를 오판에 빠뜨리면서 순식간에 무너져 내렸다. 클레오파트라는 안토니우스에게 악티움에서 해전을 벌이는 것은 불리하고 따라서 육군병력을 그리스 주요 도시들에 주둔시키고 해군은 알렉산드리아로 철수시킨 뒤에 병력이 집결할 때까지 기다릴 것을 조언했다. 대다수 수하 장수들이 반대했지만 안토니우스는 클레오파트라의 말에 따르기로 했다.

균형이 깨지고 안토니우스의 함대가 퇴각작전을 펼치자 옥타비아누스의 함대는 이를 저지하기 위해 포위작전에 나섰고 본격적인 전투가 시작됐다.

전투 역시 함선 수가 조금 더 많은 안토니우스 군대가 유리했지만 클레오파트라가 먼저 빠르게 전선을 이탈했고 안토니우스도 그녀의 배를 따라 이집트로 떠나면서 대장을 잃은 안토니우스 군대는 순식간에 무너져 내렸다.

안토니우스는 자신과 클레오파트라가 포위망을 뚫은 것 자체에 만족했으며 옥타비아누스 군대가 포위에 실패했으니 이제 군을 집결해서 다시 공격하면 이길 것이라 확신했다. 그러나 그가 생각한 전투의 경과와 그의 수하들이 생각한 전투의 경과는 전혀 달랐다. 압도적 승리를 확신했던 병사들에게 단 한 번의 패배가 준 심리적 공포감이 엄청났던 것이다.

더구나 이미 본국에서 매국노로 낙인찍히고 사랑에 미쳐 공사 분간을 못하는 지도자 밑에 있고 싶어하는 수하들은 별로 없었다. 악티움의 패배로 군사적 우위도 보장할 수 없다는 생각이 퍼지자 안토니우스 군대는 자진해서 해산하기 시작했다. 그의 10만 대군은 순식간에 흩어져 본국인 로마로 돌아갔으며 옥타비아누스에게 항복했다.

안토니우스에게 줄을 섰던 중동의 현지 세력가들도 하나 둘 등을 돌렸다. 이중에는 훗날 아기예수가 탄생할 때 유아살해 명령을 내렸다고 전해지는 유다의 임금인 헤롯도 있었다. 안토니우스의 열렬한 지지자에서 옥타비아누스의 친구로 줄을 갈아탄 헤롯은 옥타비아누스의 지지 하에 로마군과 함께 예루살렘에 입성해 왕좌를 차지하며 예루살렘 성전을 재건하게 된다.

클레오파트라에게 빠져 부적절한 처신만 없었다면 역사를 바꿀 수도 있었던 안토니우스는 죽은 뒤 자신의 가문에서 호적까지 파였다. 이후 안토니우스 가문에서는 그의 이름인 마르쿠스란 이름을 아무도 못쓰게 했다고 하니 한 남자의 인생이 이보다 더 비극일 수 있을까. 세상을 정복해온 건 남자들이지만 그 남자를 한순간에 끝장내는 건 여자임을 역사는 상기시킨다.

'카디건' 탄생의 서글픈 배경

푸근한 스웨터의 안쓰러운 사연

회사 동료의 빈 의자 등받이에 걸린 카디건을 보고 상사가 혼잣말로 중얼거리며 혀끝을 찬다.

"아, 이 사람 또 자리 비운거야?"

한사람의 부재를 확인해주는 징표?! 어느덧 사무실에서 카디건은 그런 옷이 됐다. 따뜻하고 푸근한 이미지는 온데간데 사라졌다. 각박하기만 한 현실이 카디건의 이미지까지 퇴색시킨 걸까?

겨울철 패션 아이템 중 하나인 카디건(cardigan). 날이 추워지면 사무실에서 자주 볼 수 있는 옷이다. 가디건이라고도 불리는, 앞이 V자로 트인 이 스웨터에는 서글픈 사연이 숨어있으니, 예나 지금이나 이래저래 안쓰러운 옷이다.

프랜시스 그랜트, 〈제임스 토머스 브루더넬 카디건 백작의 초상화〉, 1841년, 캔버스에 유채, 40×36.5cm,
내셔널 포트레이트 갤러리, 런던

작전능력 빵점의 금수저 사령관

카디건의 유래를 되짚어 보면, 매관매직으로 아무 실력 없이 사령관이 된 '금수저' 장군들로 인해 희생된 '흙수저' 장병들의 억울한 혼이 담겨 있다. 카디건 탄생 이야기는 1853년경 유럽 흑해(Black Sea) 한가운데 놓여있는 분쟁 지역인 크림 반도(Crimean Pen.)로 거슬러 올라간다. 크림 반도로 쳐들어 온 러시아군과 이를 막기 위한 프랑스, 영국, 터키 연합군이 맞붙은 크림 전쟁의 격전지에서 카디건은 태어났다.

원래 카디건은, 이 옷을 발명한 것으로 알려진 영국의 제임스 토머스 브루더넬 카디건James Thomas Brudenell Cardigan, 1797~1868 백작의 작위 이름에서 따온 것이다. 그는 크림전쟁에 기병 사령관으로 참전했으며 병사들에게 자신이 제작한 카디건을 입혀놓고 사진 찍는 것을 좋아했다고 한다. 카메라가 발명된 이후 처음 발발한 전쟁이었기 때문에 안 그래도 멋진 군복과 반짝이는 훈장이 박힌 군복을 좋아하던 카디건 백작은 각종 옷을 자비로 만들어 병사들에게 입히고 사진 찍는 것을 즐겼다고 한다.

영국 출신의 초상화가 프랜시스 그랜트Francis Grant, 1803~1878가 그린 카디건 백작의 초상화(107쪽)를 보면 그가 얼마나 멋쟁이인지 알 수 있다. 그림 속 카디건 백작은 화려한 군복을 입고 말 위에 올라 지휘하는 포즈를 취하고 있다. 아쉽게도 카디건은 입지 않았다.

'셀카' 취미에 빠져있던 카디건 백작은 패션 감각은 뛰어났을지 모르지만 작전능력은 한없이 0에 수렴했다. 다른 전투에 참전해본 적도 없지만 명성을 높이기 위해 사령관이 됐기 때문이다. 당시 영국은 군 사령관직을 매관매직했기 때문에 주로 돈 많은 귀족 집안 도련님들이 장교직을 사서 출전하곤 했다. 그리고 이 금수저 사령관들의 말도 안 되는 명령으로 인해 억울하게 장병들이 희생되는 전투들이 끊이질 않았는데, 카디건 백작이 참전한 발라클라바(Balaclava)전투도 그 중 하나였다.

크림 반도의 발라클라바 지역은 중요한 요충지로 러시아군이 고지를 선점해 포대를 설치하고 방어하고 있던 요새였다. 세심한 작전을 짜서 공격해도 이길 확률이 적은 싸움이었지만 총사령관인 래글런Raglan 경, 카디건 백작의 상관인 루컨Lucan 경 등 주요 사령관들이 죄다 금수저 낙하산으로 내려온 장군들이라 애초에 뛰어난 작전을 기대하기 어려웠다. 더구나 사령관들끼리 작전 혼선까지 겹치면서 참사는 이미 예고돼 있었다.

요새 중 하나인 노스밸리를 공격할 때 영국 경기병대 700명은 자살행위에 가까운 명령을 받는다. 그곳은 러시아군 보병 1만1000명과 60문 이상의 대포로 삼면을 방어하고 있던 천혜의 요새였다. 경기병대 700명으로 진격한다는 건 그야말로 호랑이 아가리에 머리를 들이미는 자살행위였다. 총사령관인 래글런 경은 장교 부인들에게 둘러싸여 사교적인 수다를 떠느라 정신없었고, 루컨 경은 우물쭈물하다가 결국 카디건 백작에게 경기병대를 이끌고 진격하라고 명령을 내렸다. 카디건 백작도 아무 이의를 제기하지 않고 돌격 명령을 내렸다.

이것이 영국군 역사상 가장 졸렬한 전투로 기록된 '경기병대의 돌격(Charge of Light Brigade)'이다. 이 과정에서 기병 345명이 20분 만에 전사했다. 이에 연합군 소속의 프랑스군이 보다 못해 지원해 겨우 전멸만은 면했지만 살아남은 병사가 200명도 채 되지 않았다고 한다. 영국 출신의 화가 윌리엄 심슨William Simpson, 1823~1899이 그린 그림(110쪽)을 보면, 러시아 포병과 기병대로 둘러싸인 노스밸리에서 영국 경기병대 700명이 무모하게 돌격하는 장면이 생생하게 묘사됐다. 훗날 시인 앨프레드 테니슨Alfred Tennyson, 1809~1892은 〈경기병대의 돌격〉이라는 동명의 시로 희생된 병사들을 기렸다.

카디건의 수난사

어처구니없고 황당한 일은 계속 이어졌다. 당시 이 전투를 지휘하던 사령관들은 전후 멀쩡히 살아 돌아와 고국에서 영웅 취급을 받았다. 심지어 카디건은 유행을 선도하는 패션 아이템으로 유명해지게 됐다.

이들은 군사청문회에 잠시 소집됐지만 뻔뻔함으로 일관했다. 군사청문회에서 래글런 경은 자신의 부관이 명령을 잘못 받아 적었다고 책임을 회피했고, 명령을 받아썼던 부관은 또 이렇게 답변했다. "전쟁에서는 이런 일도 일어날 수 있다." 아무튼 이들은 전혀 문책되지 않았다.

하지만, 전쟁에서 자주 발생해온 이러한 참극은 영국군만의 문제는 아니었다. 결국 크림전쟁 3년 동안 러시아와 연합군 사상자는 100만 명을 넘었

윌리엄 심슨, 〈경기병대의 돌격〉, 1855년, 캔버스에 유채, 의회 도서관, 런던

으며 이는 30년 가까이 전 유럽에 걸쳐 치렀던 나폴레옹전쟁 사망자와 맞먹는 숫자였다. 군대 사령관직에 대한 매관매직 제도가 이후 폐지된 것이 그나마 성과라면 성과였다.

늦은 오후 외근을 마치고 돌아온 동료의 손엔 바빠서 점심도 먹지 못했다며 편의점 샌드위치가 들려 있었다. 밖이 몹시 춥다며 카디건을 어깨에 감싸며 자리에 앉아 차가운 샌드위치를 허겁지겁 먹는 동료를 바라보며, 상사는 자신의 오해가 부끄러웠던지 겸연쩍게 한마디 던진다. "외근 나갈 땐 어디 간다고 보고하고 다녀와야지. 아무튼 추운데 수고 많았어. 다음엔 외근 나갈 때 외투 안에 카디건이라도 껴입도록!"

어느 추운 겨울날, 카디건의 수난사!

황후의 생일상과 맞바꾼 승리

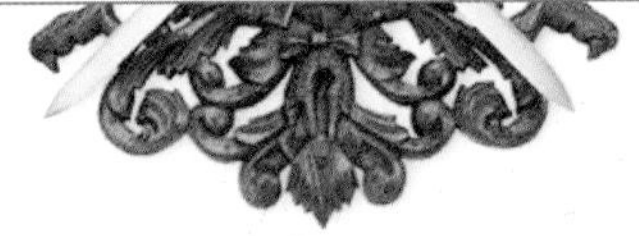

중국을 종이호랑이로 만든 전쟁

근대와 현대를 거치며 숱한 외세와의 전쟁을 겪었던 중국이 가장 뼈아프게 생각하는 전쟁은 1894년 발발했던 청일전쟁이다. 청일전쟁이 유독 중국의 역사에서 부각되는 이유는 청나라가 도저히 질 수가 없는 전쟁을 졌기 때문이다. 특히 양국의 자존심이 걸린 싸움이었던 황해전투에서 압도적인 전력상 우위에 놓여있던 청나라 북양함대(北洋艦隊)가 일본 함대에 박살이 나면서 중국은 아시아의 종이호랑이로 전락했다.

보통 청일전쟁은 근대화에 성공한 일본군이 전 근대적 무기로 무장한 청나라군을 압도적으로 패배시킨 전쟁으로 알려져 있지만 실제 상황은 전혀 그렇지 않았다. 제2차 아편전쟁 당시 수도 베이징이 함락되는 굴욕을 당했던 청나라는 1861년 이후 30년에 걸쳐 국방 개혁을 실시해 1890년대에는 아시아 최강의 함대라 알려진 북양함대를 키워낸 상황이었다.

고바야시 키요시카(Kobayashi Kiyochika, 1847~1915), 〈황해전투〉, 1906년, 니시키에 판화, 65×133cm

청나라 북양함대 기함인 진원함

이에 비해 일본은 메이지유신 과정에서 도쿠가와 막부와의 분쟁, 1877년 발생한 세이난전쟁 등 일대 내전을 수습한 뒤 짧은 기간 동안 해군을 키워냈다. 프랑스 해군을 본받아 프랑스식으로 함대를 만들었던 막부와 영국식 함대를 만들던 메이지 정부군이 합쳐진 이후 한동안 이를 통폐합하고 해군을 건설하는데 여러모로 애를 먹었다. 예산 규모도 청나라보다 훨씬 작았기 때문에 거대 전함을 운용하기가 힘든 상황이었다.

청나라와 일본은 함대 규모만으로도 차이가 컸다. 1884년부터 1885년 사이 북양함대가 연이어 도입한 독일제 드레드노트(dreadnought)급 전함인 '정원(定遠)'과 '진원(鎭遠)'은 7000톤급의 배수량을 자랑하는 거함이었다. 이 함선은 당시 개발국 독일도 해군에서 예산 부족으로 도입하지 못한 함선이었다. 이에 비해 일본의 기함인 마츠시마는 배수량이 4000톤급에 지나지 않았고 나머지 배들도 3000톤급에 그쳤다. 1891년 청나라 함대가 일본에 친선 방문했을 때 일본 해군 지휘관들이 패닉 상태에 빠졌을 정도다. 이렇게 압도적 차이가 나는 북양함대는 도대체 왜 패배했을까?

북양함대는 도대체 왜 패배했을까?

해답은 그 시절 중국 천하를 뒤흔들던 한 여성의 '생일상'과 관련돼 있다. 1894년은 청나라의 막후 통치자인 효흠현황후 예허나라씨孝欽顯皇后 葉赫那拉氏, 1835~1908, 보통 자금성 서쪽 거처에 살다보니 붙은 별칭인 '서태후(西太后)'로 훨씬 유명한 자희태후의 환갑 생일잔치가 있는 해였다. 당시 섭정 황태후로 권력을 손아귀에 쥔 그녀의 생일상에는 청나라 예산의 6분의 1에 맞먹는 1000만 냥의 세입이 소용됐다. 여기에 이 축하연에 맞춰 제2차 아편전쟁 당시 프랑스군과 영국군에 약탈돼 박살난 이화원에 대한 대대적인 보수공사도 들어갔다. 공사에 들어간 돈이 또 3000만 냥에 이르렀다.

네덜란드 태생의 미국 화가 후베르트 보스Hubert Vos, 1855~1935가 그린 초상화 속 서태후의 모습은 서구 강대국의 어떤 왕과 견주어도 뒤지지 않을 정도로 화려하고 권위적이다. 보스는 1905년 청나라 황실의 초청으로 베이징에 들어가

후베르트 보스, 〈서태후 초상화〉, 1906년, 캔버스에 유채, 237×137cm, 자금성 고궁 박물관, 베이징

서태후 초상화를 그렸다. 흥미로운 사실은, 그에 앞서 1899년 조선에 머무르면서 고종의 어진과 세자의 예진을 그렸고, 한양 풍경을 그리기도 했다. 보스는 한국에 최초로 유화 기법을 소개한 화가로 알려져 있다.

포탄 살 돈이 없어 빈 대포만 싣고 다닌 거함

한 나라의 모든 국력을 기울여 전쟁을 준비해도 모자란 상황에서 오히려 절대 권력자의 생일파티를 대대적으로 준비하다보니 군비는 축소될 수밖에 없었다. 동양 최대 함대라는 북양함대에도 여파가 미쳤다. 정원과 진원의 주포는 탄약이 부족했고 포문당 세 발 정도만 간신히 확보돼 있었다. 주요 함선의 포탄 역시 제대로 된 것은 하나도 없었으며 대부분 포탄 안에는 모래나 콩만 가득 차 있었다. 이런 함대가 제대로 된 사격 훈련을 받았을 리가 만무했다.

서태후의 초호화 생일파티 준비로 청나라는 중요한 무기 구입 기회도 놓쳤다. 청일전쟁 발발 3개월 전, 영국이 청나라에 최신 순양함 두 척을 사라고 권유했지만 서태후의 생일 축전 비용으로 써야 한다는 이유로 이 계약건이 물 건너갔다. 그러자 일본이 바로 이 순양함 두 척을 사들였고 이 순양함은 청일전쟁에서 대 활약을 펼쳤다.

이런 상황을 누구보다 잘 알고 있었던 북양함대의 수장인 리훙장李鴻章, 1823~1901은 부하 장수들에게 최대한 소극적 전투를 벌일 것을 주문했다. 대양에서 맞서지 말고 전세가 기울 것 같으면 곧바로 해안지대로 피신하라는 명령에 따라 실제 황해에서 양군이 맞붙었을 때도 제대로 싸운 전함은 거

고바야시 키요시카, 〈시모노세키 조약에 나선 리홍장〉, 1895년, 니시키에 판화, 37×75cm, 기메 국립 아시아 미술관

의 없었다. 결국 리훙장은 청일전쟁 후 시모노세키 조약 협상 테이블에 앉아 막대한 전쟁배상금과 조선 종주권 포기 등 굴욕을 맛봐야 했다.

극동 최고의 함선인 정원과 진원은 그래도 비싼 값은 했다. 159발의 명중탄을 맞고도 건재해 퇴각했으며, 퇴각 과정에서 역으로 일본의 기함인 마츠시마를 포탄도 몇 발 없는 주포로 명중시켜 대파시키는데 성공했다. 하지만 결국 퇴각하다가 포위된 함대는 저항능력을 상실한 채 전멸했다. 이 과정에서 정원은 자침당했고 진원은 일본군에 의해 나포돼 일본 해군의 훈련용 함선이 되고 말았다.

그 시절 일본은 동양의 작은 소국에 불과했고, 근대화는 물론 함대 건설도 청나라보다 뒤처졌었다. 그럼에도 불구하고 승전국은 청나라가 아닌 일본이었다. 당시 청나라는 크나큰 충격에 빠졌다. 이를 계기로 중국을 더욱 우습게 여기게 된 외세의 침략도 한층 심화됐다. 결국 한 절대권력자의 '화려한 생일상'이 당연한 승리를 패배로 만들었고, 나라 전체를 위기로 몰고 간 것이다.

투구 속에 감춰진 기사의 두 얼굴

기사의 투구에 담긴 함의

중세 유럽을 배경으로 한 미술작품이나 영화를 감상하다 보면 온갖 희한한 모양의 투구를 쓴 기사들을 만날 수 있다. 이들은 양쪽 끝에 뿔을 단 투구부터 날개를 단 투구, 닭벼슬 모양의 갈기를 단 투구, 그리고 아무것도 없이 양철깡통 같은 민머리 투구까지 크게 네 가지 종류로 나뉜다.

단순히 두부 손상을 막을 방어 용구로만 생각한다면 이런 화려한 장식들이 거추장스러울 수 있지만 사실 모두 나름의 의미가 있는 것들이었다. 바로 성경의 4대 복음서의 주인공인 마태오, 마르코, 요한, 루카를 상징하는 머리 장식이다.

이러한 이유로 기사의 투구는 전투 방어용 도구 이상의 의미를 가지고 있다. 기사는 묵직한 투구를 쓰는 순간 전쟁에서 목숨을 바칠 각오가 되어 있음을 굳게 되새기게 된다. 그래서일까, 명화 속에 등장하는 투구를 쓴 기사

작자 미상, 〈황금 투구를 쓴 남자〉, 1650년, 캔버스에 유채, 67.5×50.7cm, 베를린 국립 회화관

들의 표정에는 대부분 비장함이 서려 있다. 119쪽 그림 〈황금 투구를 한 남자〉 속 늙은 기사의 표정 역시 그러하다. 그는 이미 수많은 전투를 경험한 노련한 전사이지만, 눈빛은 비장함을 뛰어 넘어 심오하기까지 하다. 그림에서 황금 투구와 기사의 표정은 서로 분리되지 않고 일체를 이룬다.

이 그림은 오랫동안 네덜란드의 거장 렘브란트Rembrandt Van Rijn, 1606~1669가 그린 것으로 알려져 왔다. 그림 속 전사의 깊은 표정에는 렘브란트의 노년 시절 자화상이 함께 읽혀질 정도로 이 그림을 그린 화가가 렘브란트임을 사람들은 의심하지 않았다. 하지만, 현대에 이르러 많은 전문가들의 감정을 통해 이 그림이 렘브란트가 직접 그린 것이 아니라 그에게 사사 받은 한 제자가 그린 것으로 밝혀졌다. 그럼에도 불구하고 렘브란트의 수많은 애호가들과 미술평론가들은 이 그림의 예술적 가치가 결코 폄하되어서는 안 되며, 이 작품 자체로 완벽한 회화라고 호평했다.

사제단에서 기사단으로

자, 다시 중세 기사들의 투구와 그에 얽힌 전쟁사 이야기로 돌아가 보자. 민머리 투구는 예수의 12사도 가운데 한 사람이자 마태복음의 주인공인 마태오를 상징한다. 갈기가 달린 투구는 사자를 상징으로 삼는 마르코, 날개 모양은 요한복음서의 사도 요한, 뿔은 황소를 상징으로 하는 루카를 의미한다. 단순히 적에게 공포심을 주거나 화려함과 권위를 의식해서 만든 장식들이 아닌 것이다.

특히 이 희한한 투구 양식들이 유행했던 시기는 유럽 전체가 성지 예루살렘 탈환을 목표로 들끓었던 십자군 원정 시기였다. 당시는 기사들의 전성기이자 대규모 기사단이 유럽 전역에서 발족한 시대였다. 그 시절 기사들은 세속기사들도 있었지만 대다수가 기사수도회 출신으로 평화 시에는 사제로 활동하는 사제단이었다. 기사단을 가리켜 'order'라는 단어로 표현하는데, 이는 영어로 본래 결사나 집단 등을 뜻하는 일반 명사였다. 수도회 역시 'Religious Order'라 불렸으며, 후대로 갈수록 'order' 자체가 기사단을 뜻하는 말로 굳어졌다.

이것은 중세시대 세속기사들과는 좀 다른 개념이다. 원래 세속기사는 세속영주의 수하로 영주에게 봉토를 하사 받는 대신 1년에 40일간 군역의 의무를 지는 쌍무적 계약관계의 가신을 뜻한다. 그러나 기사단은 머나먼 성지까지 굳건한 신앙심 하나로 진군해야 하는 조직이다 보니 이런 세속기사들을 주축으로 전쟁을 맡기는 것은 어려운 일이었다. 이런 이유로 수도사제들 중 이교도와의 전쟁을 위해 특별히 전투가 허락된 기사수도회가 유럽 전역에 창설된 것이다.

기사단의 명과 암

보통 십자군전쟁이라 하면 성지 예루살렘으로 진군한 동방십자군만 뜻하는 경우가 많지만, 실제로 당시 십자군은 예루살렘으로 향한 자들 말고도 이슬람 국가들의 지배를 받던 스페인으로 간 사람들도 적지 않았다. 그래서 스페인 지역에서는 일찍부터 칼라트라바(Calatrava) 기사수도회를 비롯해 레온(Leon)의 알칸타라(Alcantara), 포르투갈의 오비쉬(Oviz), 아라곤(Aragon)의 몬테사(Montesa) 등 각종 기사수도회들이 창설된 것이다.

이들은 팔레스타인과 스페인 일대에서 그야말로 악명을 떨쳤다. 중무장한 기사들이 집결해 한꺼번에 몰려오자 당시 분열돼있던 중동의 이슬람 국가들은 제대로 된 방어를 펼치지 못했다. 1095년 처음 결성된 동방십자군은 1291년 최후의 십자군이 팔레스타인에서 지중해로 쫓겨날 때까지 200년 가까운 세월 동안 중동 지역 전체 판도에 큰 영향을 끼쳤다.

한편, 스페인으로 간 서방십자군은 1492년 그라나다 왕국을 멸망시키면서 '레콩키스타(Reconquista)'라 부르는 고토(故土) 회복에 성공했으며, 700년에 걸친 이슬람의 지배를 종식시키는데 큰 역할을 했다.

사실 사제들이 칼로 사람을 죽이는 것에 대해 처음에는 반감이 컸기 때문에 주로 철퇴로 적의 머리를 내리치는 것이 선호됐다고 한다. 이는 이교도의 잘못된 정신을 철퇴로 내리쳐 '일깨워' 줄 수 있다는 이유 때문이었다. 하지만 후대로 갈수록 기사단의 활동 영역은 넓어지고 세속화가 심화되면서 수단과 방법을 가리지 않는 약탈과 파괴, 살인이 자행되기 시작했다. 나

프란시스코 오티즈(Francisco P. Ortiz, 1848~1921), 〈그라나다 왕국의 항복〉, 1882년, 캔버스에 유채, 330×550cm, 스페인 국회의사당, 마드리드

중에는 해적으로 전락하거나 국가 발전을 저해하는 이권 집단 중 하나로 변질된 기사단들은 점차 각국 국왕들은 물론 로마 교황청과도 사이가 악화됐다.

외젠 들라크루아, 〈납치당하는 레베카〉, 1858년, 캔버스에 유채, 105×81.5cm, 루브르 박물관, 파리

결국 예수의 이름을 걸고 목숨을 바쳐 성지를 향해 나아갔던 이들은 이단으로 낙인찍혀 십자군 원정 이후 대다수가 살해되거나 강제 해산됐다. 프랑스에서 몰살당한 이후 비밀결사단으로 변했다고 민간에 알려진 템플기사단, 해적행위로 연명하다가 유명무실해진 구호기사단 등 각종 기사단들이 14~15세기를 전후로 사라졌다. 19세기 초 영국의 인기 작가 월터 스콧Walter Scott, 1771~1832의 역사소설 『아이반호(Ivanhoe)』(1819년)에는 족장의 딸 레베카Rebecca가 템플기사단의 기사 브리앙 드 부아길베르Brian de Boisguilbert에게 납치당하는 대목이 나온다. 월터 스콧은 소설을 통해 과거 부패한 기사단의 행태를 고발했는데, 프랑스의 화가 외젠 들라크루아Eugène Delacroix, 1798~1863는 바로 이 장면을 캔버스에 옮겨 문학 작품을 회화로 구현했다.

오늘날 남아있는 기사단들은 과거의 영광을 유적으로 삼고 있지만 군사 집단이 아닌 구호와 봉사를 목적으로 하는 의료 봉사 단체로 재탄생됐다. 천년의 세월을 거쳐 드디어 사람을 죽이는 일이 아닌, 자신들의 본업으로 돌아간 셈이다.

'밀로의 비너스'가 두 팔을 잃게 된 사연

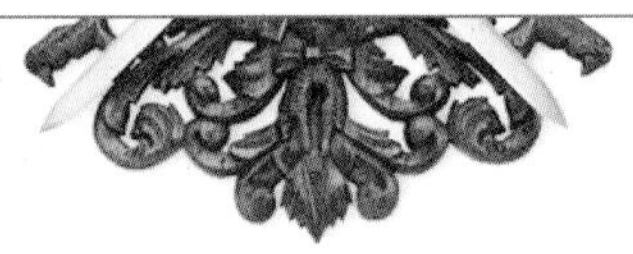

두 팔이 없어 불완전하기 때문에 더욱 아름다운 조각상?

프랑스 파리 루브르 박물관에서 가장 인기 있는 작품이라 하면 보통 그림으로는 레오나르도 다빈치Leonardo da Vinci, 1452~1519의 〈모나리자〉가, 조각으로는 〈밀로의 비너스〉가 유명하다. 평소 미술에 관심 없는 사람들이라도 루브르 박물관 정도는 들러야 프랑스 파리에 다녀왔다고 얘기할 수 있고, 또 〈모나리자〉와 〈밀로의 비너스〉 정도는 봐야지만 루브르 박물관에서 미술작품을 감상했다고 생색을 낼 수 있다. 그러니 이들 두 작품 앞에는 늘 인산인해다.

특히 두 팔을 잃은 모습의 조각상인 〈밀로의 비너스〉는 고대 그리스 예술의 정수로 일부 호사가들 사이에서는 두 팔이 없어 불완전하기 때문에 더욱 아름답다는 이색적인 호평까지 받고 있는, 세상에서 가장 아름다운 석상 가운데 하나다.

작자 미상, 〈밀로의 비너스〉, BC100년경, 대리석, 높이 202cm, 루브르 박물관, 파리

하지만, 세계 3대 박물관인 루브르의 랜드마크라 해도 손색이 없는 〈밀로의 비너스〉는 아픈 기억을 간직한 작품이다. 이 조각상의 원래 고향인 그리스의 밀로스(Milos) 섬 주민들의 입장에서, 〈밀로의 비너스〉는 두 팔을 잃고 프랑스에 약탈당한 민족의 아픔이 서린 문화재다.

파리의 낭만과 루브르의 문화적 풍요, 그리고 〈밀로의 비너스〉가 발산하는 예술적 아름다움에 모처럼 취해보는 것도 좋겠다. 하지만, 이 작품에 담겨진 역사적 진실을 함께 새겨본다면 세상을 바라보는 우리의 가치관이 좀 더 깊어지지 않을까 싶다. 자, 세상에서 가장 아름다운 이 조각상이 프랑스 파리 루브르에서 전시되기까지 어떤 우여곡절이 있었는지 지금부터 살펴보자.

프랑스 측의 해명

밀로스는 그리스 키클라데스 제도의 가장 서쪽에 자리 잡은 섬이다. 〈밀로의 비너스〉는 이 밀로스 섬에서 출토됐기 때문에 '밀로의 비너스'란 이름을 갖게 됐다.

원래 이 비너스 상은 1820년, 당시 오스만터키 제국의 식민 치하에 놓여 있던 밀로스 섬에서 그리스인 농부 요르고스 켄트로타스Yorgos Kentrotas란 사람에 의해 발견됐다. 켄트로타스는 집을 수리하려고 땅을 파다가 이 아름다운 석상을 발견한 것으로 알려져 있으며, 오스만터키군에게 이를 빼앗길까 우려해 집에 숨겼다고 전해진다. 하지만 결국 터키 당국이 강제로 이 석상을 빼앗아갔다고 한다.

며칠 후 이 비너스상의 존재는 당시 밀로스 섬 부근에 정박 중이던 프랑스 해군장교 쥘 뒤몽 드위빌Jules Dumont d'Urville, 1780~1842에 의해 프랑스 본국에 보고됐다. 프랑스정부는 당시 터키 주재 프랑스 대사였던 샤를 프랑수아 드 리파르도Charles François de Riffardeau, 1755~1842를 통해 〈밀로의 비너스〉를 구입하겠단 의사를 밝혔다.

군사강국인 프랑스의 요구를 들어주지 않으면 불이익을 입을 것을 두려워한 터키정부는 이를 받아들여 비너스상은 프랑스로 실려 왔고, 루이 18세Louis XVIII, 1755~1824에게 바쳐져 오늘날 루브르 박물관에 전시됐다는 것이 이 석상의 프랑스 유입 경로에 대한 공식적인 이야기다. 출토될 때부터 팔이 없었던 작품을 터키를 통해 프랑스정부가 사왔다는 것이다.

그리스인들의 반론

하지만, 정작 밀로스 섬에서 전해지는 이야기는 좀 다르다. 석상을 놓고 현지에서 프랑스와 터키 해군 간 격전이 있었으며, 서로 가져가려다가 팔이 잘려나가 바다에 빠졌고, 이것을 프랑스 함대가 건져서 가져갔다는 것이다. 일각에서는 루브르 박물관이 〈밀로의 비너스〉를 정식 수입한 작품으로 꾸미기 위해 남은 팔까지 더 잘라내서 아예 팔이 없는 석상이 됐다는 이야기도 있다.

이로 인해 그리스 밀로스 섬에서는 〈밀로의 비너스〉를 프랑스의 전시 약탈 문화재로 규정하고, 밀로스 섬으로의 이전 귀환을 위한 캠페인을 벌이고 있다. 그리스정부에서도 공식적으로 이 문화재가 발견된 지 200주년 되는 2020년까지 반환해 줄 것을 프랑스 측에 요청한 바 있다. 하지만 전시 작품 중 상당수가 해외 약탈 문화재인 루브르 박물관에서 해당 요청을 받아들일 가능성은 매우 낮다.

1820년 당시 〈밀로의 비너스〉를 프랑스가 무리를 하면서까지 약탈했던 이유로는, 앞서 나폴레옹Napoléon Bonaparte, 1769~1821이 이탈리아에서 약탈한 문화재인 피렌체의 〈메디치의 비너스(Venus de Medici)〉 때문이었다는 설이 있다. 〈메디치의 비너스〉는 피렌체를 지배해온 가문이자 중세 유럽의 정계와 재계를 뒤흔들던 메디치 가문이 소유했던 비너스상으로, 나폴레옹이 이탈리아 원정 당시 약탈했으며 1815년 나폴레옹이 패망하자 프랑스가 다시 피렌체에 반환한 문화재였다. 나폴레옹과 항시 대비되던 루이 18세의 복고 왕정 입장에서, 〈밀로의 비너스〉를 약탈한 것은 그만한 치적이 될 수 있었기 때문에 무리해서 가져왔다는 것이다.

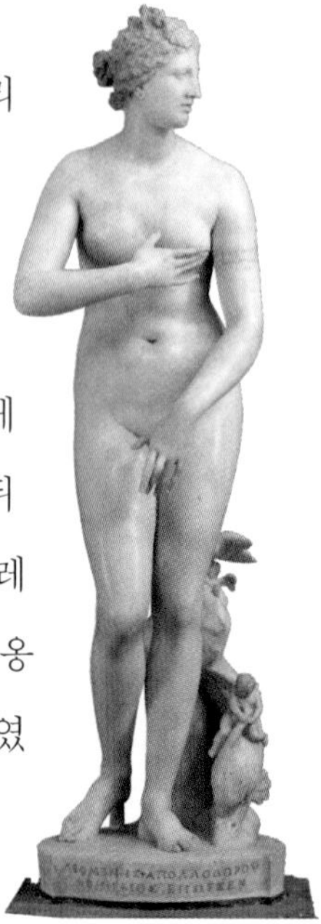

작자 미상, 〈메디치의 비너스〉, 로마시대 제작 추정, 대리석, 높이 153cm, 우피치 미술관, 피렌체

역사와 예술이 불편한 조우를 이어가는 곳

19세기 중엽 이후 서구 열강이 전 세계를 침략하기 시작하면서 문화재 약탈이 곧 국위선양이라는 등식은 점점 굳어지기 시작했다. 팔이 잘려나간 〈밀로의 비너스〉와 함께 세계 곳곳의 문화재가 약탈되고 파괴됐다. 인도의 상징인 타지마할의 수많은 보석들은 영국 동인도회사가 뜯어갔으며, 스핑크스의 떳드러진 수염은 영국 박물관으로 실려 갔다. 1861년경 프랑스와 영국 연합군은 베이징을 침공해 베르사유 궁전을 본떠 지었다는 청나라의 원명원(圓明園)을 약탈하고 불살라 버렸으며, 병인양요 당시 침공했던 프랑

스군에 의해 우리의 외규장각 도서들이 침탈되기도 했다.

이후 셀 수 없이 많은 세계의 문화재들이 제국주의의 야욕 속에 침략국의 도시로 모이면서 피식민지 국민들은 오늘날까지도 자신들의 조상이 만들었던 수많은 유적들을 엉뚱한 나라의 박물관에서 보게 됐다.

사람들은 적지 않은 비용과 열 시간이 넘는 비행을 마다하지 않고 파리에 도착하면 대부분 가장 먼저 루브르 박물관을 찾는다. 그렇게 큰마음 먹고 찾은 루브르에서 제국주의자들의 전쟁과 침략의 역사를 떠올리는 건 가슴 아픈 일이다. 예술은 한 없이 아름답지만 역사의 진실은 거스를 수 없이 냉혹하다. 역사와 예술이 불편한 조우를 이어가는 곳, 그곳은 루브르다.

요한 조파니(Johann Zoffany, 1734~1810)가 그린 〈우피치의 트리부나〉(1773년, 캔버스에 유채, 123.5×155cm, 영국 왕실 소장)를 보면, 서양인들의 탐욕이 예술작품에서 정점을 찍었음을 알 수 있다. 피렌체 우피치 미술관의 전시방 중 하나인 트리부나(Tribuna)에 빼곡하게 쌓여 있는 화화와 조각상들 가운데 〈메디치의 비너스〉도 보인다.

러시아조차 동장군에 무릎 꿇었던 '겨울전쟁'

동장군의 위력에 참패한 러시아

겨울철 한파와 관련해 흔히 쓰는 표현인 '동장군(冬將軍)'은 1812년 나폴레옹Napoléon Bonaparte, 1769~1821의 러시아 원정 실패에 따라 만들어진 단어로 알려져 있다. 앞서 발트해를 놓고 스웨덴과 겨뤘던 대북방전쟁은 물론 훗날 나치 독일과 치른 제2차 세계 대전에서 러시아는 모두 동장군의 덕을 톡톡히 봤다. 그래서 흔히 '추위는 러시아를 보호한다'고 표현하기도 한다.

이처럼 추위가 보호하는 러시아조차 동장군의 위력 앞에 참패한 전쟁이 있다. 바로 1939년에 핀란드와 벌였던 '겨울전쟁(Winter War)'이다. 겨울전쟁이란 이름이 붙은 이유는 1939년 11월 30일부터 1940년 3월 13일까지 딱 겨울동안 벌어졌던 전쟁이라 붙은 별칭이다. 또한 러시아가 13세기 몽골군의 침입 때 패배한 이후 역사상 두 번째로 겨울에 참패한 전쟁이기도 했다.

2017년 11월 30일 핀란드의 수도 헬싱키에 세워진 겨울전쟁 추모상. 설치미술가 페카 카우하넨(Pekka Kauhanen)의 작품

혹한과 폭설을 활용한 핀란드군의 탁월한 전술

겨울전쟁은 러시아혁명 당시 러시아 제국에서 독립한 핀란드를 소련의 스탈린Iosif Vissarionovich Stalin, 1879~1953 정권이 재병합하기 위해 벌인 전쟁이다. 전쟁이 일어나기 전에는 소련 측은 물론 전 세계 대부분 국가들이 당연히 소련이 아주 쉽게 이길 것이라 관측했다.

개전 당시 소련군은 25개 사단, 54만 명의 병력을 동원했다. 이에 비해 핀란드는 전체 인구가 370만 명 정도로, 현역병은 물론 퇴역군인, 소년 징집병까지 탈탈 털어도 30만이 채 되지 않는 상황이었다.

전차 숫자는 격차가 더 컸다. 소련군은 개전 당시 2500여 대의 전차를 동원했으나 핀란드군은 고작 30여 대에 지나지 않았다. 전투기도 상대가 되지 않았다. 소련군은 3800여 대인데 비해 핀란드군은 110여 대가 고작이었다. 심지어 핀란드군은 소총도 부족해서 개인화기조차 통일되지 못한 상황이었다.

전력 규모만 놓고 봤을 때, 소련군은 별 작전 없이 그냥 진격만 해도 이길 것으로 전망됐다. 그런 이유로 당시 소련군은 보급품도 달랑 10일치만 준비해 매우 가벼운 마음으로 핀란드를 향해 진군했다.

하지만 현실은 전혀 달랐다. 핀란드와 소련 사이 국경은 1200km에 이를 정도였지만, 곳곳이 숲과 호수로 막혀 있었다. 이런 지형지물을 이용해 핀란드군은 악착같이 방어에 나섰다.

당시 핀란드군에는 우수한 저격수들이 버티고 있었는데, 그 가운데 기억할만한 인물로 시모 해위해Simo Häyhä, 1905~2002라는 저격수가 있었다. 그는 겨울전쟁이 벌어진 3개월 동안 542명의 소련군을 사살했다고 전해진다. 겨울전쟁에 참전한 소련군들은 시모 해위해를 가리켜 '백사병(白死兵)'이라 부를 정도로 그를 두려워했다.

한파가 휘몰아친 핀란드 국경 지대의 폭설은 소련군 전차의 진격을 쉽게 허락하지 않았다. 핀란드군은 눈더미에 꼼짝 못하고 서 있는 소련군 전차에 무차별 화염병 공격을 퍼부었다. 이 화염병은 당시 소련 외교관으로 나치 독일과의 불가침조약을 성사시켰던 바체슬라프 몰로토프Vyacheslav Molotov, 1890~1986에게 보내는 칵테일이란 야유의 의미를 담아 '몰로토프 칵테일'이라 불렸다.

이처럼 핀란드가 소련군의 대규모 병력에 맞서 승전을 이어갈 수 있었던 것은 핀란드군을 이끈 총사령관 카를 구스타프 에밀 만네르하임Carl Gustaf Emil von Mannerheim, 1867~1951의 번득이는 전략 덕분이었다.

겨울전쟁 당시 최고 저격수 핀란드의 시모 해위해(왼쪽)와 핀란드군을 이끈 총사령관 카를 구스타프 에밀 만네르하임

만네르하임은 핀란드 내전 당시 백위대를 지휘해 러시아 볼셰비키의 지원을 받은 적위대를 물리치고 현대 핀란드 건국의 초석을 놓은 인물이기도 하다. 그는 겨울전쟁이 발발하자 열악하기 그지없는 고국의 군대를 이끌고 전장으로 나아가 소련군과 맞섰다. 그는 소련군과 정면대결로는 승산이 없음을 간파하고 기습 게릴라 전법을 동원하거나 적재적소에 뛰어난 저격수를 배치하는 등 변칙적인 전술로 소련군을 괴롭혔다. 뿐만 아니라 백색 설상군복으로 무장한 스키부대를 양산해 폭설로 기동력을 상실한 소련군의 진격을 봉쇄했다.

혹독한 대가를 치른 승리

소련군의 진격이 막힌 상황에서 전쟁이 12월 말로 넘어가면서 끔찍한 동장군이 소련군을 할퀴기 시작했다. 러시아도 전통적으로 추운 나라이지만 러시아 주요 지대보다 위도가 훨씬 높은 핀란드의 혹한기는 한마디로 처참했다. 더구나 겨울전쟁에 참전한 병사들 대부분은 당시 소련 남부인 우크라이나 지역 출신 병사들로 한파에 익숙하지 않았다.

겨울전쟁 당시 소련군 동사자의 처참한 모습

영하 43도까지 내려간 혹한 속에 결국 소련군은 12만7000명이 사망했고, 18만9000명의 부상자를 남겼다. 진격만하면 이길 줄 알았던 전투가 참혹한 결과를 남긴 셈이다. 이에 비해 핀란드군은 2만5000명의 전사자와 4만5000명의 부상자를 기록해 소련군과 대비해 훨씬 적은 피해를 입었다.

스탈린(왼쪽)과 몰로토프

하지만, 이에 가만히 있을 소련이 아니었다. 스탈린 정권은 전선 돌파를 목표로 무려 90만 명의 병력을 추가로 쏟아 부었다. 결국 더 이상 버티기 어려웠던 핀란드군은 소련과 평화협정에 나섰으며 영토의 11%를 넘겨주는 선에서 국권을 지키는데 성공했다. 소련이 발트 3국을 병합하는 동안 엄청난 전력 열세에도 살아남은 핀란드의 겨울전쟁 이야기는 전쟁사에서 두고두고 전설처럼 남게 됐다.

소련은 현격한 군사력 차이를 바탕으로 결국 승리했지만 그 대가로 입은 타격도 컸다. 전투에서 참혹한 결과를 본 소련군은 이후 겨울전쟁의 경험을 토대로 체질 개선에 나섰다. 겨울전쟁에서 배운 방어전술은 전후 15개월 뒤 발발한 독일의 소련 침공을 극복하는데 큰 밑거름이 됐다.

세계 최대 전함 야마토가 호텔로 변한 이유

기네스북에 오른 거함

세계에서 가장 큰 전함이란 타이틀을 가진 '야마토(大和)' 전함은 제2차 세계 대전 태평양전쟁 당시 일본군의 기함이었던 거대 함선이다. 길이만 260m가 넘고 만재 배수량은 7만 톤을 넘는다. 뿐만 아니라 18.1인치에 달하는 거대한 주포는 '함선에 장착된 가장 큰 대포'로 기네스북에 올라있으며 이 기록은 아직도 깨지지 않고 있다.

또한 200문이 넘는 대공포와 강력한 장갑 등 막강한 방어력을 갖추고 있어 '바다 위의 요새' 역할을 충실히 할 수 있을 것으로 기대됐다. 여기에 각종 최신 레이더와 광학 장비로 우수한 탐지능력까지 자랑했다. 당대 일본의 기술력과 자본력이 총집결한, 수치상으로는 최고의 함선이었던 셈이다.

작자 미상, 〈전함 야마토〉, 제작연도 및 소장처 등 미상

연회장으로 전락한 치욕

하지만, 정작 이 대단한 기함은 전쟁 말기까지 전투에는 거의 나서지 못했다. 전쟁 내내 함대 사령관들이 자주 방문해 연회와 선상파티가 이어졌고 일본 최고 호텔 주방장들을 징집해 구성한 취사병들이 매일 호화로운 음식을 대접했다. 일본 군인들도 이런 모습을 풍자해 '야마토 호텔'이라는 치욕적인 별명까지 붙여줬다.

한 대 제작 가격이 일본 전체 국민총생산(GDP)의 1% 이상을 차지한 값비싼 전함이 전투에는 쓰이지도 못하고 이렇게 놀게 된 것에는 그만한 이유가 있었다. 수치상으로는 정말 대단한 함선이었지만 정작 실전에서는 형편

야마토 전함은 포신끼리 사이가 너무 좁아 포탄 사이에 간섭력이 심해 포를 쏘면 어디로 날아갈지 예측할 수가 없었다. 또 포신이 너무 커서 바로바로 포탄을 만들어 공급하는 게 쉽지 않았다.

없는 전투능력을 갖춘 무능한 함선이었기 때문이다.

무엇보다도 거대한 몸집이 문제였다. 야마토는 엔진능력에 비해 몸집이 어마어마하게 큰 전함이었고 온갖 위락시설까지 다 갖춘 배였기 때문에 속도를 아무리 빨리 내도 27노트 정도 수준이었다. 이미 30노트 이상의 함선들이 전투를 치르고 있었던 태평양전선에서는 너무 느려서 금방 상대편 함대에 포위당하기 십상이었다.

기네스북에 오른 거대한 주포도 문제였다. 세 개의 포신이 나란히 있는 '3연장 주포'는 당시 일본에서는 처음 도입된 포신으로 해군에서 많이 운용해본 적이 없는 무기였다. 포신끼리 사이가 좁다보니 포탄 사이에 간섭력이 심하게 작용해 포를 쏘면 어디로 날아갈지 예측할 수가 없었다. 실제로 포를 쏜 사람이나 포의 궤적을 관찰한 병사들도 모두 포탄이 어디에 가서 터졌는지 찾지를 못했다고 한다.

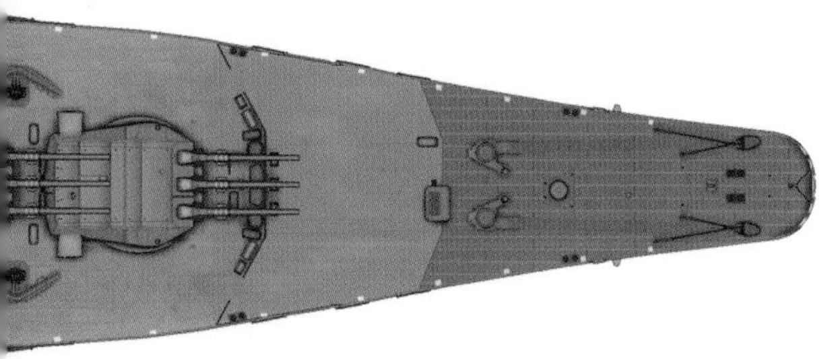

또한 거대한 포신이 견뎌낼 수 있는 최대 발사량이 고작 200발이었다. 200발을 쏘면 포신을 교체해야 하지만, 포신이 너무 커서 그때그때 만들어내지를 못했기 때문에 야마토 전함은 사격 연습도 거의 못했다고 전해진다. 당연히 명중률도 형편없었는데, 이것이 실전에 투입되지 못한 가장 큰 이유였다.

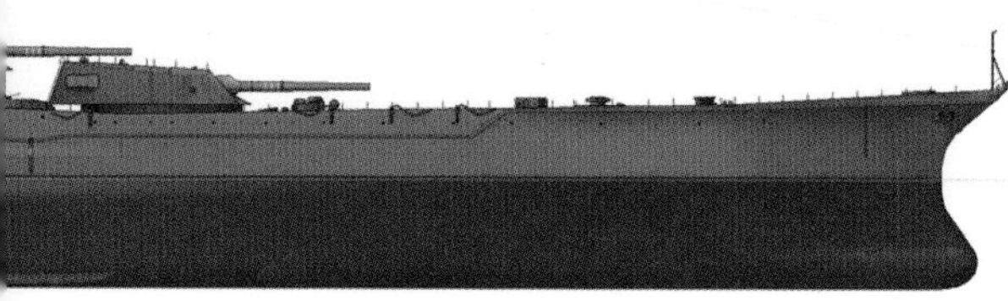

일본 군국주의자들의 페르소나

야마토 전함은 결국 태평양전쟁의 주요 전환점으로 알려진 미드웨이 해전, 과달카날 해전 등 굵직한 전투에서 모두 배제됐다. 덩치가 워낙 커서 연료까지 많이 먹었기 때문에 전쟁 말기 석유 보급이 원활치 않게 되자 아예 항구에 정박한 채 선상파티용 유람선으로 전락하고 만 것이다. 오히려 야마토 전함에 적재된 기름을 다른 소형 함선에 나눠주는 지경에 이르렀었다고 한다.

야마토의 최후는 비참했다. 1945년 오키나와로 미군이 몰려오자 야마토 전함은 마지막 임무를 부여받았다. 오키나와 해안에서 고정 포대 역할을 하며 장렬히 전사하라는 것. 패전이 확실시된 상황에서 자살을 강요받은 셈이다. 사진은 거대한 화염을 내뿜으며 침몰하는 야마토 전함.

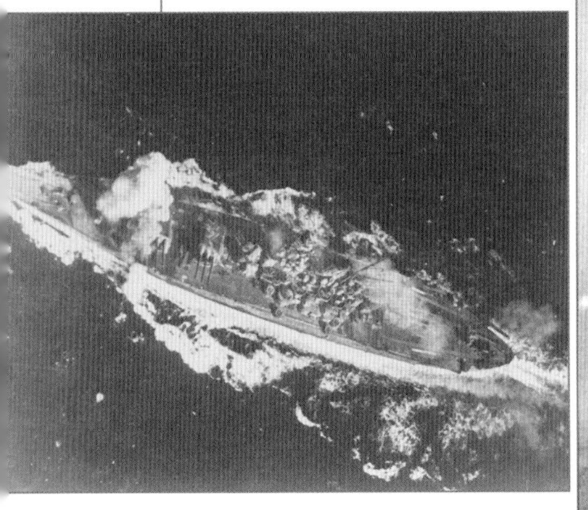

그럼에도 당시 일본 해군의 상징이다 보니 전쟁 말기까지 야마토의 수병들은 가장 좋은 대우를 받았다. 본국에 물자가 떨어져 식량이 부족한 상황에서도 야마토 수병들은 밥을 굶는 일이 없었다고 한다. 전쟁 말기, 야마토에 근무하던 한 수병이 "저녁에 카레라이스가 나와 맛있게 먹었는데 내가 지금 이걸 먹고 있어도 되는지 모르겠다"는 수기를 남겼을 정도라고 전해진다.

무용지물 전함이었던 야마토의 최후는 비참했다. 1945년 오키나와로 미군이 몰려오자 야마토 전함은 마지막 임무를 부여받았다. 오키나와 해안에 도달해 고정 포대 역할을 하며 장렬히 전사하라는 것이다. 패전이 확실시된 상황에서 국민들에게 면목이 없으니 자살을 강요받은 셈이다. 적재된 연료도 오키나와까지 편도로 갈 만큼만 채워졌다고 한다.

결국 미군의 표적이 된 야마토 전함은 엄청난 폭격을 받았으며 끝내 거대한 버섯구름을 만들며 폭발하고 말았다. 수치로 나오는 '스펙'보다 실전능력이 훨씬 중요하다는 큰 교훈을 남긴 채 역사의 뒤안길로 사라진 것이다.

전함 야마토는 일본을 비롯한 이른바 군국주의 전쟁광들의 페르소나일지도 모르겠다. 전쟁광들은 늘 대의를 위한 희생을 강요했고 강요당했다. 전함 야마토처럼 말이다.

민족분단의 상징 '38선'은 정말 30분 만에 그어졌을까?

그곳의 경계에는 정말로 꽃이 폈다!

모든 경계에는 꽃이 핀다
달빛과 그림자의 경계로 서서
담장을 보았다
집 안과 밖의 경계인 담장에 화분이 있고
꽃의 전생과 내생 사이에 국화가 피었다.
〈중략〉
눈물이 메말라
달빛과 그림자의 경계로 서지 못하는 날
꽃철책이 시들고
나와 세계의 모든 경계가 무너지리라

_ 함민복 시인 〈꽃〉 중에서

1961년 세워져 1989년 독일 통일을 계기로 무너진 베를린 장벽 중 1.3km 구간은 헐지 않고 그대로 보존되고 있는데, 전 세계 21개국에서 온 118명의 예술가가 장벽에 벽화를 그렸다. 이곳은 '이스트사이드 갤러리'라 불리며 베를린의 명소가 되었는데, 그 중에서도 러시아 예술가 드미트리 브루벨(Dmitri Vrubel)이 그린 〈형제의 키스〉란 작품이 유명하다. 그림 속 키스하는 두 남자는 옛 소련 서기장 레오니트 브레즈네프(Leonid Brezhnev, 1906~1982)와 동독 최고 지도자 에리히 호네커(Erich Honecker, 1912~1994)다.

베를린에 가면 베를린 장벽을 보아야 한다. 바로 그 장벽에 365일 시들지 않는 꽃이 피어있기 때문이다. 전 세계 예술가들이 베를린에 모여들어 독일 통일을 기념해 베를린 장벽에 수많은 벽화를 남겼고 이 그림들은 이념과 갈등의 경계를 무너트리는 꽃이 되어 만개했다. 장벽의 꽃은, 한철이 지나면 시들어버리는 유한한 식물이 아닌, 평화와 공존의 영원성을 방증하는 '그림꽃'으로 남게 됐다. 베를린에서 이 그림꽃을 보는 순간, 경계에 꽃이 핀다는 시인의 이야기가 떠올랐다.

하지만 유감스럽게도 시인의 말처럼 '모든' 경계에 꽃이 피는 게 아님을 우리는 잘 알고 있다. 우리에게 베를린 장벽이 관광지 이상의 의미로 다가오는 이유이기도 하다.

위도 1도에 얽힌 뒷담화

세계 최후의 분단 지역인 한반도의 허리를 관통하는 '38선(38th parallel north line)', 엄밀히 따지면 북위 38선은 우리나라 70년 분단사의 상징과도 같은 분할선이다. 현재 남북한의 경계는 1953년 7월 27일, 한국전쟁 정전 협정이 맺어진 당시 그어진 '휴전선'이지만 여전히 대내외적으로 한국의 분단을 상징하는 경계는 38선으로 알려져 있다.

그런데 전쟁사적 측면에서의 38선은 매우 희한한 분할선 중 하나다. 1945년 8월 15일 일본이 연합국의 예상을 깨고 전면 항복을 선언하면서 동아시아 전체에 힘의 공백이 발생하자, 당시까지 일본 본토에 상륙하지 못했던 미국이 소련군의 재빠른 남하를 우려해 긴급히 그은 군사 분계선이 바로 38선으로 알려져 있다.

한마디로 미국이 방어적인 입장에서 그은 선이라는 의미가 강한데, 실제로 38선 전역은 남쪽에서 방어하기 매우 힘든 지형적 조건을 안고 있다. 더구나 한반도 전체로 놓고 봐도 횡축이 가장 긴 방어선으로 막대한 방어병력이 필요한 분할선이다. 심지어 서부의 옹진 반도의 경우에는 해주 일대가 북쪽으로 넘어가면서 '육지의 섬'이 되기 때문에 방어에 더욱 취약해진다.

이런 38선에서 바로 1도만 북으로 올라가면 북위 39선이란 매우 훌륭한 방어선이 존재한다. 북위 39선은 평양 일부 지역을 관통해 원산만 아래 동해안까지 이어지는 선으로, 38선에 비해 횡축이 짧고 강과 산악지형이 많이 존재해 방어가 용이하다. 신라시대 당나라와 신라가 동맹을 체결해, 백제와 고구려를 함께 공격하기로 약조할 당시부터 이후 한반도가 분할될 때마다 이 39선과 가까운 선들을 중심으로 분할이 이뤄졌다.

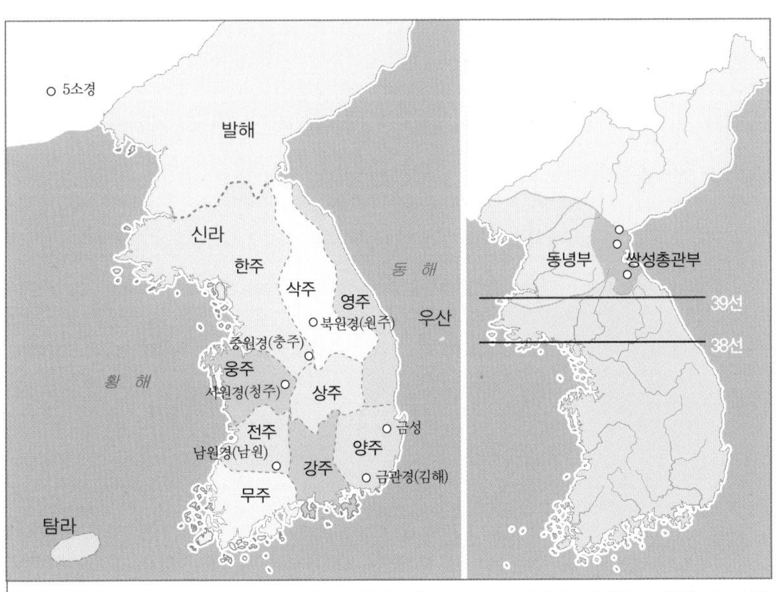

왼쪽은 통일신라시대 영토, 오른쪽은 1270년 몽골 침입 이후 고려의 영토. 전 근대시대 한반도 분할은 주로 북위 38선 이북의 북위 39선 근처에서 이뤄졌다(국사편찬위원회 우리역사넷에 올라온 지도를 참고해 그림).

신라의 김춘추金春秋, 603~661가 나당동맹을 맺는 사신으로 간 648년, 당나라와 영토 분할 조건을 걸 당시 오늘날 대동강으로 추정되는 패수를 기준점으로 삼았다고 알려져 있다. 실제로 통일신라도 대동강과 원산만 일대를 북방 경계로 삼았다. 이후 1270년경 고려가 대몽항쟁 끝에 몽골에 영토 일부를 할양하게 됐을 때는 황해도 황주에 위치한 자비령(慈悲嶺)에서 철령 이남 지역을 경계로 분할했다. 이 동녕부는 21년 뒤인 1291년에 고려로 반환된다. 임진왜란 당시에는 일본군 장수 고니시 유키나가小西行長, 1558~1600가 명나라와 협상 과정에서 대동강 이남의 일본 점령지를 분할해 달라고 주장한 바 있다. 근대에 들어와서는 러시아와 일본이 1903년에 러일전쟁 발발에 앞서 북위 39선을 경계로 한반도 분할 논의를 하기도 했다.

밝혀지지 않은 진실

그런데 왜 미국은 북위 39선이 아닌, 지키기도 힘든 38선을 분할 기준으로 삼았던 걸까? 이 역사 속 미스터리를 놓고 수없이 많은 주장들이 존재한다. 일반적으로 알려진 사실은 1945년 8월 10일, 미국은 소련이 급속히 남하하기 시작하자 대통령 직속 최고 안보 기구인 3부조정위원회(SWNCC)를 열고 적절한 한반도 분할선을 정하도록 지시를 내렸는데 실무자들이 30분 만에 대충 한반도를 반으로 가르는 선으로 보이는 38선을 제안했다는 것이다.

이 어이없는 결정에 대한 의문은 지난 2014년, 에드워드 로우니Edward Rowny, 1917~2017 장군이 자신의 회고록인 『운명의 1도(원제:An American Soldier's Saga of the Korean War)』라는 책에서 남북 분단선 획정회의 당시 목격담을 밝히면서 더욱 커졌다. 로우니 장군에 따르면, 당시 한반도 군사분계선과 관련된 전략회의 중 딘 러스크Dean Rusk, 1909~1994 대령 등 참모진들 대부분이 방어가 용이하고 횡축이 짧은 39선을 분계선으로 주장했으나 상관인 에이브 링컨Abe Lincoln 장군이 38선을 우기면서 결정됐다고 한다. 링컨 장군은 당시 예일대학교 지리학과 교수인 니콜라스 스파이크만Nicholas Spykman, 1893~1943의 저서, 『평화의 지리학(The Geography of Peace)』을 들먹이며 38선을 고수했다고 한다. 그 책에 세계적 문학과 발명품의 90%가 38선을 경계로 생겨났기 때문에 38선이 좋다고 우겼다는 것이다.

1945년 8월 이후 미국과 소련의 군사분계선으로 그어진 38선 모습. 분단 초창기만 해도 자유롭게 왕래했다고 알려져 있다.

결국 너무나 어이없는 이유로 인해 38선이 그어졌다는 이야기로 오늘날도 많이 회자되고 있지만, 과연 링컨 장군의 주장이 그 당시 외교에서 얼마나 비중 있게 작용했는지는 별개의 문제로 남아 있다.

미국과 소련이 사전에 38선을 경계로 분할 합의를 비공개적으로 했을 것이란 의견도 여전히 설득력 있다. 러일전쟁 당시 분할안은 사실 한반도보다 만주가 주요 거래 대상인 중재안이고, 북위 39선 이북 지역을 중립 지역으로 삼는 것을 목표로 한 제안이었다. 하지만 1945년 분단 상황은 한반도를 확실히 분할할 생각으로 남하한 것인 만큼, 소련 입장에서 39선 분할안이 쉽게 받아들여지기 힘들었을 것이란 추정도 나온다.

결국 무엇이 38선 분단의 비극에 가장 결정적 역할을 했는지는 통일 이후에나 나오지 않을까 싶다. 하지만, 경계의 꽃은 통일 전이라도 피울 수 있지 않을까? 경계에 꽃을 피울 평화의 봄기운이 부디 사라지지 않기를 바란다.

War History Gallery

어느 시골 의사의 순박한 궁리에서 탄생한 살인병기

터미네이터가 휘두르던 중화기에 얽힌 진실

시간이 멈춘 것 같았던 까까머리 이등병 시절 전차 위에 설치된 기관총 M60을 닦기 위해 낑낑거리며 운반하면서 속으로 중얼거렸다. '다 사기였구나!' 실베스터 스탤론의 팔 근육이 제아무리 대단해도 영화 〈람보〉에서 주인공이 거대한 기관총을 한 손으로 들고 난사하는 건 나가도 너무 나갔음을 비로소 알아차린 것이다.

영화 〈터미네이터〉도 다르지 않았다. 총을 든 주체가 사람이 아닌 사이보그여서 그나마 수긍이 갔다고 해야 할까? 아무튼 영화 속 터미네이터가 사용한 무기 중 가장 큰 중화기로 나오는 것이 '개틀링 건(Gatling Gun)'이다. 〈터미네이터〉 뿐만 아니라 각종 액션 영화에 등장하는 개틀링 건은 총구가 빙글빙글 돌아가며 사방을 초토화시키는 어마무시한 기관총이다.

브리태니커 백과사전에 수록된 개틀링 건 모델 일러스트

리처드 조던 개틀링과 그가 발명한 개틀링 건

분당 4000발 이상을 쏴대는 이 강력한 기관포는 육상에서 뿐만 아니라 해상, 공중전 등 곳곳에서 쓰인다. 총구가 빙글빙글 돌아가는 기관포를 통틀어서 '개틀링'이라 부르다보니 이것이 제조사 이름이거나 아니면 무기 자체의 명칭으로 오해하는 경우가 있다. 그런데 개틀링은 이 무기를 개발한 사람인 리처드 조던 개틀링Richard Jordan Gatling, 1818~1903의 이름이다. 아이러니하게도 이 어마무시한 살인병기를 발명한 개틀링의 직업은 의사였다.

전쟁의 패러다임을 완전히 뒤바꾼 발명

1818년 미국 노스캐롤라이나 주의 머니스넥이란 작은 마을에서 태어난 개틀링은 젊은 시절 학교 교사로 재직 중에 잡화점을 개업했다. 이 잡화점은 이를테면 그의 취미공방 같은 곳이었는데, 어려서부터 기계 조립에 관심이 많았던 그는 이앙기(移秧機), 증기 트랙터 등 여러 농기구를 이 곳에서 발명하기도 했다. 그러다 30대에 천연두에 걸려 죽음의 문턱까지 다녀온 뒤 의사가 되기로 마음먹고 1850년경 우여곡절 끝에 의사 면허를 취득했다.

하지만 개틀링은 1857년경 증기 경운기를 발명해 특허를 받는 등 의사보다는 발명가로서의 삶에 관심이 컸다. 그로부터 머지않아 그의 인생을 뒤바꿀 커다란 사건이 발발했으니 다름 아닌 남북전쟁이다. 전쟁이 터지면서 그의 호기심은 자연스럽게 무기로 쏠리게 된다. 남북전쟁 당시 주요 전선

중 하나였던 인디애나폴리스에 거주하던 개틀링은 수많은 부상병들과 시신들이 오고가는 것을 목도하면서, 참혹한 전쟁터에 사람 대신 한 번에 많은 화력을 투사시킬 수 있는 무기를 개발하기로 마음먹는다. 그런 무기가 생긴다면 전쟁에 필요한 병사의 수가 줄어들 것이라고 순진하게(!) 생각한 것이다.

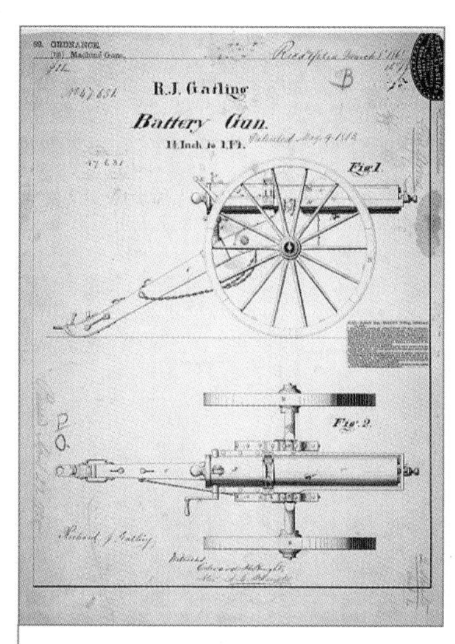

개틀링이 1865년 5월 9일에 직접 설계해 제출한 개틀링 건 특허출원서

1861년 당시만 해도 전술은 지극히 구식이었고 주로 라이플(rifle) 소총을 들고 오와 열에 빽빽이 들어선 수백 명의 병사들이 하나의 방진을 이뤄 일제사격으로 우열을 가리던 이른바 '라인 배틀(Line battle)'이 이어지던 시대였다.

개틀링은 각 군의 한 라인만큼 수천 발의 총알을 일시에 내보낼 수 있는 강력한 화력을 지닌 무기가 있다면 그만큼 군인의 수를 줄일 수 있을 것이라 생각했고, 이런 궁리 끝에 발명한 것이 바로 개틀링 건이다.

하이럼 맥심과 그가 개발한 맥심 기관총

1862년경 그가 처음으로 개틀링 건을 개발했을 때는 전쟁이 한창이어서 새로운 무기가 바로 채택되기 어려웠고 단지 몇 자루만 실험용으로 쓰였을 뿐이었다. 하지만 그의 발명품은 기대 이상의 화력을 선보였고, 남북전쟁 이후인 1866년부터 미 육군의 정식 무기로 채택되기에 이르렀다. 당시 이 무기

는 분당 600발 정도를 발사할 수 있었으며, 1883년 영국인 하이럼 맥심Hiram S. Maxim, 1840~1916이 개발한 맥심 기관총과 함께 전쟁의 패러다임을 완전히 바꿔버리고 말았다.

처참한 대살육의 도구

안타깝게도 개틀링 건은 발명자의 의도를 비켜갔다. 이 기관총이 전쟁에서 사망자의 숫자를 기하급수적으로 늘려버리고 말았던 것이다. 서구 열강들에게는 비 서구권 국가와의 재래식 전투에서 완벽한 우세를 안겨주면서 식민지의 무한 확장에 발판을 마련해 준 무기이기도 했다. 분당 600발씩 날아드는 총알에 병사들은 추풍낙엽처럼 쓰러져갔고, 전술 개념이 여전히 나폴레옹전쟁시대의 라인 배틀에 머물러 있었던 각국 장교들은 이를 더 많은 병력 충원으로 해결하려고 했다.

그로 인해 19세기 중반까지 공세가 최선이라는 교리에 맞춰져 있던 전법(戰法)이 송두리째 흔들리게 됐다. 전시에 선공을 할 경우에는 80% 정도 우세하다는 것이 기존 재래식 병법의 기본이었으나 기관총은 그런 법칙을 싹 다 무시했다. 맨몸으로 돌격하는 병사든 말을 타고 돌진하는 기병이든 기관총 앞에서는 장사가 없었다.

결국 제1차 세계 대전이 발발하자 전사자 숫자는 상상을 초월하게 됐다. 전체 사상자는 3000만 명에 이르렀고 주요 전장이 된 프랑스에서는 이후 제2차 세계 대전까지 수많은 아이들이 아버지의 얼굴을 모르고 자랄 정도로 성인 남성 대부분이 전사했다. 참전을 명예로 여기고 자신의 말을 끌고 기병대로 참전했던 귀족들도 거의 다 죽었다. 유럽에서 중세시대 이후 천년 가까이 내려오던 왕정 및 귀족정을 완전히 붕괴시킨 뒤 시민사회를 출현시킨 것도 따지고 보면 기관총이 불러온 대살육 때문이었다.

개틀링의 중대한 착각

1906년까지 생존한 개틀링은 제1차 세계 대전의 참혹함은 보지 못하고 죽었지만 생전에도 자신의 총이 더 많은 사람들을 죽게 하는 것에 몹시 가슴아파했다고 전해진다. 그럼에도 그는 더 강력한 무기를 개발하는데 힘을 쏟았다. 전기모터를 장착한 오늘날 발칸포의 전신인 개량형 개틀링 건으로 무려 분당 3000발을 발사하는 무기가 그의 손을 통해 세상에 나왔다. 개틀링은 강력한 무기로 전쟁을 더욱 참혹하게 만들면 인간들이 전쟁에 대해 극도의 혐오감을 품게 되고, 이로 인해 전쟁이 줄어들 것이라고 믿었던 것이다. 하지만, 현실은 이와 정 반대로 흘러갔다.

아무튼 보다 강력한 무기가 평화를 가져올 것이란 생각은 개틀링만의 착각이 아니었다. 수많은 과학자들의 생각도 다르지 않았다. 심지어 강력한 무기로 속전속결해야 피해가 준다고 생각했던 것이다.

결과적으로 무기의 무한경쟁은 상상을 초월할 정도로 참혹한 전면전의 비극만 양산했다. 그리고 경쟁의 끝은 결국 핵무기로 귀결되고 말았다. 1945년 일본 히로시마와 나가사키에 연이은 핵 폭격으로 제2차 세계 대전은 종결되었다. 하지만, 이후에도 지구촌 여기저기서 전쟁이 끊이질 않았다. 한국전쟁과 베트남전쟁이 발발했고, 수많은 국지전들이 이어졌으며, 결국 냉전시대를 초래하고 말았다.

보어전쟁과 손목시계

철조망과 기관총이 만든 패션 아이템

직장 남성들의 패션 아이템은 주로 '손목시계'로 압축된다. 핸드백, 목걸이부터 팔찌 등 각종 주얼리 제품으로 분류되는 여성들의 패션 아이템과 달리 직장 남성들의 정장 차림은 손목시계 외에 다른 아이템들이 좀처럼 들어갈 만한 틈이 없기 때문이다.

하지만 19세기까지 손목시계는 여성들의 전유물이었다. 프랑스 대혁명 이후 복위한 유럽 왕실에서 여성 귀족들을 중심으로 손목시계는 패션 아이템으로 자리잡았다. '리슬릿(wristlet)'이라 불리던 팔찌 형태의 손목시계는 기능성보다는 장신구

스위스의 시계 제조회사 파텍 필립(Patek Philippe)이 1868년에 제작한 손목시계로, 공식적으로 기네스북에 등재한 최초의 손목시계다.

서적과 잡지 일러스트 작가인 영국의 제임스 에드윈 멕코넬(James Edwin McConnell 1903~1995)이 그린 보어전쟁 현장.

로서의 역할에 더 충실해 각종 보석과 아름다운 문양을 새겨 넣는 것이 유행이었다.

19세기 당시 남성들은 주로 회중시계를 착용했으며 성차별이 극심하던 시대였던 만큼 남성이 손목시계를 차는 것은 치마를 입는 행위와 마찬가지로 수치스러운 일처럼 여겨졌다. 이런 손목시계에 대한 금기를 깬 것은 역설적으로 19세기 당시 가장 '남성다운' 일로 여겨졌던 전쟁에서 시작됐다.

'현대전의 서막'을 알린 전쟁

손목시계의 탄생과 직결된 전쟁은 영국이 남아프리카 일대 네덜란드계 보어인들과 두 차례에 걸쳐 벌였던 '보어전쟁'으로 알려져 있다. 주로 1899년

영국 출신 화가 리처드 캐튼 우드빌 주니어(Richard Caton Woodville Jr., 1856~1927)가 그린 '제1차 보어전쟁'

부터 1902년에 벌어진 제2차 보어전쟁이 많이 언급된다. 이 전쟁은 철조망과 기관총, 수류탄 등 현대전 무기들이 처음으로 본격 활용된 전쟁으로 기억된다. 아울러 초토화 작전과 대량 학살이 함께 벌어진, '현대전의 서막'으로 불리는 전쟁이다.

제1차 보어전쟁에서 보어인들의 게릴라전에 패배한 영국군은 제2차 보어전쟁에서 초토화 작전에 나섰다. 영국은 전체 20만도 안 되는 보어인들 토벌을 위해 50만이 넘는 대병력을 파견했다. 영국군은 보어인들의 게릴라전을 막기 위해 보어인 마을 주민들을 모아다가 강제수용소에 가둬놓고 대량 학살을 자행했다. 약 3만 명의 주민들이 학살된 것으로 알려졌으며, 이것을 보통 홀로코스트(holocaust)의 시초로 보기도 한다.

시간마저 잊게 했던 참혹하고 급박했던 전투

이 참혹한 전쟁에서 손목시계가 탄생하게 된 계기는 간단했다. 주머니에서 회중시계를 꺼냈다 도로 집어넣을 여유조차 없이, 분당 수천 발의 총알을 쏟아내는 기관총을 사용하는 전투로 전선 상황이 급변했기 때문이다. 나폴레옹전쟁 당시처럼 보병들이 오와 열에 맞춰 밀집대형을 이뤄 서로 얼굴이 보일 정도까지 행군해 근접 사격전을 치르던 '한가한 시대'에는 주머니에서 회중시계를 꺼내보는 낭만이 있었을지 몰라도, 새로운 전장 환경에서 이런 행위는 죽음을 부르는 오만일 뿐이었다.

회중시계에서 손목시계로의 변화뿐만 아니라 시계의 보급률도 보어전쟁을 계기로 획기적으로 증가하게 됐다. 이전까지 시계는 대단히 고가의 제품으로 각 부대 하사관 이상들만 보급 받을 수 있었다. 나머지 중대나 소대

제2차 보어전쟁에서 사용되었던 기관총

원들은 각자 시간을 확인할 필요 없이 부대장의 지시에 따라서만 움직여도 상관없었다.

그러나 기관총이 전장에서 본격 활용되면서 19세기식 밀집대형은 자살 행위나 다름없이 여겨졌고, 각 부대는 열 명 안팎의 분대로 쪼개져 산개해야 하는 새로운 전투 방식이 자리를 잡았다. 이에 따라 모든 부대원이 시계를 차야했고, 시계 보는 법을 배워야만 하는 상황에 놓이게 됐다.

이에 따라 보통 마을에서 교회의 종루 담당자나 군인 장교들이 보던 시계는 모든 주민들이 봐야 하는 필수 아이템으로 정착되기 시작했다. 기초적인 공교육을 담당한 각국의 초등학교에서 시계 보는 법을 필수적으로 가르치게 된 것도 이 때문이었다. 시계 제작의 기술 발전과 더불어 손목시계가 귀족 여성들의 고가 패션 아이템에서 생활필수품으로 변모하기 시작했다. 아울러 보어전쟁 이후 러일전쟁과 제1차 세계 대전을 겪으면서 손목시계의 보급은 더욱 확대됐다.

한편, 전쟁에 투입되는 병력 수가 기하급수적으로 증가하면서 정부에 의한 인적자원 관리의 필요성이 강조되기 시작했다. 전쟁이 장기화되면서 극

보어전쟁 이후 전쟁에서 손목시계의 쓰임새가 강조되면서 마을에서 교회의 종루 담당자나 군인 장교들이 보던 시계는 모든 주민들이 봐야 하는 필수 아이템으로 정착되었다. 그림은 프란츠 슈미트(Franz Schmid)가 1830년에 그린 〈베른의 치트글로게 시계탑〉(베른 아트 뮤지엄 소장)

빈층에 놓인 하층민들까지 징병해 차출하기 시작했는데, 이들의 영양 상태가 워낙 좋지 않아 병력자원으로서 활용하기 어렵다는 평가를 받았기 때문이었다.

이로 인해 영국정부는 하층민들의 영양 상태 개선을 위한 급식 제공과 자금 지원 정책 등을 마련하기 시작했고, 이것이 국가 주도 복지정책의 시발점이 되기도 했다. 아이러니하게도 사람을 죽이는 전쟁이 보편적 복지의 기반이 된 셈이다.

War History Gallery

전쟁 성범죄가 만든 치명적인 질병

역사에서 누락시키고 싶은 남성들의 치부

대량학살, 파괴, 강제징집, 식민지, 난민, 전쟁고아…… 전쟁으로 인해 발생하는 참극은 헤아릴 수 없을 정도로 많다. 전쟁이란 이름으로 자행되는 수많은 만행들 가운데 역사적으로 오랫동안 논의 자체를 금기시 해왔던 게 '전쟁 성범죄'다. 전쟁이란 남성이 주도해서 벌인 참극이다 보니 전쟁 성범죄의 가해자는 남성일 수밖에 없다. 남성 중심의 역사관이 만연한 세상에서 가해자가 남성일 수밖에 없는 전쟁 성범죄를 끄집어내고 싶지 않았을 것이다.

하지만, 전쟁 성범죄는 전쟁사에서 결코 누락시켜서는 안 되는 참극이다. 전쟁사란 본디 전쟁에서 승리한 영웅을 기리는 데 궁극적인 목적이 있는 게 아니라, 역사 속에서 벌어진 전쟁의 진실과 참상을 세상에 알려 또 다시 비극의 역사가 반복되는 것을 막는 데 그 의의가 있기 때문이다.

카를 브률로프(Karl P. Bryullov, 1799~1852), 〈로마 약탈〉, 1836년, 캔버스에 유채, 88×117.9cm, 트레티야코프 미술관, 모스크바
로마를 약탈하는 반달족을 묘사한 그림으로, 고대부터 점령지 여성들에 대한 성범죄는 광범위하게 자행됐다.

병의 명칭 앞에 적국의 이름이 붙은 이유

사회 곳곳에 만연했던 성범죄 피해의 심각성에 경종을 울린 '미투(Me Too)'가 우리나라를 비롯해 전 세계로 확산되면서 각종 성범죄들의 기원으로 알려진 '전쟁 성범죄'에 대한 관심이 커지고 있다. 대표적인 전쟁 성범죄로는 일제가 태평양전쟁 당시 우리나라를 비롯한 점령지 곳곳에서 자행했던 '위안부'를 들 수 있다.

전시 점령지 여성들을 대상으로 한 성범죄의 역사는 매우 오래됐지만, 일본군 위안부와 같이 광적인 집단 강간 형태로 규모가 커진 것은 중세 말기부터 시작된 것으로 알려졌다. 15세기 말 소총을 비롯한 화약 무기가 도입되면서 군대의 규모가 커지고 전쟁의 양상도 군인들끼리의 제한적인 전투에서 지역 전체를 초토화시키는 무제한전으로 바뀌자, 민간인 학살 및 전쟁 성범죄가 늘어나기 시작했다.

전쟁 성범죄의 본격적인 시작과 함께 전 세계에 매우 무서운 성병이 유행했는데, 다름 아닌 '매독(Syphilis)'이다. 전염력이 강하고 치사율마저 높았던 이 병은 성기를 시작으로 피부 전체에 궤양이 생겨 괴사가 나타나는 병으로, 이때 발생하는 피부 궤양이 매화꽃 같은 모양이라고 해서 매독이란 이름이 붙었다.

매독은 기존에는 아메리카 대륙의 발견과 함께 신대륙에서 유입된 병이란 주장이 유력했지만, 최근에는 전시 대규모 성범죄가 만들어낸 병균으로 인식이 변하고 있는 병이다. 매독이 처음 나타난 것으로 알려진 시기는 1494년부터 1498년까지 5년간 발발한 '제1차 이탈리아 전쟁' 때였다. 이 전쟁은 당시 프랑스 왕인 샤를 8세Charles VIII, 1470~1498의 이탈리아 원정에서 시작되어, 교황청, 나폴리, 베네치아, 스페인 등 당대 유럽의 주요국들이 참가한 첫 대규모 전쟁이었다.

당시 프랑스군은 초전에 나폴리를 함락시키고 점령지를 약탈하면서 집단 강간을 자행했다. 이때 발생한 매독은 프랑스군의 행군과 함께 전 유럽으로 퍼져나가기 시작했다. 그래서 이탈리아에서는 이 병을 '프랑스병'이라 부르게 됐다고 한다. 역으로 프랑스에서는 나폴리에서 병사들이 얻어온 병이라며 '나폴리병'이라 불렀다.

렘브란트 반 레인, 〈화가 제라드 드 레레스의 초상화〉, 1606년, 캔버스에 유채, 112.7×87.6cm, 뉴욕 현대 미술관(MoMA)

이후 16세기로 넘어가면서 유럽의 집단전 규모는 점점 커졌고, 전시 군대에 의한 전쟁 성범죄도 극에 달하면서 매독이 더욱 확산됐다. 이로 인해 유럽 각국에서 매독은 주로 자국을 침략한 침략국의 이름으로 불리게 됐다. 네덜란드에서는 80년간 독립 투쟁을 벌인 적국인 스페인 이름을 붙여 '스페인병'이라 불렸고, 러시아에서는 '폴란드병', 폴란드에서는 '독일병', 그리스에서는 '불가리아병' 등 전쟁을 치른 상대국의 이름을 붙였다. 영국에서는 아예 '프랑스 천연두(French pox)'란 이름을 붙였다.

전쟁터에서 발발한 매독은 민간인들의 생활 속으로 급속도로 파고들었다. 전염성이 강한 매독균은 유럽 각 나라의 사교계를 공포로 몰고 갔다. 매독에 전염된 사람들이 워낙 많다보니 당시 화가들이 그린 초상화를 보면 매독이 의심되는 사람들이 등장한다. 네덜란드의 거장 렘브란트 반 레인Rembrandt Van Rijn, 1606~1669이 그린 〈화가 제라드 드 레레스의 초상화〉 속 인물도 매독에 걸린 것으로 추정된다. 그림을 자세히 살펴보면, 매독균이 그림 속 인물의 코에까지 침투해왔음을 알 수 있다. 기록에 따르면 그림 속 모델이 된 화가 제라드 드 레레스Gerard De Lairesse는 매독에 감염되어 코가 일그러지고 종국에는 눈까지 멀었다고 한다.

인류 역사상 가장 더러운 치정

매독은 당시 대항해시대 교역로를 타고 전 세계로 퍼졌다. 1498년 바스코 다 가마Vasco da Gama, 1469~1524가 희망봉을 돌아 인도에 도착한 이후 인도로 전염됐고, 16세기 초반에는 중국과 일본으로까지 퍼졌다. 우리나라도 1500년대 중반 전후로 매독이 들어왔을 것으로 예상되지만, 교통로가 미비하고 인구도 많지 않았으며 유교 문화 영향으로 성에 대해 엄격했기 때문에 조선에서는 크게 확산되지 않았던 것으로 추정된다.

과거 유럽에서는 매독을 성적인 범죄행위에 대한 신의 징벌로 여기기도 했다. 특별한 이유 없이 갑자기 사망한 권력자들의 경우에는 매독으로 죽었다는 소문 또한 쉽게 퍼졌다. 대표적인 인물로는 프랑스 발루아 왕조의 시조였던 프랑수아 1세François I, 1494~1547가 있다.

당시 소문에 의하면, 프랑수아 1세는 자신의 수하였던 페론이란 학자의 아내가 절세미녀란 소리를 듣고 강제로 빼앗아 범하려 했으며, 이에 분개한 페론이 복수를 위해 일부러 매음굴에서 매독을 옮아온 뒤, 아내와 관계를 가지고서 왕에게 아내를 바쳤으며 프랑수아 1세는 결국 매독으로 사망했다는 소문이 돌았다. 하지만 이런 매독에 대한 공포도 성범죄를 완전히 근절시킬 수는 없었다.

전쟁 성범죄는 수단 내전과, 코소보 사태 및 시리아 내전 등 오늘날의 분쟁 지역에서도 여전히 발생하고 있다. 전쟁 성범죄는 인류가 자행해온 '최악(最惡)' 가운데 하나라 해도 과언이 아닐 것이다. 이 지독한 '악의 바이러스'는 역사에서 쉽게 사라지지 않을 모양이다. 그렇게 역사의 불행한 쳇바퀴는 멈추질 않는다.

장 클루에(Jean Clouet, 1485~1540), 〈프랑수아 1세의 초상화〉, 1530년, 캔버스에 유채, 96×74cm, 루브르 박물관, 파리

Chapter
03

피에 묻힌 진실

War History Gallery

3월 'March'는 어떻게 '행군'이란 뜻이 됐을까?

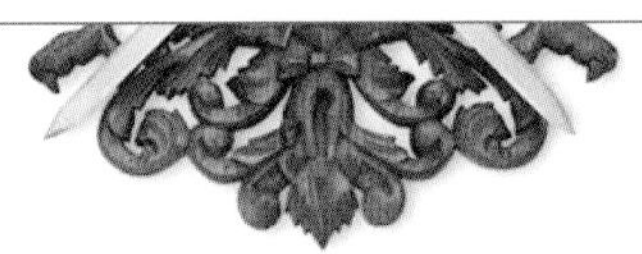

전쟁의 계절

3월을 의미하는 영어 단어 'March'는 달력 밖에서는 군대의 '행군'이나 '행진'이란 의미로 쓰인다. 이 단어는 원래 그리스·로마신화 속에 나오는 군신(軍神) '마르스(Mars)'에서 파생된 단어라 고대부터 주로 군대나 무기, 화력과 관련된 곳에 많이 쓰였다. 영어에서 무술(武術)을 뜻하는 마셜 아츠(martial arts)도 이 마르스에서 파생된 단어이며, 태양계 행성들 중 불을 의미하는 화성(火星) 역시 Mars라고 칭한다.

그러면 왜 1년 열두 달 중에 유독 3월에 이런 군대용어가 붙은 것일까? 그 이유는 봄이 시작되는 3월부터 전쟁을 시작하는 고대의 전쟁 방식 때문이었다. 항상 제한된 식량을 고려해 전쟁을 이어가야 했던 고대에 겨울까지 계속 전쟁을 벌이는 것은 공격자나 방어자나 모두 공멸하는 길이었기 때문이다.

농경시대의 전쟁은 반드시 추수철 직전에 끝을 보거나 휴전을 해야만 했

윌리엄 B.T. 트레고, 〈포지 계곡으로 행군하는 미국독립군〉, 1883년, 캔버스에 유채, 61.6×120cm, 미국 독립전쟁 박물관, 필라델피아

다. 주요 생산인력인 청년들을 전쟁터로 잔뜩 끌고 온 상황에서 추수철을 놓치면 현재 병참도 유지되기 힘들었다. 더구나 날씨가 추워지는 겨울철에는 식량뿐만 아니라 불을 뗄 연료나 방한용 외투 등 추가 월동 자원들이 필요했고 결국 막대한 비용이 소요됐다. 승전으로 얻는 것보다 잃는 것이 더 많아질 수 있기 때문에 겨울철 전쟁은 모두 피하려고 했다.

그러다보니 12월부터 2월까지 겨울은 주로 외교전이 펼쳐지는 계절이었다. 임진왜란 때 평양까지 파죽지세로 밀고 가던 왜군도 그해 9월부터 명나라군과 강화협상에 들어간 이유 역시 추위에 대한 공포 때문이었다. 결국 이듬해 1월 8일 왜군은 한양으로 물러났고 조·명 연합군은 평양을 수복할 수 있었다.

전쟁사를 들여다보면 겨울철 전쟁을 기피하는 경우가 많았지만, 전쟁이 마음먹은 대로 속전속결로 끝나는 경우는 드물었다. 춘삼월에 개전했지만 여러 해를 넘겨 장기전으로 이어지는 경우가 다반사였다. 병사들은 어쩔 수 없이 혹독한 추위를 여러 해 겪어야만 했다.

미국의 독립전쟁과 남북전쟁의 인상적인 장면을 화폭에 담은 화가 윌리엄 B.T. 트레고William Brooke Thomas Trego, 1858~1909가 그린 〈포지 계곡으로 행군하는 미국독립군〉(169쪽)을 보면 엄동설한 속 전쟁의 혹독함이 생생하게 묘사됐다. 포지 계곡(Valley Forge)은 미국 독립전쟁 중인 1777년에서 1778년 사이 겨울에 미국독립군이 주둔한 곳으로 필라델피아에서 북서쪽으로 약 20마일 떨어진 펜실베이니아에 위치해 있다. 당시 미국독립군을 이끌었던 조지 워싱턴George Washington, 1732~1799은 실질적인 수도 역할을 했던 필라델피아가 영국군에 점령당하자 포지 계곡 주변을 군대를 재정비할 장소로 정했다.

하지만, 한겨울 포지 계곡의 매서운 추위는 워싱턴의 군대가 주둔하는 것을 쉽게 허락하지 않았다. 당시 미국독립군에게는 영국군의 총칼보다도 동장군이 더욱 두려운 존재였다. 결국 워싱턴은 추위와 굶주림에 수많은 병사를 잃고 말았다. 워싱턴은 1778년 2월을 넘겨 3월(March)이 지나서야 비로소 전열을 재정비하고 프랑스군과 연합하여 영국군에 맞설 수 있었다.

공상의 계절

한편, 겨울은 전쟁을 총괄하는 왕들 입장에서는 '공상의 계절'이기도 했다. 겨울에 왕들이 세우는 계획에는 3월에 다시 개전하면 적을 어떻게 이겨서 새로운 땅을 점령하고 그걸 통해 또 다른 원정을 준비할 생각들로 가득 찼다. 하지만 실제로 3월이 돼서 실행에 옮길 수 있는 계획들은 거의 없었다.

겨울철 전쟁을 기피하는 전통적인 병법의 기본을 무시하고 역발상에 처음 나섰던 것은 몽골군으로 알려져 있다. 몽골군은 1237년, 러시아를 겨울에 침공해 러시아 전체를 정복했고 뒤이어 폴란드와 헝가리까지 침공해 오스트리아 비엔나 동쪽의 유럽 전역을 정복했다. 몽골군은 오히려 겨울에는 러시아군이 방심할 가능성이 높고 러시아의 영토와 강도 전부 얼기 때문에 기마병의 재빠른 기동성을 통해 빠르게 치고나갈 수 있을 것으로 계산했다. 이러한 계산은 정확히 맞아 떨어졌다.

작자 미상, 〈몽골군과의 혼전〉, 14세기경, 종이에 수채, 16.8×26.7cm, 베를린 시립 도서관

더구나 몽골군은 여러모로

겨울철 전쟁에 특화된 부대였다. 몽골 고원의 추위에도 익숙하고 비상식량인 말린 육포만 가지고 몇 달을 버틸 수 있었으며 몽골의 조랑말은 건초가 아니라 들판에 아무 풀이나 먹고도 잘 뛰어다녔기 때문에 보급에 크게 의지할 필요가 없었다. 또한 무자비한 약탈전과 대량 살육전을 벌이면서 필요한 물품은 점령지 현지에서 대부분 조달했다. 하루에 최고 150km 이상을 이동할 수 있는 기동력으로 단숨에 러시아를 집어삼킨 것이다. 베를린 시립도서관이 소장하고 있는 그림 〈몽골군과의 혼전〉(171쪽)을 보면, 질주하는 말 위에서 자유자재로 활을 쏘는 몽골군의 모습이 잘 묘사되어 있다. 그들의 기민한 전투력은 계절을 가리지 않을 만큼 탁월했다.

나폴레옹과 히틀러에게 깊은 감명을 준 몽골군

이러한 몽골군의 활약상은 훗날 러시아를 침공하려했던 두 독재자에게 큰 감명을 줬다. 바로 나폴레옹Napoléon Bonaparte, 1769~1821과 히틀러Adolf Hitler, 1889~1945다. 나폴레옹은 땅이 얼어붙은 추운 겨울에 포병대와 수송부대를 빠르게 이동시킬 수 있을 것이라 생각했고 히틀러 역시 겨울에 높은 기동성을 가진 전차부대로 밀어붙이면 금방 이길 수 있을 것이라 생각했다. 하지만 자신의 군대에 대한 능력과신까지 합쳐진 이 자신감이 단순한 착각임을 알게 된 것은 러시아를 침공한 이후부터 였다.

독일 출신 화가 아돌프 노르텐Adolph Northen, 1828~1876이 그린 〈모스크바에서 퇴각하는 나폴레옹〉을 보면, 얼어 죽은 시체 사이로 피폐한 병사들을 이끌고 러시아 정복에 실패하고 후퇴하는 나폴레옹의 모습을 만날 수 있다. 그림 속 나폴레옹을 태운 백마는 전쟁에서 백기를 든 프랑스 전쟁 영웅의 처

아놀드 노르텐, 〈모스크바에서 퇴각하는 나폴레옹〉, 캔버스에 유채, 120×95cm, 제작연도 및 소장처 미상

지를 암시한다.

사실 프랑스군이나 독일군이나 몽골군처럼 혹독한 환경에 단련된 전사들이 아닌, 징집된 일반인에 불과했다. 또한 러시아의 유럽 지역은 메르카토르 도법(Mercator's projection) 상에 나온 지도처럼 남북이 길쭉하고 동서가 짧은 지역이 결코 아니었다. 수천킬로미터에 걸친 보급선과 전선은 유지되기 힘들었고 말로만 듣던 추위와 부족한 월동물자에 수많은 병사들이 동사했다. 결국 "내 사전에 불가능이란 없다"던 지나친 자기과신이 부른 참극이었던 셈이다.

폴란드 군인들은 왜 두 손가락으로 경례를 할까?

가슴 뭉클한 두 손가락 경례

제2차 세계 대전 당시 폴란드군과 연합군이 '거수경례'로 인해 오해가 생긴 일화가 있다. 두 손가락만 들고 거수경례를 하는 폴란드군의 경례 전통을 오해한 연합군 장교가 폴란드 군인들과 언쟁을 벌였기 때문이라 한다.

거수경례는 대다수 국가에서 다섯 손가락을 모두 편 채 손의 날이 보이도록 하기 때문에 연합군 장교들 입장에서는 폴란드식 경례가 자신들을 조롱하는 것이라 오해했던 것이다. 하지만 폴란드 병사들은 조롱의 의미를 담은 것이 아니라 폴란드 전통의 경례를 했을 뿐이었다.

사실 두 손가락 경례는 200년 넘는 전통을 지닌 경례이자 폴란드의 아픈 역사를 담고 있는 경례다. 18세기 말 러시아와 오스트리아, 프러시아 3국의 분할로 나라를 잃은 폴란드인들은 1830년 바르샤바 봉기를 통해 전국적인 독립운동을 일으켰다. 당시 폴란드 동부 일대를 지배하고 있던 러시아는 대

존 캘코트 호슬리, 〈마지못해 하는 경례〉, 1878년, 캔버스에 유채, 72×91.5cm, 개인 소장

군을 동원해 이를 잔인하게 진압했고, 폴란드인들은 끝까지 저항했지만 결국 러시아의 군사력에 패배하고 말았다.

이 두 손가락 경례는 이때 만들어졌다고 알려져 있다. 폴란드의 독립전쟁 당시 주요 전투였던 '오르신카 그로호프스카 전투(Battle of Olszynka Grochowska)'에서 대포 파편에 맞아 손가락 세 개를 잃은 병사가 남은 두 손가락으로 했던 경례에서 유래됐다는 것이다. 그야말로 피눈물의 역사가 담긴 전통의 경례가 아닐 수 없다. 이후 폴란드에서는 모든 거수경례에 이 두 손가락 경례를 사용하게 됐으며 두 손가락의 의미는 바로 '조국'과 '명예'라고 하니, 폴란드군의 두 손가락 경례를 보는 것만으로도 가슴이 뭉클해진다.

거수경례의 문화사

폴란드의 거수경례가 특이하다 알려져 있긴 하지만, 사실 각 나라와 문화에 따라 거수경례 하는 방법이 조금씩 다르다. 우리에게 흔히 '나치식 경례'라고 알려진, 오른팔을 쭉 뻗어서 하는 경례는 나치 독일에서 유래한 경례가 아니라 로마군이 하던 방식이었다. 원래 이때 경례는 자신의 오른손에 무기가 없는 것을 상관에게 보이기 위한 제스처였다고 한다. 서로 해칠 의사가 없다는 뜻으로 각자 칼을 뽑는 오른손을 움켜쥐는 '악수' 인사법과 매우 비슷한 이유에서 나온 경례인 셈이다.

우리나라를 비롯해 대부분 나라에서 하는 손날을 보이는 거수경례는 중세시대 서구에서 시작된 것으로 알려져 있다. 이것은 투구로 가려진 본인의 얼굴을 상관에게 드러내 보이고자 상관 앞에서 투구를 벗던 당시 예절에서 나왔다고 한다. 이 중세시대 투구가 점차 모자로 변하면서 오늘날에는 모자를 벗는 대신 약식으로 거수 경례의 형태가 굳어졌다는 것이다.

폴란드의 극작가이자 화가 겸 시인이었던 스타니슬라브 비스피안스키(Stanislav Wyspianski, 1869~1907)가 그린 두 손가락 경례 일러스트.

다만 이 거수경례도 나라와 민족마다 하는 방법이 조금씩 다르다. 일단 영국을 비롯한 영연방 국가에서는 손바닥이 보이도록 하는 특징이 있다. 또한 곧바로 눈썹 끝으로 손을 올리는 일반적인 거수경례 방식과 달리 영국에서는 팔로 원을 그리듯이 동작을 해서 경례한다. 프랑스군도 영국군과 유사한 방식의 거수경례를 하는 것으로 알려져 있다.

장소적인 제한으로 변형된 거수경례도 존재하는데, 바로 해군 함상에서 경례를 하는 경우다. 보통은 팔꿈치를 옆으로 편 상태에서 경례를 하지만 함내에서는 내부가 좁아서 팔꿈치를 몸 앞에 둔 상태로 경례를 한다. 배 안이 비좁고 여러 장비를 다뤄야하는 해군 특성상 예로부터 함내에서 경례를 생략하는 경우도 많았다고 한다. 물론 함내가 아니라 밖에서는 일반적인 거수경례를 한다.

군대 경례는 아니지만 독특한 방식의 경례를 하는 조직으로 보이스카우트가 있다. 본래 보이스카우트도 제1차 세계 대전 이전까지는 소년 정찰병 임무 할당을 위해 만든 조직이었던 만큼 군대 조직과 비슷한 문화를 많이 가지고 있는데, 이 조직에서는 '세 손가락 경례'를 한다. 여기서 세 손가락은 스카우트 선서에 나오는 세 가지 규율을 의미한다. 세 가지 규율은 하나님과 나라를 위해 의무를 다한다는 것, 항상 다른 사람을 도와준다는 것, 그리고 마지막으로 스카우트의 규율을 잘 지키겠다는 것이다.

서구권의 보이스카우트 조직을 본떠 만든 동구권의 '피오네르'라는 조직은 또 경례 방식이 다른데, 여기서는 일반 거수경례와 손 모양은 똑같이 하면서도 손을 눈썹 밑이 아닌 머리 위로 뻗는 자세다. 중국과 북한은 물론 대다수 공산권 국가에서 소년단원들이 이 경례를 한다. 문화권과 조직의 특성에 따라 각자 다른 거수경례 방식을 고수하고 있는 셈이다.

겉과 속이 다른 경례

한편, 모든 거수경례가 충성과 신의, 존경 등 긍정적인 의미만을 표상하는 것은 아니다. 실제로 거수경례는 겉으로 하는 의전일 뿐 속마음은 그렇지 않은 경우가 다반사일지도 모른다. 175쪽 영국 출신의 화가 존 캘코트 호슬리John Callcott Horsley, 1817~1903가 그린 그림의 원제는 'unwilling salute'다. 우리말로 바꾸면 '마지못해 하는 경례'다. 그림에서 경례를 하는 병사가 오랜만에 휴가를 나와 마음에 연정을 품고 있는 여인 및 그녀의 어린 동생들과 즐거운 시간을 보내고 있는데, 뜻밖에 그의 상관이 나타나 여인에게 말을 건네는 장면이다. 미루어 짐작컨대 그 상관도 그림 속 여인에게 호감이 있는 듯하다. 모처럼 좋아하는 여인과 그녀의 동생들에게 점수를 따고 있는 데 상관이 나타나 자신이 사랑하는 여인에게 수작을 부린다. 당신이라면 이 순간 기분이 어떨까? 그럼에도 불구하고 불쌍한 우리의 병사는 상관에게 거수경례를 한다. 물론 그의 얼굴은 심하게 일그러져 있다.

2018년 6·12 북미 정상회담 당시 트럼프 대통령과 북측 인민무력상의 엇갈린 경례 (사진 : 뉴욕타임스)

거수경례는 오늘날 외교적인 해프닝 혹은 논란으로 비화되기도 한다. 2018년 6·12 북미 정상회담 당시 트럼프 대통령이 김정은 위원장의 안내로 북측 수행단과 인사를 나누는 자리에서, 악수를 청하려 손을 내민 트럼프 대통령에게 북측 인민무력상이 거수경례를 했다. 잠시 멈칫한 트럼프 대통령이 어설픈 거수경례로 답하는 사이 북측 인민무력상은 손을 내밀었다. 엇갈린 인사 장면이 북한 매체를 통해 공개되자 미국에서는 논란이 불거졌다. 민주당 상원의원들은 "적군 장성에게 거수경례를 하는 것은 큰 잘못"이라며 "미국 대통령이 북한의 선전전에 활용됐다"고 비판했다. 이에 대해 백악관은 다른 나라의 군 관계자가 거수경례를 했을 때 그렇게 답례하는 것이 일반적인 예의라고 밝혔다. 쉽고 간단해 보이는 거수경례이지만, 그 안에는 복잡하고 미묘한 정치적·외교적 셈법이 담겨있음을 방증하는 대목이다.

직업인 사무라이의 민낯

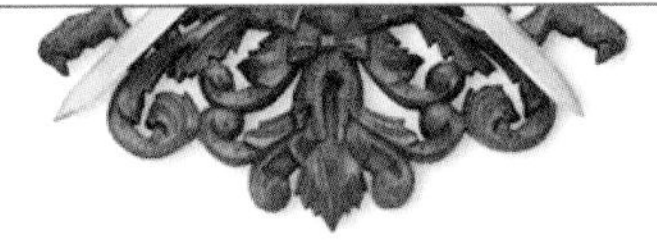

무사도 정신의 허상

보통 사무라이라고 하면 이른바 '무사도(武士道)'에 입각해 아무리 최악의 상황에 몰리더라도 주군을 죽음으로 보필한다는 이미지가 각인돼 있지만 실제 역사 속 일본의 사무라이는 이직이 아주 잦았던 직업 중 하나였다. 우리나라에서는 이순신李舜臣, 1545~1598 장군에게 연전연패해 유명해진 사무라이 도도 다카토라藤堂高虎, 1556~1630의 경우, "주군을 일곱 번 바꾸지 않는다면, 무사라고 말할 수 없다"는 말을 남겼을 정도다.

보통 전 근대시대 사무라이들의 이야기다보니 그냥 학연이나 지연, 혈연으로 취직했을 것이라 생각하기 쉽지만, 전국시대 일본 사무라이 직종은 그리 허술하지 않았다. 워낙 수많은 다이묘들이 난립한 상황이었기 때문에 경쟁에 이기려면 사무라이를 잘 뽑아야 했고, 그러다보니 각 사무라이들의 이력서를 아주 꼼꼼히 살펴서 뽑았다.

작자 미상, 〈말 위의 사무라이〉, 1878년, 소장처 미상

당시 사무라이들의 이력서라 할 만한 것으로 '감장(感狀)'이란 것이 있었다. 감장은 지금으로 치면 회사 사장이 사원에게 주는 '상장'과 같은 개념이다. 이 감장에는 해당 사무라이가 어떤 전투에서 어떤 전공을 세웠는지 상세히 적어놓게 돼 있었다. 그러다보니 주군을 바꿔 다른 다이묘 밑으로 이직할 경우, 지금까지 받아온 감장들을 제출하게 돼있었다.

임진왜란 당시 일본 수군 장수로 이순신 장군에게 연전연패했던 도도 다카토라의 초상화. 다카토라는 이직을 가장 많이 한 사무라이로 유명했다.

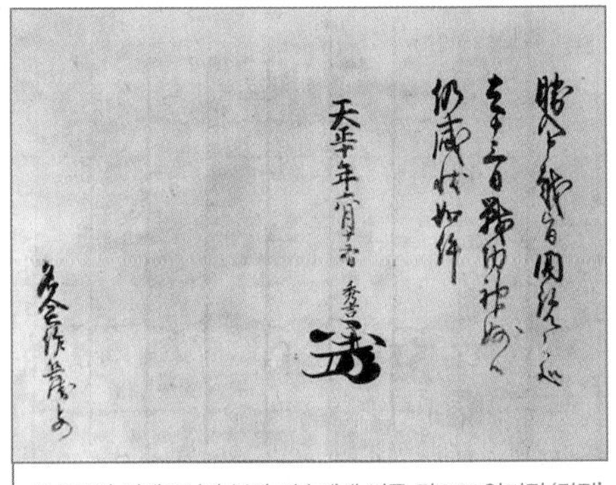

도요토미 히데요시가 부하 장수에게 써준 것으로 알려진 '감장'.

다이묘는 해당 감장들의 개수나 내용들을 살펴서 사무라이의 채용 여부를 결정했다. 동맹이거나 해당 다이묘의 주군인 경우, 즉 지금으로 치면 지점에서 본사로 들어가게 되는 경우에는 해당 다이묘의 추천장도 받아가야 했다. 그러다보니 사무라이들은 보통 자신들의 전공을 몇 배씩 뻥튀기해서 보고하기 일쑤였고, 다이묘들은 정확한 정황을 판단해서 논공행상(論功行賞)을 하고 감장을 써주는 것이 중요한 일과 중 하나였다.

액세서리가 된 사무라이의 장검

사무라이들의 무사도, 불사이군(不事二君)의 충성스러운 모습은 사실 메이지시대 활약했던 정치가인 니토베 이나조新渡戶稻造, 1862~1933가 쓴 『무사도(武士道)』란 책이 유명세를 타면서 만들어진 이미지에 불과했다. 실제 사무라이들은 오늘날 샐러리맨과 비슷한 삶을 살았으며, 좀 더 높은 연봉과 좀 더 좋은 직함을 쫓아 자주 이직을 했다. 더구나 전국시대에는 워낙 갑작스럽게 여러 다이묘들이 명멸을 거듭하면서 사무라이들의 이직도 잦을 수밖에 없었다.

이탈리아계 영국인 사진작가 펠리스 베아토(Felice Beato, 1832~1909)가 찍은 〈무진(戊辰)전쟁 당시 사무라이들〉. 무진전쟁은 무진년(戊辰年)인 1868년에 메이지 정부의 군대가 에도막부 세력과 벌인 내전이다. 메이지 정부가 승리해 근대적 개혁을 추진하면서 각지의 다이묘들이 지배하던 봉건적 질서가 해체되는 계기가 되었다. 사진을 보면 다이묘에 소속된 것으로 추정되는 사무라이들의 표정이 결연하다. 하지만, 19세기에 동아시아를 돌며 이른바 종군 사진기자 역할을 했던 펠리스 베아토의 인물사진은 대체로 연출된 것들이 많다.

에도시대의 사무라이들은 전국시대 사무라이들의 전설 같은 전투이야기를 동경하며 일부 검술을 전문 조교들에게 배우기도 했으나 성 안에서는 칼을 함부로 뽑지 못하게 금지되기 시작하면서, 칼은 액세서리로 전락하고 만다. 펠리스 베아토가 찍은 〈카타나를 든 사무라이〉의 사진에서 일본 전통의 장검 카타나를 든 사무라이의 모습에서도 지극히 전시(展示)적인 이미지가 강하다.

사무라이들에 대한 또 하나의 큰 오해 중 하나가 바로 무사도의 상징으로 알려진 우수한 검술인데, 실제 전투에서 사무라이들은 검술을 자주 쓰지 않았다. 이미 사무라이들이 많이 활약했던 일본의 전국시대는 16세기로 개인화기인 조총이 유행했고 장창병과 조총을 조합시킨 제병합진작전이 주를 이루던 시절이라 칼은 그다지 유용한 무기가 아니었다. 정말로 우수한 검객들도 더러 있었지만 칼을 전투에서 쓸 일은 거의 없었다. 사무라이들도 조총을 많이 사용했고 활도 많이 썼으며, 이를 부끄럽게 여기지도 않았다.

오히려 멀쩡한 몸뚱이가 전 재산인 사람들인 만큼 상당히 몸을 사리는 경우가 많았으며, 그나마도 전국시대가 끝나고 에도막부가 들어선 이후 270여 년간 평화가 찾아오자 완전히 공무원이 됐다. 에도시대에는 사무라이 대부분이 칼을 차고는 다녀도 뽑을 줄도 모르는 사람이 대다수였다고 한다.

1853년 페리Matthew Calbraith Perry, 1794~1858 제독이 이끄는 미국 함대가 왔을 때도 무력 사용을 극히 꺼리며 굴욕적인 통상무역으로 개항을 시작한 것 역시 이런 문약한 시대적 배경이 깔려있다.

에도시대에는 사무라이들이 오히려 전국시대 사무라이들의 전설 같은 전투이야기를 동경하며 일부 검술을 전문 조교들에게 배우는 사무라이들도 더러 있었으나 성 안에서는 칼을 함부로 뽑지 못하게 금지되기 시작하면서, 칼은 액세서리로 전락하고 만다. 사무라이의 상징 중 하나인 할복 역시 배 앞에 부채만 대고 배를 가르는 시늉만 하는 것으로 변했다.

우리에게 알려진 사무라이는 2차 저작물들이 만든 일종의 환상에 불과했다. 그들은 난세에 태어나 어쩔 수 없이 무사가 됐지만 결국 더 나은 연봉과 조건을 따지며 끝없이 이직해서 출세를 꿈꿨던, 현대 직장인들과 똑같이 평범한 '샐러리맨'이었다.

오랑캐 침략의 통로가 된 만리장성

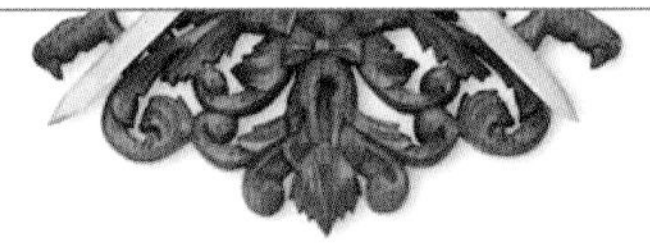

만리장성의 수난사

전쟁사를 이야기할 때, 미스터리 중 하나로 제기되는 것이 중국 '만리장성(萬里長城)'의 군사적 효용가치다. 주로 북방 유목민족에 대한 방어선을 목적으로 세워졌다고 알려져 있지만, 만리장성은 세워진 이후 역사 속에서 숱하게 북방 유목민족들에게 뚫렸다.

그럼에도 중국의 역대 왕조들은 장성을 수리 · 보수했고 최종적으로 한족의 마지막 전통왕조인 명나라 때에 이르러 지금의 형태가 갖춰졌다. 수천 년에 걸쳐 재축조와 보수를 거쳤지만, 각 왕조가 모든 국력을 동원해 쌓아야할 만큼 우수한 방어기지였는지에 대해서는 논란이 계속되고 있다.

원래 '장성'을 이용한 국경의 방어는 영토국가라는 개념이 본격적으로 생기기 시작한 중국의 춘추전국시대(春秋戰國時代)에서 비롯되었다. 기원전 5세기 이후 전국시대가 개막되면서 춘추시대 400여 개 도시국가들이 난립

영국의 사진작가 허버트 조지 폰팅(Herbert George Ponting, 1870~1935)이 1907년에 촬영한 만리장성

해 시작된 쟁탈전은 일곱 개 국가로 압축됐고, 이 마지막 남은 '전국 7웅' 국가들은 영토 보존과 전략적 차원에서 영토를 성벽으로 감싸기 시작했다. 성벽으로 둘러싸인 지역을 창을 든 병사가 지키는 모양의 '나라 국(國)'자가 영토국가 그 자체를 의미하게 된 것도 이 시기부터였다.

특히 북방 유목민족들과 북쪽 국경을 마주하고 있던 연나라, 조나라, 진나라 등 국가들은 일찍부터 유목민족 기마병의 침입을 막기 위해 장성을 쌓아놓곤 했다. 내몽골부터 황하에 이르는 지역에는 자연방어선으로 쓸 만한 산맥이 없이 평지로 이뤄져 있다 보니 인위적인 방어선이라도 쌓아야 했기 때문이다.

당시 장성은 농경지역과 유목지역을 구분하는 연 강수량 400mm선을 기준으로 쌓여있던 것으로 알려져 있으며, 진시황秦始皇, BC259~BC210이 통일 이후 만리장성을 축조할 때도 이 기존 장성들이 활용됐다고 알려져 있다.

하지만 총 6000km가 넘는 방대한 국경선 전체에 견고한 성벽을 쌓는 일은 거의 불가능했다. 일부 구간은 토성으로 대충 지어졌다고 하며, 갈대와 흙을 교차적으로 섞어 만든 일부 성벽은 쉽사리 무너졌다고 한다. 상황이 이러하니 만리장성은 중국 역사에서 결정적 순간마다 뚫리고 말았다. 5호16국의 난리가 일어난 서기 4세기는 물론, 10세기 당나라가 붕괴되고 5대10국 시대가 열리면서 거란족에 뚫렸고, 이후 13세기에는 여진족에게 뚫려 북송이 멸망됐다. 이후 다시 칭기즈 칸Chingiz Khan, 1162~1227이 이끄는 몽골족에게 뚫렸고, 17세기 중엽에는 만주족의 침략을 잘 막아냈지만 명나라가 망하면서 장성 문이 다시 열렸다. 최종적으로 만리장성이 전투에서 돌파당한 것은 1933년, 일제가 만리장성의 주요 관문 중 하나인 산해관(山海關) 방어선을 뚫고 베이징(北京)을 함락시킨 '열하사변(熱河事變)' 때의 일이다.

진시황 폭정의 산 증거

결국 만리장성은 고대부터 현대에 이르기까지 이민족 침략이 들어오는 통로 역할을 한 셈이다. 그럼에도 불구하고 중국에 새 왕조가 들어설 때마다 만리장성의 보수공사가 이어졌다.

여러 차례에 걸친 고구려 침공 이후 멸망했던 수(隋)나라는 수백만 명의 인력과 막대한 재원을 동원해 만리장성을 축조했지만 정작 수나라 뒤를 이은 당나라가 만리장성 이북으로 영토를 확장하면서 방어기능이 유명무실해진 적도 있었다. 실제로 방어적인 기능을 제대로 했던 것은 중국 명(明)나라 말기로, 각종 방어 시설과 대포 진지를 만들고 성벽도 두 겹으로 강화시킨 이후였다고 한다. 이로 인해 그 이전의 만리장성은 단순한 방어기지용보다는 정치적 목적에서 세워졌다는 주장까지 제기됐다.

하지만, 만리장성의 무용론을 반박하는 견해도 적지 않다. 역대 왕조들이 아무 이유 없이 이 국가급 사업을 계속 수행했을 리가 없으며, 나름 군사 방어적 기능을 했다는 것이다. 이를테면, 만리장성이 현대적 개념의 방어선 역할은 설사 못했다고 해도 변방에서 수천킬로미터 내부에 위치한 수도 인근 중심부에 빠른 속도로 적의 침입을 알리는 알람 역할을 할 수 있었다. 또한 주로 기병으로 구성된 유목민들 입장에서는 장성이 일종의 강이나 산과 같이 자연장애물로 작용하면서

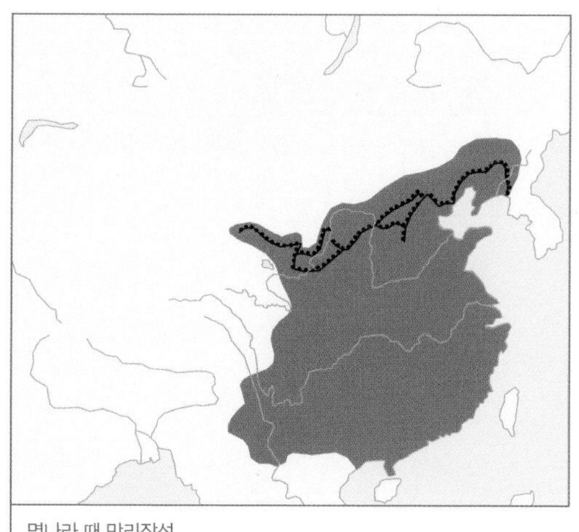

명나라 때 만리장성

진시황 때 축성된 만리장성에는 정치적 이유로 끌려온 수많은 백성들의 피와 눈물이 서려 있다.

뚫기 쉬운 취약한 몇몇 구간으로 침략 루트를 단순화시키는 기능을 했고, 이로 인해 방어를 좀 더 용이하게 했을 것이란 추정도 나온다.

아무튼 진시황이 만리장성을 처음 쌓기 시작했을 무렵, 이 거대한 성벽은 강건한 권력의 상징이었다. 중국의 역대 왕조들은 본토를 호시탐탐 노리는 변방의 오랑캐들이 끝없이 이어진 장성 앞에서 한족의 위세에 기가 꺾여

뒷걸음질 치길 바랐을 것이다. 하지만, 만리장성이 겪어온 우여곡절 수난사를 들여다보면 중국 왕조들의 부질없는 허세와 권력욕만 확인할 뿐이다.

실제로 진시황이 만리장성을 백성을 탄압하는 도구로 악용했음은 여러 기록에서 들어난 사실이다. 처음 축성 작업은 본래 군사들이 도맡았지만, 축성 기간이 장기화되면서 죄수들을 공사 현상에 보내 부족한 노동력을 메웠고, 심지어 자신의 통치에 불만을 품거나 반대하는 사람들까지 강제로 보냈다. 당시 만리장성 공사 현장에 한번 끌려오면 살아서 고향에 돌아간 사람이 거의 없을 정도로 악명 높았다고 한다.

자본주의적 개발 논리에 바람 잘 날 없는 만리장성

만리장성에 관한 이런 저런 역사적 주장들이 충돌하는 동안, 오늘날 만리장성은 세계문화유산이자 관광지의 기능만 남은 전시품이 되고 말았다. 만리장성은 결국 군사적 기능을 상실하면서 중국을 찾는 수많은 관광객들로 인해 빠른 속도로 파괴되고 있다.

17세기 중엽 명나라가 멸망하고 청(淸)나라가 중국을 장악한 이후에는 몽골이 청나라에 병합되면서 현재까지 약 400년 동안(일제침략기를 제외하고) 관광지나 유람지로 이용됐다. 현대 중화인민공화국이 세워진 이후에는 도로공사, 철도공사, 재건축 등을 이유로 곳곳의 구간이 허물어졌고 일부 주민들은 수집 목적이나 주택공사용으로 쓰려고 벽돌을 훔쳐가기까지 했다. 이로 인해 현재 제대로 남은 구간은 20%도 안 되는 상황이라고 한다. 21세기의 만리장성은 중국에 불어 닥친 자본주의적 개발 논리에 바람 잘 날 없으니 예나 지금이나 만리장성의 운명은 애처롭기 그지없다.

역사에 걸핏하면 등장하는 '백만 대군'의 진실

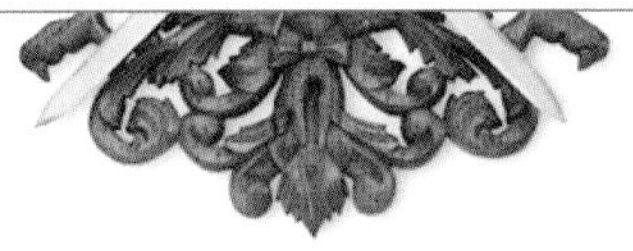

대군의 필요충분조건

보통 '대군(大軍)'이란 수식어가 붙기 위한 필요충분조건은 100만이란 숫자다. 특히 인구가 많았던 중국의 경우에는 진시황秦始皇, BC259~BC210이 천하통일을 하려고 일으킨 백만 대군부터 『삼국지』의 조조가 적벽대전에서 끌고 간 백만 대군까지 일단 전쟁을 하려고 군사를 일으켰다 하면 100만으로 나온다.

이른바 백만에 대한 로망은 서양에서도 마찬가지라 어마어마한 대군을 상징하는 의미처럼 쓰여 왔다. 고대 그리스와 페르시아 간에 벌어졌던 테르모필레전투를 배경으로 한 영화 〈300〉에서 레오니다스Leonidas 왕을 중심으로 한 300명의 스파르타 전사들은 페르시아의 백만 대군에 맞서 싸우는 것으로 묘사된다. 프랑스의 대표적인 신고전주의 화가 자크 루이 다비드Jacques-Louis David, 1748~1825가 그린 〈테르모필레전투에서의 레오니다스 왕〉을 보면, 화

자크 루이 다비드, 〈테르모필레전투에서의 레오니다스 왕〉, 1814년, 캔버스에 유채, 395×531cm, 루브르 박물관, 파리

면 정중앙의 레오니다스 왕을 중심으로 스파르타의 소수 정예 전사들이 신발 끈을 고쳐 메며 전의를 불태우고 있다. 테르모필레전투를 사서(史書)에 기록한 그리스의 역사가 헤로도토스Herodotos, BC484~BC425는 당시 페르시아의 크세르크세스 1세Xerxes I, BC519~BC465의 군대가 170만 명에 이른다고 적었다.

백만 대군은 중국에서나 가능했던 일

그러나 실제로 제1차 세계 대전 이전까지를 통틀어 전쟁에서 한 나라가 100만 이상의 대군을 동원한 사례는 단 한 차례로, 중국 수(隋)나라 양제煬濟, 569~618의 고구려 침공 때가 유일하다. 서기 612년 수나라는 고구려 원정에 무려 113만3800명이라는 어마어마한 대군을 동원했다. 이들의 군량과 보급물자를 운송할 병력까지 합치면 약 340만 명 이상의 청년들이 징집됐다고 전해진다. 이는 오늘날 우리나라 전체 예비군 전력보다 많은 숫자다. 이때 수나라 인구는 약 7000만~1억 명 사이로 추정되고 있다.

사실 이런 엄청난 병력 동원능력은 진시황이 통일하던 시절부터 인구가 천만 단위를 넘어가던 중국에서나 가능한 일이었다. 대부분 고대 국가에서 100만은 한 나라나 민족 전체 인구와 맞먹는 숫자였다. 중국 역시 통일된 상황이 아닌 이상 100만 명을 동원한다는 것은 거의 불가능한 일이었다.

흔히 『삼국지』에서 백만 대군하면 떠오르는 인물이 조조이지만, 이 대단한 조조 역시 적벽대전에 백만 대군을 이끌지는 못했을 것으로 추정되고 있다. 당시 화북 전체 인구가 2000만~2500만 명 정도임을 감안하고 군량 보급 등을 고려하면 일단 형주 공략 당시 15만 명 정도를 끌고 갔고, 여기서 형주군이 항복하면서 10만 정도의 병력을 고스란히 얻었으며 적벽으로 진

백만 대군이 가능한 병력 동원은 진시황이 통일하던 시절부터 인구가 천만 단위를 넘어가던 중국에서나 가능한 일이었다. 대부분 고대 국가에서 100만은 한 나라나 민족 전체 인구와 맞먹는 숫자였다. 중국 산시성 린퉁현에 있는 진시황릉원 동쪽 담에서 1km 떨어진 지하 갱도에서 발견된 병마도갱은 진시황의 막강한 병력 동원능력을 가늠하게 한다.

격했을 때는 양군을 합쳐 25만 명 정도의 병력이 동원된 것으로 추정된다.

유비 역시 의형제인 관우와 장비의 복수를 위해 75만 대군을 이끌고 오나라로 쳐들어갔다는 내용이 『삼국지』에 나와 있다. 그러나 촉나라의 경우 멸망할 때 인구가 남녀 합쳐 100만 명을 조금 상회하는 수준임을 고려하면 허구일 가능성이 높다.

그나마 적벽대전 이전 『삼국지』에 등장하는 군벌들의 동원능력은 최대가 10만 명 정도로 추정되고 있다. 조조가 관도대전에서 맞섰던 원소(袁紹) 역시 『삼국지』에서는 70만 대군을 이끌고 온 것으로 나왔지만 실제로는 10만 명 정도, 여기에 맞서 조조는 약 3만~5만 명 정도의 병력을 이끌고 대치한 것으로 추정된다.

백만에 담긴 전략적 상징

"전쟁은 머리가 아니라 배(腹)로 한다"는 나폴레옹Napolèon Bonaparte, 1769~1821의 유명한 말처럼 대군을 동원하려면 당장 이들을 먹일 식량이 훨씬 큰 문제였다. 결국 대군을 뒷받침할 경제력이 탄탄해야 했으나 1년 농사의 풍·흉에 따라 들쭉날쭉한 농업 생산량에 모든 식량 문제가 달려있던 전 근대시기, 백만에 이르는 대군을 유지하는 것은 매우 힘든 일이었다.

그런데 왜 백만 대군이란 수식어가 그처럼 많이 나오는 걸까? 사실 고대에는 백만이란 숫자는 '엄청나게 많다'는 의미의 형용사와 같은 의미로 쓰였다. 흔히 큰 부자를 의미하는 '백만장자(millionaire)'라는 말처럼 백만이 붙으면 일단 막대한 숫자란 의미였다. 마르코 폴로Marco Polo, 1254~1324가 쓴 『동방견문록』을 서양에서는 '백만의 서(Il Milione)'라 불렀던 것도 그가 중국의 엄청난 인구와 경제력을 표현하기 위해 수없이 많이 백만이란 단어를 써댔기 때문이다.

중국에서도 1만이란 단어가 본격적으로 쓰이기 시작한 것이 기원전 11세기경 주(周)나라 때임을 감안하면 고대 사회에서 100만이란 숫자의 위상은 대단히 컸다. 실제로 10만 정도만 해도 고대 국가에서 총동원을 할 경우에나 만들 수 있는 규모였고, 1000만은 아예 상상조차 못할 숫자이기 때문에 그나마 100만 정도가 상상할 수 있는 가장 큰 숫자였던 셈이다.

"전쟁은 머리가 아니라 배(腹)로 한다"는 유명한 말을 남긴 나폴레옹은, 전쟁에서 이기기 위해서는 전략이나 전술에 앞서 막강한 군사력이 뒷받침 되어야 하며, 또 대군을 먹이고 입힐 경제력이 관건임을 간파했다. 그림은 프랑스 출신의 화가 프랑수아 제라르(François Gérard, 1770~1837)가 그린 〈아우스터리츠전투〉(1810년, 캔버스에 유채, 510×958cm, 베르사유 궁전)로, 1805년 12월 2일 나폴레옹이 오스트리아와 러시아의 동맹군을 격파한 전투로 전해진다.

또한 고대나 지금이나 군대의 정확한 숫자는 기밀 사항이었으며, 직접 군대를 통솔하거나 운영하는 총사령관 말고는 병사 숫자를 정확히 알 수 없었다. 게다가 아군 사기를 높이면서 적군에게 공포심을 불어넣기 위해 흔히 병력 수를 '뻥튀기'시키는 게 다반사였다.

일단 출발할 때 실제보다 두세 배 정도 병력이 많다고 선전하면 시간이 지날수록 소문이 꼬리를 물면서 공포심이 병력 수를 더욱 키웠다. 결국 없는 백만 대군도 충분히 만들어낼 수 있었던 것이다.

전쟁은 그를 철혈재상으로 키웠다!

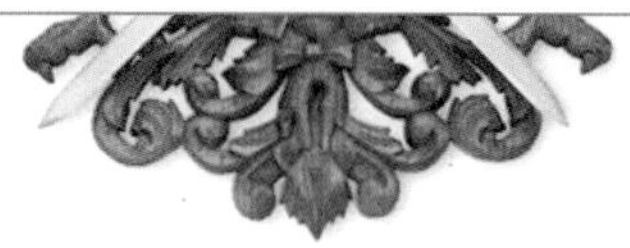

피와 철의 재상이 만든 따뜻한 사회보장 제도

노동절, 즉 메이데이(May Day)와 관련된 역사적 인물들이라고 하면 대부분 19~20세기의 사회주의 운동가나 옛 공산권 인물들이 언급되곤 한다. 그런데 이 노동 투쟁의 성과 중 하나라고 할 수 있는 사회보장의 역사를 살펴보면 정말 어울리지 않는 한 인물과 만나게 된다. 그 주인공은 모든 일은 피와 철로 해결된다고 외쳤던 철혈재상, 오토 폰 비스마르크Otto von Bismarck, 1815~1898다.

믿기 힘든 사실이지만 비스마르크는 현대 4대 사회보장 제도 중 세 개를 세계 최초로 입안해 만든 정치인이다. 그래서 사회보장 제도와 관련한 역사를 다룬 모든 서적에 반드시 그의 이름이 나온다.

그의 집권 시기에 만들어진 이른바 '비스마르크 사회보험'이라 불리는 보험들이 의료보험(1883년), 산재보험(1884년), 연금보험(1889년)이다. 전 세계 사회보장 제도의 기틀을 마련한 인물인 셈이다. 세계사에서는 아돌프 히틀

프란츠 폰 렌바하, 〈비스마르크 초상화〉, 1896년, 패널에 유채, 121×87cm, 월터 아트 뮤지엄, 볼티모어

러Adolf Hitler, 1889~1945가 세계 최초의 동물보호법 입안자인 사실과 함께 가장 아이러니한 일로 꼽힌다.

일반적으로 알려진 비스마르크의 이미지란 당시 프로이센 제국의 철모로 정수리에 뾰족한 창이 달린 '피켈하우베(Pickelhaube)'를 눌러쓴 강직한 군인 이미지다. 비스마르크는 강력한 군국주의 정책을 밀어붙여 1866년 프로이센-오스트리아전쟁을 승리로 이끌었고, 뒤이어 1871년 보불전쟁도 승리로 이끌어 독일 제국의 건국과 독일 통일을 이룩한 민족영웅처럼 묘사돼 있다.

독일의 초상화가 프란츠 폰 렌바하Franz von Lenbach, 1836~1904가 그린 〈비스마르크 초상화〉(199쪽)는 비스마르크의 이미지를 가장 잘 묘사한 그림으로 꼽힌다. 렌바하는 어두운 배경에 초상화 모델의 얼굴을 밝게 부각시키는 화풍으로 유명하다. 그의 화풍은 초상화 속 인물을 특별히 돋보이게 함으로써 영웅의 풍모를 연출한다. 그림 속 비스마르크는 재상이라기보다는 마치 전쟁영웅과 같은데, 이는 전쟁이 빈번했던 당시의 시대적 상황을 대변한다.

병역기피자에서 독일 제국 육군 원수가 되기까지

비스마르크가 재상으로 재임했던 초반의 독일은 전쟁의 연속이었다. 덴마크와 슐레스비히-홀스타인을 놓고 전쟁을 벌였고, 오스트리아 및 프랑스와도 전쟁을 벌였으며 이를 통해 유럽의 두 강대국이 약화되면서 자연스럽게 프랑스와 오스트리아의 압박에 시달리던 이탈리아도 통일을 이루게 된다. 대체로 보불전쟁이 마무리된 1871년 이전에 형성된 이미지 때문에 그는 군국주의의 화신처럼 그려졌고, 독일에서도 철혈재상의 이미지가 강조되면서

안톤 폰 베르너(Anton Von Werner, 1843~1915), 〈독일 제국의 선포식〉, 1885년, 패널에 유채, 200×250cm, 비스마르크 박물관, 함부르크
이 그림은 베르사유 궁전에서 거행된 독일 제국의 선포식을 그린 작품이다. 그림 왼쪽 상단에 서 있는 빌헬름 1세보다 그림 중앙에 흰 옷을 입고 있는 비스마르크의 모습이 훨씬 돋보인다. 화가 베르너는 왕 빌헬름 1세보다 재상 비스마르크를 그림의 중심에 배치함으로써 당시 비스마르크의 위상을 표상했다.

제2차 세계 대전 당시에는 그의 이름을 딴 '비스마르크 전함'이 취역하는 등 온통 군사적 부문만 강조됐다.

하지만, 실제 비스마르크란 인물은 군인 출신이 아니라 원래 외교관 출신이었다. 자유주의 분위기의 부르주아지 가문이었던 외가의 가풍과 어머니 영향을 많이 받고 자란 그는 법대를 다녔지만 젊은 시절은 방탕하게 보냈고, 가문의 뒷받침과 사교적인 성격으로 쌓은 인맥 덕분에 재상이 되기 전까지 외교관으로 크게 활약했다. 당시 귀족자제들과 달리 군대를 매우 싫어한데다 몇 번을 군대를 가지 않으려고 병역 면제 신청도 냈다가 거절당했다. 심지어 의무복무기간도 제대로 채우지 않고 제대했다고 하니 믿기지 않는다.

이랬던 인물이 1848년 유럽 전역에서 발생한 2월혁명의 와중에서 강경 진압책을 주장하며 재상이 되자 독일 제국의 통일을 위해 군비 확대와 징병제 연장 등의 정책을 펴기도 했다. 의무복무도 제대로 하지 않은 이 철혈 재상은 전시에는 독일 제국 육군 원수가 되기도 했다.

비스마르크는 보불전쟁이 끝나고 제국이 성립된 뒤부터는 세상 다시없는 평화주의자로 돌아서며 내치에 힘을 썼다. 그가 4대 보험의 아버지가 된 것은 바로 이 시기였다.

싸움꾼은 결국 싸움으로 망한다?!

비스마르크가 순수한 의도에서 4대 보험 제도를 만들었다고는 아무도 믿지 않는다. 그는 당시 과격한 방향으로 나가던 독일의 노동자 시위에 대해 군병력을 투입해 강경진압할 것을 주장하던 인물이었기 때문이다. 그의 사회보장 제도 입안은 더 이상의 봉기를 방지하고 최소한의 살 길을 열어줘서 노동 시위의 과격화를 막는 선제적 조치 수준으로 평가된다. 그의 어록 중 하나도 노동과 관련한 그의 생각을 잘 대변해준다. "내가 청년들에게 할 말은 오직 하나다. 일해라, 또 일해라, 죽을 때까지 일해라!"

그가 만든 사회보장 제도가 결코 노동인권 증진을 위함이 아니었다는 사실은 사회보험 입법과 함께 사회주의 진압법을 시행한 것만 봐도 알 수 있다. 이보다 앞서 반사회주의법을 통과시켰고, 문화투쟁이라 불리는 종교억압책도 펼쳤다.

한편, 비스마르크의 정책을 반대하는 정치인도 적지 않아서 그의 주변에는 늘 정쟁(政爭)이 끊이질 않았다. 그는 뼛속까지 싸움꾼 기질을 가지고 있었던 모양이다. 아무튼 비스마르크의 투사 기질은 훗날 그의 정치인생을 끝장내는 부메랑이 됐다. 1888년 빌헬름 1세Wilhelm I, 1797~1888가 죽고 뒤이어 프리드리히

3세Friedrich III, 1831~1888도 즉위 3개월 만에 세상을 떠나자 빌헬름 2세Wilhelm II, 1859~1941가 즉위했는데, 이 새 황제는 비스마르크와 사사건건 부딪혔다.

영국의 유명 삽화가 존 테니엘 경(Sir. John Tenniel, 1820~1914)이 영국에서 발간되는 매거진 「Punch」(1890년 3월호)에 그려 수록한 캐리커처. 당시 이 그림에는 'Drop the pilot'이라는 부제가 붙었는데, 우리말로 옮기면 '지도자를 물리치다'가 된다. 존 테니엘 경은 비스마르크를 항해사나 조종사를 뜻하는 pilot에 빗대어 풍자했다.

빌헬름 2세는 비스마르크와 정반대로 외치에서는 대외 확장 정책, 내치에서는 적극적인 노동인권 정책을 폈다. 빌헬름 2세는 사회주의 정당을 허용했고, 만 13세 이하 어린이의 노동을 금지했으며, 청소년과 여성들의 노동시간을 규제했다. 아울러 노동재판소를 설치하는 등 사회 안정을 위한 노동인권 정책을 쏟아냈다. 덕분에 빌헬름 2세는 '노동황제'라는 별명을 얻기도 했다.

노동황제와 죽어라 일만 하라고 외치는 재상의 관계가 온전할 리 만무했다. 빌헬름 2세와 비스마르크는 자주 대립하며 정쟁을 일삼았다. 급기야 빌헬름 2세는 비스마르크의 연적들인 사회주의 정당 및 가톨릭계 정당과 손을 잡고 비스마르크를 공격했다. 결국 1890년 총선에서 비스마르크 정파인 국민자유당은 대패했고, 비스마르크도 수상 자리에서 해임되고 말았다. 중요한 사실은 당시 독일 국민들은 노동 탄압을 일삼았던 비스마르크의 퇴진을 열광적으로 반겼다는 점이다.

비스마르크가 다시 독일 제국의 영웅으로 추앙된 것은 빌헬름 2세의 대외 확장 정책으로 제1차 세계 대전이 터지고, 유럽 제일의 공업국가였던 독일이 전쟁으로 폐허가 된 이후였다. 나라에 위기가 찾아오면 철혈 정치인의 향수도 함께 찾아오는 걸까? 한때 내쳤던 정치인의 복귀를 독일 국민들이 다시 용인했다는 사실은 퍽 아이러니하다.

왜 스타크래프트의 '드라군'을 '용기병'이라 부를까?

실제 역사에 등장했던 가상 게임 속 유닛

스타크래프트 게임에 등장하는 여러 유닛들 중에서 자주 볼 수 있는 유닛으로 '드라군(dragoon)'이란 게 있다. 프로토스 종족을 선택하면 생산할 수 있는 유닛으로 네 발 달린 거미처럼 생긴 게 있는데, '용기병'이란 이름으로 불리기도 한다. 게임 설정에 따르면 극심한 부상을 입은 병사의 육신을 기계 속에 넣어 만들어진다고 나와 있는데, 왜 하필 용기병이라고 불리는 걸까?

그 이유는 이 드라군 즉 용기병이란 병종이 게임에서 가상으로 만든 것이 아니라 실제 역사 속에서 존재했었기 때문이다. 스타크래프트 게임에서 그 이름을 차용했을 뿐이다. 여기서 용기병(龍騎兵)은 글자그대로 불을 뿜는 '용(dragon)'을 상징하는 바, 드라군이란 병종이 길이가 짧은 머스킷이나 권총 등 개인화기를 들고 다니면서 전장에서 불을 뿜어댔기 때문에 붙은 이름이었다.

에두아르 드타유, 〈트로피, 1806, 제4 용기병 부대〉, 1898년, 캔버스에 유채, 파리 군사 박물관

기병일까, 보병일까?

1870년경 프로이센 올덴부르크 지역의 소총을 든 용기병

과거 드라군 부대를 그린 그림들을 보면 대부분 일반 기병과 분간이 가지 않게 그렸기 때문에 어떤 이유로 '기병대(cavalry)'와 별도로 용기병이라 불리게 됐는지 알기 힘들다. 205쪽 프랑스 출신의 전쟁화가 에두아르 드타유Edouard Detaille, 1848~1912가 그린 회화에는, 나폴레옹이 프로이센을 대파하고 베를린으로 입성한 예나(Jena)전투에서 프로이센 깃발을 거머쥔 프랑스 용기병이 전면에 등장한다. 하지만, 그림만 보면 프로이센 깃발을 거머쥔 병사는 기마병에 가깝다. 그런데 파리 군사 박물관에는 이 그림의 제목이 'Le Trophee, 1806, 4th Dragoon Regiment'라고 명기돼 있다. 우리말로 옮기면 '트로피, 1806년, 제4 용기병 부대'가 된다.

18세기까지 기병대는 주로 말 위에서 칼을 휘둘렀고, 소총을 들고 다니는 기병은 '총기병(carbineer)'이란 별칭이 따로 있었다. 이 기병용 소총은 흔히 장교용 소총으로 알려진 '카빈(carbine)'의 어원이 되기도 했다.

아무튼 드라군 즉 용기병은 그들이 항상 '드래건(dragon)'이라는 이름의 소총으로 무장한 데서 그 명칭이 비롯됐다는 게 정설이다. 기병을 중시한 제정 러시아에서는 1631년부터 용기병 제도를 도입하여 17세기 말에는 1200명, 제1차 세계 대전 이전에는 22개 연대의 용기병을 편성했다고 한다.

그때부터 각국의 기병들은 소총을 휴대하는 것이 상식화되었고, 그 중에는 말 대신 장갑차로 이동한 용기병도 생겨났다고 한다.

제1차 세계 대전 당시 독일 기계화 보병

사실 용기병은 기병대가 아니라 보병대로 편성됐다. 이들과 기병 병종과의 가장 큰 차이점은 말 위에서 싸우지 않는다는 것이다. 기병대는 말 위에서 칼을 휘두르며 일거에 돌진해 적의 보병 방진을 깨트리는 역할을 하고, 총기병들도 말 위에서 달리며 사격을 했다. 이와 달리 드라군은 말에서 내려서 싸우는 병종이었다. 말은 어디까지나 전장까지 타고 가는 교통수단이었던 셈이다.

그래서 흔히 이 드라군 부대를 현대 '기계화 보병'의 선조격으로 보곤 한다. '기계화 보병'은 전투에서 기동력을 높이기 위해 차량이나 장갑차에 탑승해 전차 부대를 따라다니며 전선에 도착하면 장갑차에서 내려 보병으로서 싸우는 부대를 일컫는다.

당시 기병대는 오랜 훈련을 통해 양성해야 하고 말을 많이 보유해야 하는 만큼 비용이 만만찮게 소요됐기 때문에 대규모로 운용할 수가 없었다. 이런 기병의 생산 한계와 보병의 기동성 향상을 고민하는 상황에서 만들어진 부대가 승마보병인 용기병이었다고 할 수 있다.

전쟁사 최초의 하이브리드 병종

용기병이 유럽에서 등장한 것은 정확치 않지만 17세기 이후 30년전쟁을 통해 나타난 것으로 보고 있다. 30년전쟁 당시 스웨덴의 뛰어난 전략가로 이름이 높았던 국왕 구스타프 2세 아돌프 Gustav II Adolf, 1594~1632(315쪽 참조)가 이 드라군을 활용한 승마보병 작전을 자주 펼쳤는데, 전선에서 가치가 입증되자 많은 나라에서 양성됐다고 전해진다.

스웨덴이나 북구 지역에서 드라군을 편성하게 된 이유는 상대적으로 다른 나라에 비해 크기가 작은 '말' 때문이었다. 작은 말들은 흉갑을 착용하고

스웨덴이나 북구 지역에서 드라군을 편성하게 된 이유는 상대적으로 다른 나라에 비해 크기가 작은 '말' 때문이었다. 작은 말들은 흉갑을 착용하고 각종 소총과 무기로 무장한 기병대 남성의 무게를 버티기가 힘들었다. 그렇기에 보병의 이동수단으로 운용하는 것이 보다 효율적이었다. 그림 속 인물은 드라군을 활용한 승마보병 작전을 자주 펼친 것으로 알려진 스웨덴 국왕 구스타프 2세 아돌프. 그가 올라 탄 말 역시 비교적 작아 보인다.

각종 소총과 무기로 무장한 기병대 남성의 무게를 버티기가 힘들었다. 그렇기에 보병의 이동수단으로 운용하는 것이 보다 효율적이었다.

동아시아 지역에서는 용기병이 주로 일본에서 많이 활용됐던 것으로 알려져 있다. 대표적인 동양의 드라군이 바로 '사무라이'라는 것이다. 사무라이들은 주로 말을 타고 칼을 휘두르는 모습이 그림에 많이 남아있지만, 실제로는 말은 교통수단으로 쓰고 전선에서는 말에서 내려 사병들과 함께 보병으로 싸우는 일이 많았다고 한다.

다케우치 게이슈(Takeuchi Keishu, 1861~1942), 〈말 위의 사무라이〉, 목판에 채색(우키요에)

16~17세기까지 일본에서도 북유럽 국가들처럼 현대 승마 종보다 훨씬 작은 말을 운용했고, 이런 작은 말은 보병 방진을 공격할 때 충격력이 약해 돌파에 큰 도움을 주지 못했기 때문에 주로 말 위에서 활을 쏘거나 말에서 내려와서 싸웠다고 알려져 있다.

이후 유럽에서는 18세기로 넘어가면서 일반 기병대와 마찬가지로 드라군들도 마상 돌격과 사격 등을 익히면서 필요에 따라 기병의 일부로 편제되기도 했다. 말에서 내리면 보병, 다시 타면 기병이 되는 하이브리드 병종이 된 셈이다. 그만큼 전장에서 많이 활약하다보니 용기병이란 이름이 붙게 됐던 것이다.

War History Gallery

정말 기후를 조작해 무기로 쓸 수 있을까?

기후의 전쟁사

소설 『삼국지연의』에서 천재 군사 제갈량의 이미지를 가장 많이 투사시킨 장면은 바로 적벽대전에서 '동남풍(東南風)'을 불러오는 대목이다. 제갈량이 남병산(南屛山)에 올라가 칠성단을 만들고 7일 밤낮으로 기도하며 동남풍을 빌자, 정말로 적벽의 풍향이 바뀌면서 주유의 화공책이 멋지게 성공한다.

이 적벽대전 이야기처럼 신선과 같은 뛰어난 초자연능력을 지닌 인물이 기후를 조작해 적은 병력의 군대로 대군을 이기는 이야기는 전 세계 어디에나 있는, 영웅담의 대표적인 클리셰(cliche)다. 이는 과거부터 현대까지 기상의 급작스런 변화가 개별 전투 및 전쟁 전체에 미치는 영향이 워낙 컸기 때문이다.

존 길버트 경, 〈1415년 10월 25일 아쟁쿠르전투의 아침〉, 1884년, 캔버스에 유채, 소장처 및 화폭 크기 미상

막강한 프랑스 기병대의 기동력을 무력화시키다

전쟁사를 살펴보면, 전투 중에 비가 한번 내리느냐 마느냐에 따라 승패가 갈린 경우가 적지 않다. 비 때문에 예상됐던 승패가 완전히 뒤집어진 전투로는 중세시대 프랑스와 영국 간 '100년전쟁' 후반부에서 중대한 분기점이 되는 '아쟁쿠르(Agincourt)전투'가 있다. 이 전투는 당시 완전 무장한 프랑스 기사단 3만여 명이 퇴각하던 영국군 6000여 명을 추격해 따라 잡아 벌어진 전투로 당연히 프랑스군이 영국군을 압살할 것이라 생각했다.

그러나 전투 과정에서 갑자기 소나기가 쏟아졌다가 그치고 해가 뜨면서 프랑스군은 매우 불리한 여건에 빠지고 말았다. 일단 땅은 진창이 됐고, 떠오른 한낮의 해를 정면으로 바라보고 싸워야하는 상황이 되자 혼란에 빠진 기사단은 무작정 돌진하기 시작했고, 영국 궁수들은 차분히 기사들을 향해 화살비를 날리면서 프랑스군은 압도적 전력을 가지고도 참패했다.

윌리엄 새들러(William Sadler, 1782~1839), 〈워털루전투〉, 캔버스에 유채, 81×177cm, 내셔널 갤러리, 런던

19세기 영국의 화가 존 길버트 경Sir. John Gilbert, 1817~1897은 〈1415년 10월 25일 아쟁쿠르전투의 아침〉(211쪽)이란 그림에서 노르망디 해안의 작은 마을 아쟁쿠르에서 벌어진 전투를 사료의 근거에 충실하게 묘사했다. 그림 속 하늘은 당장이라도 폭우가 쏟아질 것처럼 먹구름이 짙다. 이를 직감한 듯 새들이 떼 지어 날아간다. 도망하는 영국군을 쫓는 프랑스 기병대는 하늘을 가득 메운 먹구름에 위축된 모습이다. 소나기가 퍼부으면 기병대의 기동력은 크게 위축될 수밖에 없기 때문이다.

아쟁쿠르전투의 경과와 비슷한 일은 우리나라 역사에서도 찾아볼 수 있다. 바로 임진왜란 당시 벌어진 충주 '탄금대전투'다. 탄금대전투에서도 초반 잘 싸우던 신립申砬, 1546~1592 장군의 기병대는 갑자기 내린 비로 땅이 진창으로 바뀌어 기병대가 기동력을 잃으면서 조선군의 참패로 끝나고만다. 초반에는 신립의 기병대가 크게 활약하면서 고니시의 1군은 숫적인 우세에도 불구하고 상당한 사상자를 냈다.

영국군이 인도에서 벌였던 '플라시(Plassey)전투'나 나폴레옹Napoléon Bonaparte, 1769~1821의 천하가 완전히 끝장난 '워털루(Waterloo)전투' 등 전쟁사에 길이 남는 전투들의 승패에도 비가 매우 중요한 역할을 했기 때문에 고대부터 비를 부르거나 기후를 변화시켜 군용 무기로 이용하고자 하는 욕망은 전 세계 어디서나 존재했다.

최근에는 영화 〈지오스톰〉처럼 기상 조절 프로그램이 이상 변화를 일으켜 대재앙을 일으킬 수 있다는 SF 영화까지 나왔다. 미국에서 은밀히 기후 조절 무기를 개발하고 있다는 음모론까지 제기되는 등 기후 무기에 대한 관심은 더욱 높아지고 있다.

기후 무기, 진실이냐 음모론이냐?

기후 무기에 관한 구체적 음모론이 제기된 것은 1946년경 미국에서 인공강우 기술이 개발되면서부터다. 인공강우 실험의 첫 번째 성공은 1946년 미국 제너럴 일렉트릭(GE) 연구소에서 항공기를 이용해 구름 속으로 드라이아이스를 살포한 실험이었다. 이듬해 드라이아이스보다 요오드화은(AgI)이 인공강우용 구름씨 물질로 더욱 적당하다는 것이 알려지면서 미국은 인공강우 항공 실험에 박차를 가했다고 한다. 이를 계기로 1950년 미국에서 기상조절학회(Weather Modification Association)가 창설됐고, 인공강우 기술은 엄청난 발전을 이뤘다.

미국과 함께 중국과 러시아, 일본 등 세계 열강들은 앞 다퉈 인공강우 기술에 대해 높은 관심을 보여 왔다. 특히 중국은 세계에서 가장 대규모 인공강우 시스템을 확보하고 있고, 중앙정부는 물론 지방정부들도 앞 다퉈 인공강우를 시행하고 있다. 지난 2008년 베이징 올림픽 개막식과 폐막식 때는 맑은 하늘을 위해 인공강우용 로켓을 1000개 넘게 발사하기도 했다. 아예 비구름이 베이징 상공에 생겨나지 못하도록 미리 막아버린 것이다.

다만, 잦은 인공강우로 다른 지역까지 비구름 형성을 방해한다는 이유로 각 지방정부끼리 분쟁 요소가 되기도 한다. 심지어 앞으로 인공강우 기술이 발전하게 되면 근거리 적국의 가뭄을 유도하기 위해 잦은 인공강우를 일으키는 전략 무기로 활용될지도 모른다는 우려도 제기된다.

여기서 조금 더 나아가, 인위적으로 태풍을 일으키거나 지진을 일으키는 기술도 연구되고 있다는 소문도 들려온다. 인공태풍이나 인공지진을 전략무기화 한다면 핵무기보다 더 끔찍하고 부도덕한 일이 아닐 수 없다. 물론, 인공태풍과 인공지진은 지금의 과학기술 수준으로는 음모론의 혐의가 짙

영화 〈지오스톰〉에 나오는 기후 조작용 위성

다는 게 전문가들의 견해다.

아무튼 인공강우가 초래할 국지적 기후 변동과 이로 인해 생겨날 세계 기후 변동에 미칠 악영향을 간과해선 곤란하다. 인공강우의 폐해와 부작용은 결국 그것을 만든 나라에 부메랑이 되어 고스란히 자연재해로 돌아갈 수 있다는 전문가들의 경고를 경청해야만 한다. 비바람과 벼락을 내리쳐 적군을 물리치는 도사나 마법사의 모습이 언제까지 무협지나 판타지 속에서 그려지는 이야기가 아닐 수 있다고 생각하니 갑자기 서리라도 내릴 것 같이 등짝이 오싹해온다.

'철수'가 '진격'보다 힘든 까닭

현대전에서 가장 성공한 양대 철수작전

'전투 없는 전쟁 영화'가 재미있을까? '앙꼬 없는 찐빵'을 생각하면 영 아니올시다 생각이 들다가도 크리스토퍼 놀란Christopher Nolan 감독의 영화 〈덩케르크〉를 떠올리면 '전투 없는 전쟁 영화'도 재미있을 수 있겠구나 싶다. 〈덩케르크〉의 홍보성 문구에는 '전투 없는 전쟁 영화'라는 타이틀이 붙어 있었다. 찐빵이 앙꼬 없이도 맛있을 수 있다는 걸 보여주겠다는 놀란식 자신감이었을까. 아무튼 〈덩케르크〉는 꽤 재밌었고, 나름 흥행 성적도 나쁘지 않았다.

이 영화는 제2차 세계 대전 초반, 전멸 위기에 놓였던 연합군에 기사회생의 기회를 준 철수작전인 '다이나모(Dynamo)작전'을 소재로 삼았다. 다이나모작전은 1940년 5월 26일부터 6월 4일까지 영국과 프랑스, 벨기에 연합군이 프랑스 북부 덩케르크(Dunkerque)에서 독일군의 포위 공격에 맞서 싸우며 영국 해협을 건넌 기적의 철수작전을 가리킨다.

독일 출신의 화가 빌헬름 폰 카울바흐(Wilhelm von Kaulbach, 1805~1874)는 〈살라미스 해전〉(1868년, 캔버스에 오일, 막시밀리아네움, 뮌헨)을 마치 한편의 신화를 연상시키듯 묘사했다. '살라미스 해전'은 고대 전쟁사에서 잘못된 철수작전으로 전세가 역전된 대표적인 전쟁으로 꼽힌다.

실제로 덩케르크 철수작전은 한국전쟁에서의 흥남 철수작전과 함께 현대전에서 가장 성공한 양대 철수작전으로 불린다. 적군이 육·해·공 3면에 걸쳐 다각적인 파상 공격을 해오는 현대전에서 철수작전이 성공하는 것은 기적과 같은 일이다. 덩케르크 철수작전은 30만이 넘는 병력이 영국으로 탈출에 성공해, 연합국 반격의 기반이 됐다. 역시 10만 명 이상이 탈출에 성공한 흥남 철수작전 역시 크리스마스의 기적으로 불리곤 한다.

적에게 등을 보일 때만큼은 매우 신중해야

전쟁사에서 철수작전은 군대의 진격에 비해 몇 곱절이나 힘든 일로 알려져 있다. 특히 개인화기 등 무기 체계가 크게 발달하지 않았던 과거에는 승패의 대부분을 좌우하는 것이 군대의 진형을 유지하는 군의 '사기(士氣)'였다. 따라서 한번 군의 사기가 꺾이면 걷잡을 수 없이 부대 전체가 무너지기 쉬웠다. 그래서 적에게 등을 돌려야만 하는 퇴각은 진격보다 훨씬 신중히 진행될 수밖에 없었다. 뿐만 아니라 물러나는 마당에 적이 배후를 기습하면 진형이 와해되기 쉬웠기에 더더욱 조심스러웠다.

전쟁터 사령관들의 고민이 경제학으로 넘어와 만들어진 단어가 '출구전략(exit strategy)'이다. 출구전략은 현대에 들어와서는 재정 확대 정책을 펼치던 정부가 인플레이션과 경기 침체 우려 사이에서 줄타기를 잘 하면서 재정 축소 정책으로 넘어가는 전략을 의미하게 됐지만 원래는 전쟁터에서 쓰이던 말이었다.

아무튼 군을 이끄는 장군들에게 대단히 중요한 것은 군량과 함께 퇴각시점을 정하는 것이었다. 『삼국지』에서 북벌로 유명한 제갈량도 5차에 걸친

찰스 어네스트 컨달(Charles Ernest Cundall, 1890~1971), 〈덩케르크에서의 철수〉, 1940년, 캔버스에 유채, 101×152cm, 제국 전쟁 박물관, 런던

북벌에서 가장 많은 신경을 쓴 부분이 퇴각 문제였다. 첩첩산중을 좁다란 잔도를 통해 넘어온 촉군은 한꺼번에 퇴각하는 게 쉽지 않기 때문에 병력의 손실 없는 퇴각을 위해서는 갖가지 작전이 필요했다. 군량을 비롯한 기본적인 보급 상황, 군의 사기, 이동 속도, 노면 상태, 기상 조건 등 모든 외부 변수들과 함께 적장의 생각까지 읽어내야만 했다. 병사들의 목숨을 쥐고 있는 장군의 입장에서 전면적인 철수 명령을 내리는 건 결코 쉬운 일이 아니었다.

5차 북벌에서 오장원에 진격했던 제갈량은 자신의 죽음이 임박하자 퇴각을 맡은 양의와 강유에게 적군이 몰려오면 진군하는 척해서 적군을 속

일 것을 당부했다. 그의 예상대로 적장인 사마의는 촉군이 반격하는 것으로 착각해 군사를 물리고 촉군은 무사히 퇴각했다. '죽은 공명이 산 중달을 내쫓았다(死孔明走生仲達)'는 고사 역시 촉군의 철수작전 속에서 나온 말이다.

실패한 철수의 잔혹사

제갈량이 이끌던 촉군은 운이 좋은 셈이었지만 동서고금을 막론하고 전쟁의 승패는 대부분 철수작전의 실패에서 비롯된 경우가 많았다. 고대 그리스와 페르시아 전쟁의 성패를 가른 살라미스 해전의 경우, 페르시아군은 아테네와 스파르타를 잇달아 함락시킨 뒤 전리품을 싣고 방심하며 철수하다 그리스 연합군의 기습작전에 당해 패하고 말았다. 로마 공화정 말기 로마의 정권을 두고 다퉜던 옥타비아누스Octavianus Gaius Julius caesar, BC63~AD14와 안토니우스Marcus Antonius, BC83~BC30 간의 악티움 해전도 안토니우스가 정세 변화를 기다리고자 이집트로 퇴각을 지휘하다가 참패한 전투로 기록돼 있다.

병력과 물자의 사용이 무제한급으로 변한 근·현대전에서 철수작전을 잘못하면 승패뿐만 아니라 나라 전체의 운명도 뒤바꾸곤 했다. 전쟁의 천재로 알려진 나폴레옹Napoléon Bonaparte, 1769~1821이 몰락한 이유를 보통 러시아 원정의 실패로 드는데, 이는 보급 상황에 대한 낙관적 전망으로 적절한 퇴각 시점을 놓쳤기 때문이란 분석이 지배적이다. 나치 독일 역시 나폴레옹과 똑같은 전철을 밟으며 소련과 대치한 동부 전선에서 재빨리 전력을 철수시키지 못한 탓에 지연전을 거듭하며 전력에 큰 손실을 입었고, 마침내 제2차 세계대전에서 참패하며 몰락하고 말았다.

러시아 출신의 전쟁화가 바실리 베레시차긴(Vasily V. Vereshchagin, 1841~1904)이 그린 〈On the Big Road〉(캔버스에 유채, 1812년 애국 전쟁 박물관 소장)에는 러시아 원정에서 실패한 나폴레옹이 자신의 군대를 이끌고 얼어붙은 길 위로 힘없이 후퇴하는 모습이 담겨 있다.

이러한 철수작전 실패가 남의 나라 이야기만은 아니다. 한국전쟁에서도 흥남 철수작전은 성공한 작전으로 기록돼 있지만 한강교 폭파작전은 최악의 철수작전 중 하나로 남아있다. 당시 지나치게 빨랐던 한강교 폭파로 인해 상당수 국군 병력이 철수하지 못하고 서울 북부에 고립돼 각개격파 당한 것은 뼈아픈 실책이 아닐 수 없다. 지금까지도 한강교 폭파작전은 불확실한 정보 속에 놓인 위기 상황에서의 조치였다는 점에서 명확한 책임 소재를 두고 논란이 이어지고 있다.

아무튼 전쟁에서만큼은 물러서는 것이 나아가는 것보다 훨씬 힘든 일이다. 이기기 위해서는 물러설 줄도 알아야 한다. '이보 전진'만 알고 '일보 후퇴'를 모르는 장수는 결국 영원히 퇴출되고 마는 것이다.

무기 대신 트럼펫을 들었던 늙은 나팔수를 기억하며

크라쿠프 광장의 나팔소리는 왜 갑자기 멈추는 걸까?

폴란드의 옛 수도인 크라쿠프(Krakow) 시의 광장에 가면 매 시간마다 나팔소리가 울려 퍼진다. 광장 한가운데 위치한 성모 마리아 대성당 첨탑에서 울려 퍼지는 이 나팔소리는 〈헤이날(Hejnal)〉이란 곡이다.

헤이날은 고대부터 크라쿠프 성의 시간을 알려주거나 행사 때 울리는 알람과 같은 역할을 했다. 과거 유럽에서는 이른 새벽에 도시의 성문을 여닫는 신호로 〈헤이날〉을 연주하기도 했다. '헤이날'은 헝가리어로 '여명'을 뜻한다고 한다.

특이한 점은 크라쿠프의 성모 마리아 대성당 첨탑에서 울려 퍼지는 〈헤이날〉은 항상 중간에 뚝 끊기면서 끝난다는 사실이다. 매시간 이 나팔소리는 누군가의 방해를 받아 끊어지듯 갑자기 중간에 멈춘다.

여기에는 사실 슬픈 사연이 있다. 〈헤이날〉을 중간에 뚝 끊는 것은 몽골

작자 미상, 〈크라쿠프의 나팔수〉, 제작연도 미상

작자 미상, 〈레그니차전투〉, 1353년, 폴 게티 미술관, 로스앤젤레스

군이 크라쿠프를 침공했던 1241년 당시 숨이 끊어질 때까지 나팔을 불어 도시에 위급함을 알린 이름 없는 나팔수를 추모하기 위함이다. 이 나팔수는 몽골군의 화살이 그의 목을 관통할 때까지 나팔을 불었고, 소리가 중간에 끊기는 것은 그때의 그 상황을 재현하기 위한 것이라 한다.

지금은 폴란드의 수도가 바르샤바(Warsaw)지만 원래 폴란드의 수도는 7세기경에 세워진 것으로 알려진 고도(古都) 크라쿠프였다. 이 도시는 동유럽의 중심 도시 중 하나로 크게 번성했지만 1241년 몽골군의 침공으로 잿더미가 됐던 아픈 역사를 지니고 있다. 이 역사와 만나려면 칭기즈 칸Chingiz Khan, 1155~1227의 손자인 바투 칸Batu Khan, 1227~1255이란 인물의 행적을 살펴봐야 한다.

그가 1년만 더 살았어도 세계지도가 변했을 것이다

바투는 칭기즈 칸의 첫째 아들인 주치 카사르Hasar, 1164~1244의 아들이다. 주치는 칭기즈 칸의 큰 아들로 장자는 고향에서 가장 먼 곳을 상속받아야 한다는 몽골의 풍습에 따라 러시아 초원지대 일부를 물려받았다. 장자인 주치의 둘째 아들인 바투는 형제들과의 경쟁을 물리치고 주치로부터 계승권을 이어받았고, 1236년 볼가강을 건너 대원정을 단행해 1240년까지 러시아 일대를 완전히 평정했다.

살아남은 러시아 귀족들은 폴란드와 헝가리 등 인근 지역으로 대피해 몽골군의 무서움을 알렸고, 이에 동유럽 각국은 몽골군과 맞서기 위해 전쟁 준비를 서둘렀다.

한편, 바투는 유럽 원정군으로 15만 대군을 조직한 뒤, 몽골 제국 내에서도 백전노장으로 이름이 높았던 수부타이Subutai, 1176~1248 장군을 대동해 1241년 4월에 군을 나눠 폴란드와 헝가리로 동시에 진군했다.

미처 제대로 대비를 못한 상태로 첫 공격을 받은 폴란드군은 순식간에 박살이 나고 말았다. 크라쿠프를 비롯해 각 도시가 잿더미로 변했고 몽골군은 계속 서진했다. 이에 놀란 동유럽 일대 국가들은 연합군을 형성했고 1241년 4월 19일, 슐레지엔 공 하인리히 2세Heinrich II가 이끄는 5만의 연합군은 몽골군과 폴란드 서부 지역인 레그니차(Legnica)에서 격돌했다.

슐레지엔과 모라비아, 폴란드, 튜튼기사단 등 여러 나라에서 모인 연합군은 작은 조랑말을 타고 조잡해 보이는 단궁을 든 몽골군을 보고 코웃음을 치며 서로 공을 세우겠다고 앞 다퉈 진군했다. 총사령관인 하인리히 2세는 적의 작전에 휘말릴 것을 염려해 이를 막으려 했으나 말도 잘 안 통하는 유럽 각지에서 온 연합군을 통솔하기는 매우 어려운 일이었다.

결국 본대인 보병대와 상당히 거리가 떨어진 유럽의 기사들은 그들을 포위한 몽골의 정예 기병대와 만나 참패했고 뒤이어 보병대도 각개격파 되면서 유럽연합군은 처참하게 몰살당했다.

헝가리 방면으로 진격했던 몽골군도 사요강 전투에서 헝가리군을 대파하고 헝가리 대부분 지역을 잿더미로 만들었다. 유럽 전역이 공포에 휩싸이는 동안 바투는 오스트리아 인근에서 병력을 규합해 서유럽으로 가는 길목인 비엔나로 진격했다. 바투는 독일과 프랑스를 정복할 계획도 세웠기 때문에 이 계획이 실현됐으면 영국을 제외한 서유럽 대부분이 몽골군의 손에 넘어갈 수도 있는 상황이었다.

이때 그야말로 기적처럼 몽골군이 갑자기 퇴각했다. 몽골 제국의 지도자인 오고타이 칸Ogotai Khan, 1185~1241이 갑자기 사망하면서 바투 역시 몽골로 돌아가야 했기 때문이다. 당시 칭기즈 칸이 정한 규칙에는 지도자인 칸이 사망하면 일족들은 무조건 몽골 제국의 수도인 카라코룸으로 돌아가야 한다고 정해져 있었다. 칭기즈 칸이 정한 규칙에는 어떤 이유나 단서도 달 수 없었다.

이후 바투는 몽골 제국 내에서 일족들과의 정치적 분쟁 끝에 자신의 영지를 포함해 킵차크한국이란 나라를 건국했고 유럽 원정에 대한 관심이 줄어들면서 종전의 유럽 원정 작전을 포기했다.

결국 오고타이 칸이 1년만 더 살았어도 세계사가 완전히 달라졌을 것이란 가정은 충분히 가능성이 있는 이야기였던 셈이다. 물론 역사에 '만약'이란 가정은 허락되지 않지만 말이다.

'폴란드의 정서'가 된 노래

자, 다시 크라쿠프의 나팔수에 얽힌 사연으로 돌아가 보자. 크라쿠프의 나팔수 이야기는 20세기 초 에릭 P. 켈리Eric P. Kelly, 1884~1960라는 미국인 저널리스트로 인해 세상에 알려졌다. 켈리는 1925년경 크라쿠프 인근에 있는 대학에서 교환교수로 지내는 동안 크라쿠프의 나팔수 이야기를 전해 들었다고 한다. 켈리는 너무나 슬프고 감동적인 이 이야기를 소재로 동화를 써 출판했고, 이 책은 전 세계 수많은 사람들을 감동시키며 베스트셀러가 됐다.

그 후 제2차 세계 대전 당시 이탈리아 몬테카시노전투에서 연합군이 승리하는 데 결정적 역할을 한 폴란드군대는 〈헤이날〉을 연주했다. 〈헤이날〉이 폴란드의 정서를 상징하는 순간이었다.

에릭 P. 켈리가 쓴 동화 『크라쿠프의 나팔수』 표지

크라쿠프 시 인근에 그려진 '크라쿠프 나팔수' 그라피티

서구 도심의 높은 첨탑들이 총알 제조에 쓰인 사연

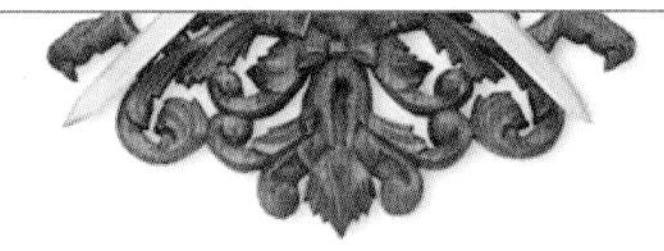

첨탑에 군사적 기능이!

서양의 전통적인 도심들을 방문했을 때, 곧바로 느낄 수 있는 시각의 차이는 건물들이 보여주는 스카이라인(sky line)이 우리네 전통 가옥들과 완전히 다르다는 점이다. 대궐이나 사찰을 제외하면 2층 이상 건물을 쉽게 찾아볼 수 없는 우리 전통 가옥에 비해 서구 도심의 건물들은 높은 첨탑(spire)들을 지니고 있다. 교회뿐만 아니라 도심지의 시계탑, 성곽의 감시탑(watch tower), 시청이나 교회의 종탑 등 온통 탑들 천지다.

이 탑들은 물론 각자 고유 역할들이 따로 있었지만 기본적으로는 방어시설 용도로 많이 알려져 있다. 종탑에서는 적군이 쳐들어 왔을 때 재빨리 종을 울려 도심 전체에 위기를 알렸고 감시탑은 적군을 감시하며 적을 향해 원거리 공격을 할 때 활용됐다. 고딕양식의 거대한 석조 교회의 첨탑들도 비상시 군사적 기능을 갖추고 있는 건물들이었다. 그런 이유에서였을

프랑스 파리 샤틀레역 근처에 위치한 '생 자크 탑'은 원래 생 자크 교회의 부속 첨탑이었으나 1797년 대혁명의 여파로 교회가 없어지고 난 뒤에 탄환제조탑으로 건물의 용도가 바뀌었다. 사진은 프랑스 사진작가 샤를 술리에(Charles Soulier, 1840~1873)가 1867년에 앵글에 담은 것으로, 뉴욕 현대 미술관(MoMA) 소장.

까, 첨탑의 'spire'는 앵글로-색슨어로 뾰족한 '창'을 뜻하는 'spear'에서 유래했다.

샷 타워를 아시나요?

그런데 이 첨탑들은 총기가 개발되고 전장에서 개인화기로 정착한 16세기 이후부터는 방어 용도로만 쓰인 것이 아니라 총알 제조에 이용되기도 했다. 총알 제조에 쓰인 탑을 가리켜 '샷 타워(shot tower)'라 하는데, 오로지 총알 제조로만 쓰인 탑들이 유럽은 물론 미국과 호주 등지에도 많이 남아 있다.

얼핏 들으면 총알과 탑이 무슨 관계인가 싶지만 19세기 중엽까지만 해도 총알을 제조하려면 반드시 높은 탑이 필요했다. 여기에는 근대 초기 시절까지 크게 발전하지 못했던 야금술과 주물공정 등 기술적 한계를 극복하기 위한 사연이 숨어있다. 유럽인들은 자유낙하하는 액상 형태의 물질은 최대한 구형에 가까운 형태를 가진다는 생활 속 상식에서 총알 제조의 비결을 터득했고, 이를 위해 건물의 첨탑이 매우 유용한 총알 제조 도구라는 사실을 알아냈다.

빗방울의 자유낙하 원리로 만든 구형의 총알

19세기 중엽까지 총탄을 만드는 것은 매우 힘든 일이었다. 그 시절 총기는 오늘날과 달리 흑색화약을 이용하는 화승총과 여기서 좀 더 발전한 부싯돌로 점화하는 플린트락 머스킷(flint-lock musket)이 전부였다. 작고 동그란 총

영국의 풍경화가 토머스 게인즈버러(Thomas Gainsborough, 1727~1788)가 그린 〈로버트 앤드류 부부의 초상화〉(1748년, 69.8×119.4cm, 런던 내셔널 갤러리 소장)에는 플린트락 머스킷을 들고 사냥을 나서기 전 포즈를 취하고 있는 18세기 영국 귀족 남성의 모습이 묘사됐다.

알을 총구에 직접 넣어 쏘는 전장식 발사에서는 총알을 발포하는 데 걸리지 않게 매끄러운 구형을 유지하는 것이 중요했다.

문제는 이 매끄러운 구형의 탄환을 만드는 것이 매우 어렵다는 사실이다. 기존의 대형 대포알의 경우에는 가격이 싼 돌을 깎아 만든 석포환을 쓰기도 했지만 표면이 거칠어서 포신이 좁은 총기에서 사용하기는 어려웠다. 표면도 매끄럽고 그나마 가공이 쉬운 납을 사용했지만 납도 최대한 구형으로 제조하려면 시간이 너무 오래 걸렸다.

이때 기술자들이 주목한 것은 빗방울이었다. 하늘에서 자유낙하해 떨어

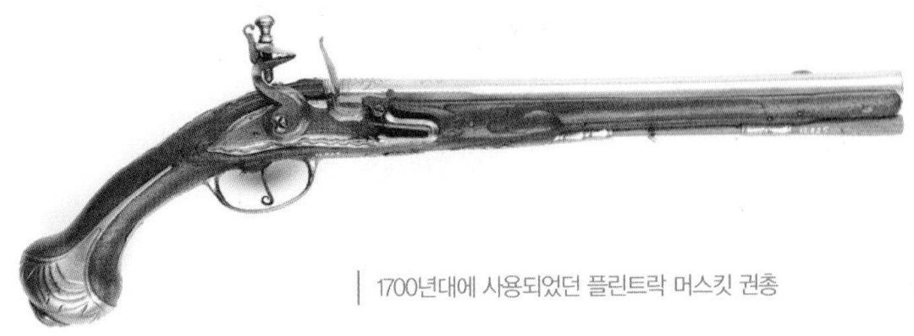

1700년대에 사용되었던 플린트락 머스킷 권총

진 물방울은 구형을 유지한다는 사실을 알아낸 것이다. 여기에 착안한 기술자들은 높은 첨탑 위에서 납을 녹여 방울로 떨어뜨렸고, 탑 아래에 큰 수조를 준비해 두어 납을 녹인 방울을 담아냈다. 이것을 살짝 가공하면 구형에 가까운 총알을 만들 수 있었다. 이는 짧은 시간에 비교적 많은 양의 총알을 만들 수 있는 획기적인 방법이었다. 이렇게 되자 유럽 각 도시의 총기제조소들은 저마다 탑을 세우기 시작했고, 이 탑들을 '탄환제조탑' 혹은 '샷 타워'라고 부르게 된 것이다.

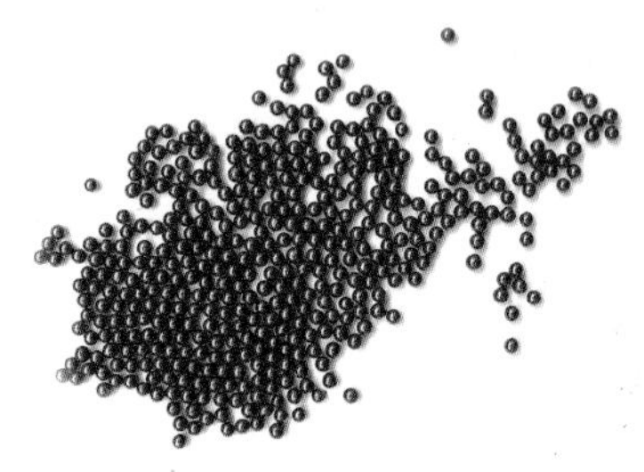

총기가 개인화기로 쓰이면서 사용량이 많아진 납 탄환 모습. 둥근 구형의 모습을 갖춰야 총신 내부에 걸리지 않고 잘 발사됐기에 최대한 둥글게 만드는 것이 관건이었다.

한편, 기존에 교회 첨탑 등으로 쓰이던 탑이 '샷 타워'로 개조된 경우도 있었다. 프랑스 파리의 샤틀레역 근처에 위치한 '생 자크 탑(Saint Jacques Tower)'은 원래 생 자크 교회의 부속 첨탑이었으나 1797년 대혁명의 여파로 교회가 없어지고 난 뒤에 탄환제조탑으로 건물의 용도가 바뀌었다. 지금은 쇼핑센터가 된 호주 멜버른 센트럴 내부에 있는 탑의 명칭이 'Coops Shot Tower'인데, 이 역시 원래는 탄환제조탑이었다.

지금은 쇼핑센터가 된 호주 멜버른 센트럴 내부에 있는 탑의 명칭이 'Coops Shot Tower'인데, 이 역시 원래는 탄환제조탑이었다.

꽃을 든 남자, 그의 이름은 사무라이

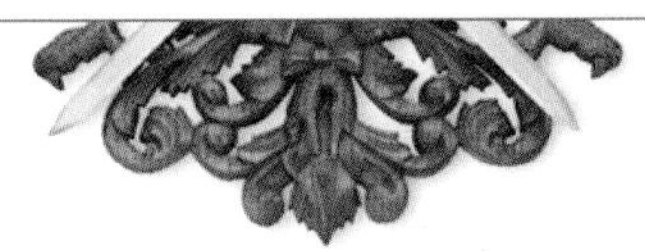

봄꽃 중의 봄꽃

봄의 전령은 단연 '꽃'이다. 개나리, 진달래, 민들레, 영산홍, 찔레꽃, 수산화, 그리고 매화꽃에 이르기까지 셀 수 없을 정도로 많은 봄꽃들이 혹독한 겨울을 이기고 꽃눈을 슬며시 치켜뜨며 어느새 새싹을 피우더니, 곧이어 봉우리 한가득 함박웃음 지으며 온 세상을 눈부시게 수놓는다.

수많은 꽃들의 향연에서 가장 화려하고 찬란한 꽃 단 하나만을 꼽으라면? 매우 어려운 선택처럼 생각되다가 단 1초의 망설임도 없이 '벚꽃'이 떠오른다. 그렇다. 봄꽃 중에 봄꽃은 단연 벚꽃이다.

벚꽃은 3월 말 제주도와 일본 전역을 시작으로 개화해 4월 중순이면 한반도 곳곳으로 퍼져나간다. 일본뿐만 아니라 우리나라에서도 이제 벚꽃축제는 상당히 큰 규모의 지역축제로 성장했다.

그런데 벚꽃축제라고 하면 광복 직전만 해도 왜색이 짙은, 일제의 잔재라

빈센트 반 고흐(Vincent van Gogh, 1853~1890), 〈아몬드꽃〉, 1890년, 73.5×92cm, 캔버스에 유채, 반 고흐 미술관, 암스테르담

유럽에서 아몬드꽃은 극동아시아의 매화처럼 가장 먼저 봄을 알리는 전령이다. 고흐는 일본풍을 유럽에 유행시킨 화가이기도 한데, 그래서인지 그가 그린 〈아몬드꽃〉은 일본에서 흔히 볼 수 있는 벚꽃을 많이 닮았다.

며 매우 금기시되는 분위기였다. 일제가 창경궁과 남산 일대 대규모로 심었던 벚나무들은 해방 직후 대부분 베어버리거나 여의도 일대에 옮겨 심어지기도 했다. 러일전쟁(1904~1905년) 이후 일본 해군이 주둔하면서 심어진 진해의 벚나무들도 이때 베어졌다가 1960년대부터 다시 심어졌다.

벚꽃이 한때 금기시됐던 이유는 왜색이 짙은 꽃 때문만은 아니었다. 그 이유는 일본에서 벚꽃을 사무라이 정신을 상징하는 꽃으로 여겼기 때문이다. 메이지 유신을 거치면서 벚꽃은 주군을 위해 목숨을 초개처럼 버리는 사무라이 정신의 상징처럼 그 의미가 만들어지기 시작했다. 한 번에 피었다가 한 번에 지는 꽃인 만큼 일본인의 민족성과도 일맥상통한다며 당대 지식인들은 벚꽃을 마치 일본의 전통적 국화처럼 만들어갔다.

그러나 일본에서 벚꽃이 국화 반열로 올라온 것은 얼마 되지 않았다. 일단 일본 왕실의 상징 꽃은 '국화(菊花)'이고, 일본 내각의 상징 문양은 오동나무로, 벚꽃은 전통적인 상징물로 쓰이진 않았다.

벚나무가 군수물자가 된 사연

벚꽃이 하나의 상징으로 각광 받기 시작한 것은 근대 일본 군대나 경찰에서 계급장으로 쓰이면서부터다. 일본인들도 중국인이나 한국인처럼 대체로 봄꽃으로는 부유함과 절개를 상징하는 매화를 좋아했다. 정작 사무라이들이 가장 활발하게 활동하던 15~16세기에는 벚꽃놀이를 가는 것을 과거 문벌 귀족들의 허례허식이자 잔재로 여겼다.

오히려 근대 이전 벚나무를 많이 심었던 민족은 조선인들이었다. 그 이유는 벚나무가 조선이 자랑하는 '활'을 만드는데 있어 매우 중요한 군수물자

'팔만대장경'은 장판의 60% 이상이 산벚나무로 제작됐는데, 벚나무는 가로로 잘 쪼개져 목판을 만드는데 유용하다.

였기 때문이었다. 원산지가 히말라야 일대로 알려진 벚나무는 일본뿐만 아니라 중국 대륙과 한반도에도 많이 서식했다고 전해진다. 고려시대 제작된 세계기록유산 '팔만대장경'의 경우에도 장판의 60% 이상이 산벚나무로 만들어진 것으로 알려졌다. 벚나무는 가로로 잘 쪼개져 목판을 만드는데 유용했으며, '화피'라 불리는 껍질은 활을 만드는데 안성맞춤이었다고 한다.

『세종실록지리지』를 살펴보면, 화피가 군수물자로서 평안도 강계 지역과 함길도 일대에서 공물로 바쳐졌다는 기록이 나온다. 『조선왕조실록』 중종 21년 3월 기사에는, 당시 집의(執義) 벼슬에 있던 한승정韓承貞이란 인물이 중종에게, "화피 같은 것은 또한 우리나라에서 금하는 물건인데 중국에 밀무역하여 우리나라에는 하나도 없게 되었습니다"라고 한 기록이 있다. 조선군의 핵심 무기라고 할 수 있는 활을 만드는 군수물자다보니 금수품목으로 지정돼 있었음을 알 수 있다.

정묘 · 병자 호란의 수난을 겪은 뒤, 북벌을 정치적 목표로 삼았던 임금인 효종 때는 벚나무를 대대적으로 심기도 했다. 서울 우이동에 수양벚나무를 심어 나무는 궁재로 삼고, 껍질은 화피를 만들고자 했다는 기록이 뒷받침한다. 당시 심었던 나무들 중 일부가 지리산 밑 구례 화엄사 경내에 옮겨 심어졌다는 이야기도 전해진다.

이후 영조와 정조 연간에는 일본 통신사들에게 벚나무 묘목 수백그루를 가져오게 해 우이동 일대에 심게 했다는 기록도 전해진다. 물론 꽃구경의 대상으로 심어진 것은 아니었지만 그 당시에는 일본보다 오히려 조선에서 전략물자로서 벚나무에 대한 관심이 훨씬 높았음을 알 수 있다.

일제강점기를 거치면서 벚꽃은 이른바 사무라이 무사도를 상징하는 이미지로 굳어지면서 해방 이후 한국에서는 찬밥 신세로 전락한 반면, 일본에서는 전통화 중 하나로 사랑받으며 봄꽃의 대명사가 됐다. 한때 일본에서는 "남자 중의 남자는 사무라이, 꽃 중의 꽃은 벚꽃"이라는, 다소 황당한 말이 유행하기도 했다. 필자는 루스 베네딕트Ruth F. Benedict, 1887~1948의 저작 『국화와 칼』을 읽으며 이 말의 행간에 담긴 의미를 비로소 이해할 수 있었다.

벚꽃과 사무라이 정신

반드시 벚꽃이 아니더라도 꽃과 칼은 전혀 조화롭지 않은 사물이면서도 종종 함께 회자되곤 한다. 미국 출신 인류학자 루스 베네딕트는 저작 『국화와 칼』에서 꽃과 칼을 통해 제2차 세계 대전 당시 일본인의 이중성을 날카롭게 풍자했다. 이 책에서 꽃은 평화를 칼은 전쟁을 상징하는데, 꽃(평화)을 사랑하면서도 칼(전쟁)을 숭상하는 일본인의 이율배반적인 성향을 베네딕트는 날카롭게 지적했다.

베네딕트는 제2차 세계 대전 중인 1944년 6월 미국 국무부로부터 일본에 대한 연구를 의뢰받았다. 그는 한 번도 일본을 가보지 않았던 터라 도서관의 연구 자료와 주변 사람들의 경험에 의존해 보고서를 작성해야 했다.

에도시대 우키요에 화가 우타가와 쿠니사다(Utagawa Kunisada, 1786~1865)가 그린 벚꽃을 배경으로 서 있는 사무라이 모습. 에도-도쿄 박물관 소장

일본이라는 나라를 연구할수록 앞뒤가 맞지 않는 모순에 당혹스러워 하던 베네딕트는 바로 그 모순이 일본 민족성의 본질임을 깨달았다. 베네틱트의 눈에 비친 일본인은, 손에는 아름다운 꽃을 들고 있지만 허리에는 차가운 칼을 찬 사람이었다.

베네딕트의 저작을 읽으면, 왜 벚꽃이 사무라이 정신의 상징이 될 수 있었는지 고개가 끄덕여 진다. 찬란하게 피었다가 속절없이 지고 마는 벚꽃은 단칼에 자신의 운명을 내맡긴 것처럼 이미지화 된 사무라이와 겹쳐진다. 제2차 세계대전 당시 거대한 전쟁의 소용돌이 앞에 선 일본인들은 흐드러진 벚꽃이 바람에 쓸려 떨어지는 모습을 보며 비극으로 끝날 수밖에 없는 그들의 운명을 직감했는지도 모르겠다.

War History Gallery

로마군의 필승전략 '이기려면 일단 살고 봐라!'

고대 로마의 군의관들, 메스를 잡고 외과수술을 하다!

십자군전쟁이 한창이던 11세기경 한 이슬람인 의사가 남긴 기록을 보면 당시 의학 수준이 얼마나 형편없었는지 단박에 알 수 있다. 그 당시 명색이 의사란 사람이 성지 순례객들을 치료하겠다고 왔는데 두통이 있는 사람에게 악령을 머리에서 몰아내야 한다며 돌로 머리를 내리치다가 결국 환자가 숨을 거뒀다는 끔찍한 이야기가 전해진다. 아무리 돌팔이 의사라 하더라도 두통을 치료하겠다고 돌팔매질을 하는 의사는 너무 심했다.

그런데 아이러니하게도 이보다 1000년 전 유럽을 지배했던 고대 로마제국의 군의관들이 메스를 잡고 외과수술을 했다는 기록이 전해진다. 당시 로마의 군의관들은 아편 등 마약을 진통제로 써서 마취도 하고 각종 중증환자들의 수술을 도맡았으며, 미용 목적으로 쌍꺼풀 수술은 물론 코 수술도

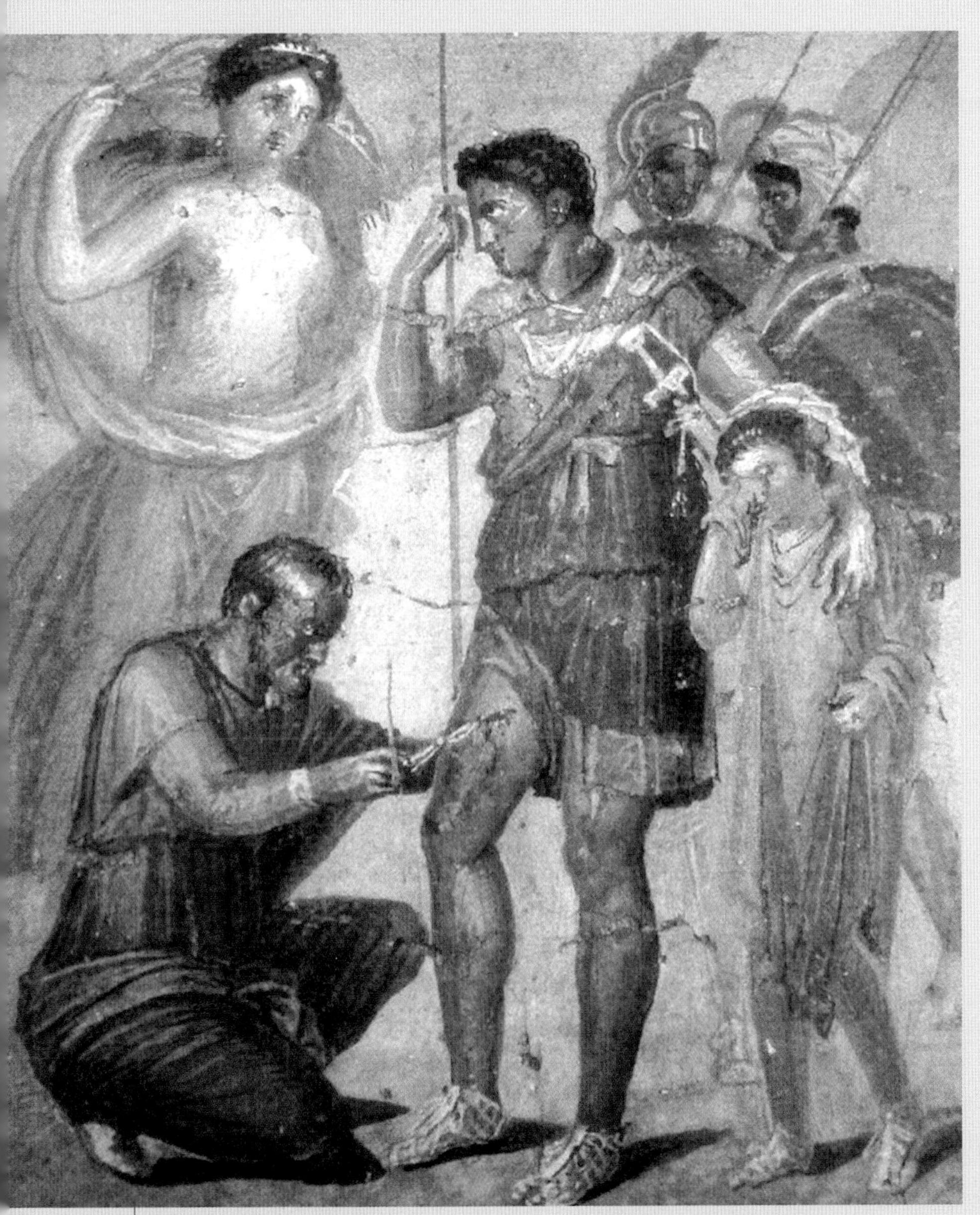

작자 미상, 〈부상병의 다리를 시술하는 의사〉, 제작연도 미상, 프레스코화, 나폴리 국립 고고학 박물관

했었다는 기록이 남아있다.

로마 제국의 군(軍)병원에서는 당시 이집트와 중동, 그리스의 의료 기술을 집대성해 적극적으로 활용했다고 한다. 이러한 개방된 자세와 노력 덕분에 로마는 고대 의학 발전의 메카가 되었다.

군인의 평균 수명이 민간인보다 10년 이상 길었던 시절

고대 로마시대에는 중세 기독교 사회와 달리 인체 해부를 금기로 여기지 않았다. 실제로 콜로세움에서 정기적으로 죽어나가는 검투사들이나 전쟁 포로들, 사형수들의 시신을 해부용으로 활용할 수 있었기 때문에 해부학과 외과 의술이 크게 발전했다. 고대 로마시대를 대표하는 의사였던 갈레노스 Claudius Galenus, 129~199는 심각한 부상을 당한 검투사들을 시술하는 과정에서 해부학 지식을 적극 활용하기도 했다.

로마 제국에서는 당시가 '고대'라고는 믿기지 않을 정도로 다양하고 정밀한 수술 도구들이 활용되었는데, 이는 잦은 해부와 실습이 가능한 환경 때문에 가능한 일이었다. 베수비오 화산 폭발로 화산재에 파묻힌 도시 폼페이에서 출토된 여러 외과수술용 도구들이나 로마군 주둔지에서 나온 각종 수술 도구들은 당시 로마의 의료 수준을 가늠케 해주는 유물이다. 특히 폼페이에서 발견된 프레스코화(241쪽)를 보면, 의사로 추정되는 사람이 메스를 사용해 부상당한 병사의 다리를 시술하는 장면이 묘사됐다.

뿐만 아니라 로마 제국은 꽤 우수한 병원을 두루 갖춘 나라였다. 특히 군병원이 발달했는데, 이는 전쟁이 빈번했던 시대 상황을 반영한다. 로마군에

벨로소 살가도(Veloso Salgado, 1864~1945), 〈해부 논쟁 중인 갈레노스와 의사들〉, 1906년, 캔버스에 유채

전문적인 의료부대가 처음 생긴 것은 아우구스투스Augustus, BC63~AD14 집권기인 기원전 30년 전후인 것으로 알려졌다.

오늘날 영어로 병원을 뜻하는 'hospital'은 라틴어 '호스피탈리스(hospitalis)'와 '호스피티움(hospitium)'이란 단어에서 유래했다. 이 두 단어의 원래 뜻은 '나그네(Hospes)'를 맞이하는 '숙소'라는 의미였다. 고대 초기에는 신전의 신관들이 의사 역할을 함께 도맡았기 때문에 신전 순례객들을 보살피는 곳이란 의미에서 병원의 개념이 나온 것으로 추정된다.

당시 로마 제국은 라인강부터 다뉴브강, 동부 팔레스타인 일대 전선에 이르기까지 엄청나게 긴 국경을 형성하고 있었다. 이처럼 대국을 유지하기 위해서는 막강한 군사력이 전제되어야 했고, 숙달된 병사 하나 하나가 소중했다. 하지만 로마 제국은 기나긴 국경에 비해 병력 수가 60개 군단에 50만 명 정도에 불과했다. 한 전투에서 막대한 병력 손실이 발생하면 국경 수비에 차질이 생길 수밖에 없는 처지였다. 결국 제국 전체의 군사력을 유지하기 위해서는 부상병을 최대한 살려서 오랫동안 군에 복무시키지 않으면 안 되었다.

전쟁에서 승리하기 위해서는 적군을 많이 사살해야 하지만, 반대로 아군도 죽지 않고 살아있어야 한다. 전쟁에 이기기 위한 최우선 조건은 바로 생존이다. 군인이 전쟁에 나가 부상을 입는 게 불가피한 일이라면, 적절한 치료를 받고 빨리 회복해 다시 전쟁에 투입될 수 있어야 한다. 전투기와 미사일 같은 대량 학살무기가 없었던 시절에는 얼마나 많은 병사를 활용할 수 있는가가 특히 중요했다. 하지만 전쟁터에 나가는 젊은 장정은 늘 부족했기 때문에 보유한 병력을 최대한 잃지 말고 잘 유지해야 했다. 로마 제국이 군병원과 의료부대를 매우 중요하게 여겼던 이유가 여기에 있었다.

고대 약학의 선구자가 로마 군의관 출신

로마 제국은 군병원에 대한 투자와 병사들에 대한 위생과 영양을 체계적으로 관리했다. 로마 제국 전역의 군단 주둔지에는 군병원이 함께 배치됐으며, 500석 이상 대형 병상을 가진 병원들도 있었다고 전해진다. 의료 물자들 또한 지속적으로 구비해놓아 비상시를 대비했다. 이로 인해 당시 군인들의 평균 수명이 민간인들보다 약 10년 정도 길었을 것으로 추정하는 기록도 전해진다.

한편, 고대 로마시대 군의관 중에 기억해야 할 인물로 페다니우스 디오스코리데스Pedanius Dioskorides라는 사람이 있다. 그는 군의관이자 네로Nero, 37~68 황제와 베스파시아누스Titus Flavius Vespasianus, 39~81 황제의 주치의로 활동하기도 했다. 디오스코리데스는 군의관으로서 뿐 아니라 '약학의 선구자'라 할 만큼 중요 인물로 기록돼 있다. 그는 특히 식물에서 채취한 약초에 지식이 깊었다. 그의 저서 『약물에 대하여 De materia medica』(5권)에는 600여 종의 식물과 1000종에 달하는 약용식물이 기재되어 있다고 한다. 의학도들이 의사 수업에 앞서 '히포크라테스의 선서'를 통해 의료 윤리를 되새긴다면, 약학도들에게는 '디오스코리데스의 선서'가 있을 정도로 그는 의학과 약학의 역사에서 매우 중요한 지위를 차지한다. 이처럼 역사적으로 중요한 인물이 군의관 출신이란 사실은 고대 로마시대 군의관의 높은 위상을 표상한다.

페다니우스 디오스코리데스의 저서 『약물에 대하여 De materia medica』

그들이 유럽의 패권을 장악할 수 있었던 이유

고대 로마의 우수한 군병원 시스템은 제국 말기로 들어서면서 차차 무너져 갔다. 부패한 권력가들이 득세하면서 제국의 운명을 재촉했고, 군대마저 기강이 흔들리고 쇠약해지면서 군병원과 의료부대도 자연스럽게 도태되어 갔다. 로마 제국이 붕괴되고 중세 초기 암흑기로 접어들면서 군병원을 비롯한 의료계 전체가 한동안 침체기를 벗어나지 못했다.

유럽의 의학이 다시 발전하기 시작한 것은 르네상스시대 이후부터였고, 로마 제국의 군병원만큼 유럽 전역에 병원 시설이 갖춰지기까지는 제2차 세계 대전 이후까지 기다려야 했다. 나폴레옹과 히틀러 등 로마 제국 같은 대국을 다시 세워보겠다고 유럽 원정을 나섰던 근·현대의 독재자들도 상당수 부상병들을 그대로 방치해 버리는 경우가 다반사였고, 이로 인해 대내외적으로 많은 비난에 직면해야만 했다. 고대 로마군이 결코 전투력 하나만으로 유럽을 제패한 것이 아니었음을 역사가 증명해 준다.

Chapter 04

누구를 위한 전쟁인가?

잔다르크는 정말 갑옷 원피스를 입었을까?

'구국의 소녀'라는 신화?!

3·1운동의 대표적 인물인 유관순柳寬順, 1902~1920 열사가 구국의 위업에 뛰어든 계기는 잔다르크Jeanne d'Arc, 1412~1431 이야기를 위인전에서 본 이후였다고 한다. 유관순 열사는 친구들에게 항상 "난 잔다르크처럼 나라를 구하는 소녀가 될 테다"라고 이야기했으며 잔다르크의 일대기는 그의 삶과 가치관에 큰 영향력을 끼쳤다.

잔다르크란 인물에 투사된 '구국(救國)의 소녀'란 이미지는 유관순 열사뿐만 아니라 구미열강의 식민 치하에 놓였던 제3 세계 국가들 전체에 크나큰 영향을 끼쳤다. 1920년대 한창 뜨겁게 전개됐던 여성 참정권 운동에도 영향을 끼쳐 강인한 여성으로의 이미지로도 활용됐다.

하지만 전쟁사적으로 봤을 땐 잔다르크란 인물에 대한 의문이 끊임없이 제기되고 있다. 무엇보다 프랑스 동부 알사스-로렌 지방에 속한 동레미

장 오귀스트 도미니크 앵그르(Jean Auguste Dominique Ingres, 1780~1867), 〈샤를 7세 대관식에서의 잔다르크〉, 1854년, 캔버스에 유채, 240×178cm, 루브르 박물관, 파리

(Domremy)란 시골 마을에서 태어난 열일곱 살의 소녀가 정말 온갖 초상화와 역사화에 그려진 것처럼 치마까지 철갑을 두른 갑옷을 입고 선봉장이 되어 영국군을 물리쳤을 것이냐는 의문이다. 자, 지금부터 궁금증을 하나하나 짚어보자.

열일곱 살 시골뜨기 소녀의 전략

15세기경 프랑스 시골 마을의 열일곱 살 소녀라고 하면 평균 키는 140~150cm 가량, 몸무게는 30~40kg 정도에 불과했다. 이처럼 여린 소녀가 상체 갑주만 30kg이 넘는 플레이트 갑옷을 입고 거대한 기병용 랜스를 들고 적진을 향해 돌격했으리라 생각하긴 매우 어렵다.

당시 최고급 플레이트 갑옷의 경우, 아무리 경량화가 이뤄졌다 해도 25kg 정도 나가는 무게였기 때문에 오랜 전투 경험과 훈련으로 몸을 다져놓은 건장한 전사가 아닌 이상 그것을 착용하고 서 있는 것만으로도 체력적으로 부담이 컸다. 이런 자기 몸무게랑 맞먹는 갑옷을 그저 시골 농부의 딸이 입고 전장을 누비고 다녔다는 것은 다소 과장된 이야기로 들린다.

잔다르크의 갑옷을 과장된 이미지 설정이라 치부하더라도 사실 더 놀라운 것은 잔다르크가 프랑스군 수뇌부에 제안한 무모하기 짝이 없는 작전이다. 오를레앙을 함락시킨 프랑스군에게 잔다르크는 적군의 주둔지를 크게 우회기동(迂回機動)하여 랭스로 진격해야 한다고 주장했다. 그러나 오를레앙에서 랭스까지의 우회로는 잉글랜드와 부르고뉴 연합군이 통로 전체를 장악하고 있었고 곳곳에 매복이 가능한 지역들이 많았으며 협공을 받을 경우 프랑스군은 전멸할 수도 있었다.

샤를 7세Charles VII, 1403~1461의 측근과 장군 들은 물론 잔다르크를 지지하던 동료들까지도 이 제안을 거부했는데, 잔다르크는 끝까지 그곳에는 적군이 없을 것이라고 주장했다. 결국 그녀를 믿고 진격한 프랑스군은 어떤 적군도 발견하지 못했고 우회기동은 대성공으로 끝났다.

쥘 외젠 르네프뵈(Jules Eugène Lenepveu, 1819~1898), 〈오를레앙전투에서의 잔다르크〉, 1889년, 판테온, 파리

이건 엄청난 도박과도 같은 작전이었지만 당시 잉글랜드군과 부르고뉴군은 프랑스군이 그와 같은 도박을 할 리가 없다고 생각하고 모든 가용전력을 파리 인근으로 집결시켜, 파리를 강력한 요새로 바꾼 뒤였다. 하지만 잔다르크가 이 전략의 허를 찔러 파리를 둘러싼 오를레앙과 트루아, 랭스까지 함락시켜 파리를 고립시키자 잉글랜드군도 별 수 없이 물러나야만 했다.

이런 무모하면서도 적의 허를 찌르는 작전을 정말로 열일곱 살 시골뜨기 소녀가 입안했는지 여부도 불투명하다. 앞서 잔다르크가 출병할 때 보여줬다는 여러 기적들과 오를레앙 성을 함락시킬 때 잔다르크가 기도를 드려서 바람의 방향을 바꿨다는 이야기도 모두 『삼국지연의』 적벽대전 편에서 제갈공명이 부른 동남풍 이야기처럼 전설로 들릴 뿐이다.

무엇이 진실인지는 정확치 않지만 확실한 것은 당시 프랑스군이 그녀를 일종의 사기를 끌어올리기 위한 구심점으로 활용했다는 사실이다. 잔다르크의 무모한 작전은 막후에서 전략을 짜던 참모진이 짜줬을 수도 있겠지만, 정말 그녀가 갑주를 입고 선봉에서 뛰었는지 여부는 확인할 길이 없다. 다만 잔다르크가 중요한 전투의 클라이맥스 때마다 등장했으며 그녀가 나타나면 뒤에서 용이 불을 뿜었다는 이야기가 내려오는 것으로 봐서 포병대와 함께 움직였던 것으로 보인다.

당시 공성용 대포는 서유럽에 도입된 지 얼마 되질 않았고 제한적으로 쓰인데다 용이 불을 내뿜는 것으로 여길 만큼 병사들에게 공포의 대상이었다. 서양에서 용은 마술을 부리는 마녀가 소환해 이끌고 다니는 마물(魔物)로 여겨졌기 때문에 그녀가 나타날 때마다 잉글랜드군의 사기가 확실히 떨어졌을 것으로 추정된다. 주님의 은총이던 마술이던 간에 인간이 범접할 수 없는 힘을 가진 '마녀'의 이미지는 아군의 사기를 끌어올리는데 주효했다는 것이다.

하지만 이런 이미지는 그녀의 명까지 재촉시켰다. 프랑스군의 마스코트로서 성장한 잔다르크의 인지도와 군사적 성공은 결국 프랑스 왕실에게 큰 부담으로 작용했다. 잔다르크는 결국 마녀로 몰려 화형에 처해졌고, 그녀에 대한 명예회복은 그녀가 죽고 25년이나 지나서야 진행됐다.

권력자와 정치인들에게는 그녀가 필요했다!

오늘날과 같은 '구국의 성녀' 이미지로 추앙된 것은 잔다르크가 죽고 400년 가까이 지난 나폴레옹시대부터였다. 1803년, 나폴레옹Napoléon Bonaparte, 1769~1821은 당시 영국과의 치열한 전쟁에서 애국심 고취를 위한 일종의 국가주의적

헤르만 슈틸케(Hermann Stilke, 1803~1860),
〈화형당하는 잔다르크〉, 1843년, 캔버스에 유채, 119.5×83.5cm,
에르미타주 박물관, 상트페테르부르크(러시아)

산물로 잔다르크란 인물을 이용했다. 이후 프랑스 역사에서 잔다르크는 보불전쟁, 제1차 세계 대전, 제2차 세계 대전에서 모두 프랑스를 구하는 영웅으로 기억됐다.

프랑스의 입김이 강했던 19세기 중엽, 교황청도 마녀로 화형에 처해져 죽은 잔다르크의 시성(諡聖) 작업을 본격화하기 시작했다. 시성은 가톨릭에서 순교를 하였거나 특별히 덕행이 뛰어났던 사람들을 죽은 후에 복자(福者)나 성인(聖人)으로 추대하는 것이다. 그녀에 대한 시성 움직임은 프랑스의 강력한 지원 하에 결국 1910년 교황 비오 10세Pius X, 1835~1914에 의해 시복(諡福)됐고, 그로부터 10년 뒤인 1920년 교황 베네딕토 15세Benedictus XV, 1854~1922 때 시성됐다. 생전에 마녀로 죽어 성녀가 된 유일한 역사적 인물이 된 것이다.

결국 이 동레미의 열일곱 살 소녀는 사망한 지 500년이 넘는 세월 내내 각종 정치 세력에게 이용됐고 지금도 프랑스 내 극우 세력들의 강력한 아이콘으로 남아있다. 프랑스 극우 세력의 대표 정당인 국민전선(Front National)이 주요 유세지로 활용하는 곳이 파리에 위치한 잔다르크 동상 앞이며, 그들은 잔다르크를 프랑스 국민의 일자리를 뺏는 외국인과 세계화로부터 프랑스를 지켜내는 영웅으로 묘사한다. 구국의 성녀는 죽어서도 편히 쉬지 못하고 있는 셈이다.

'프리랜서'가 '용병'이 된 이유

'랜서'에 담긴 피비린내 나는 역사

영어로 자유계약직 종사자를 의미하는 프리랜서(freelancer)는 흔히 '용병'이라고 부른다. 계약직 직원은 엄연히 'contract worker'라고 지칭하는 단어가 있고 고대부터 계약직 직업이야 관료부터 건축가, 석공 등 별별 직업이 다 있는데도 굳이 용병이라고 칭한다. 프리랜서를 돈 주고 전쟁터에 나가 사람 죽이는 살벌한 용병이란 단어로 굳이 부르는 이유가 뭘까?

사실 여기에는 분명한 이유가 있다. 프리랜서란 말은 그냥 일반 자유계약직 종사자를 뜻하던 단어가 아니라 유럽 중세시대에 활약했던 용병대장들을 지칭하는 말이었기 때문이다. 이 단어 속에 들어있는 피비린내 나는 역사가 '랜서(lancer)' 안에 담겨 있다.

랜스(lance)는 원래 기병들이 들고 다니는 창을 일컫는 말이었다. 흔히 중세를 배경으로 하는 영화들에서 볼 수 있는 기사들의 마상 창 경기에서 말

페테르 파울 루벤스, 〈앙기아리전투〉, 1603년, 소묘, 45.3×63.6cm, 루브르 박물관, 파리

중세시대 기사들이 사용하던 기다란 창 '랜스'

을 탄 기사들이 들고 나오는 기다란 창이 바로 랜스다.

랜스란 개념은 중세시대에 특히 중요하게 여겨졌다. 보통 말을 탄 기사들은 일반 보병들을 이끄는 장교 역할을 했기 때문에 랜스는 소규모 부대를 지칭하는 단어로도 통했기 때문이다. 당시 개별 용병들은 보통 이 랜스를 중심으로 모여 있었으며 이런 랜스들을 이끌고 있던 용병 기업인 '컴퍼니(company)'가 왕이나 귀족들과 계약을 맺어 대금이 지불되면 랜스들을 보내 싸우게 했다. 컴퍼니란 단어가 현대 기업의 어원이 된 것도 이런 이유 때문이다.

프리랜서란 이 랜스에 소속되지 않은, 자기 혼자 왕이나 귀족과 일대일로 계약을 맺고 전쟁터에 나가는 용병을 일컫는 말이었다. 조직 없이 혼자 나가 싸울 정도면 『삼국지』에 나오는 관우나 장비처럼 만부부당(萬夫不當: 만 명의 남자가 덤벼도 당하지 못함)의 맹장으로 생각하기 쉽지만 대부분의 프리랜서들은 무시무시한 용장들이 아니라 우수한 통솔력과 작전능력을 지닌 '제갈량'에 가까웠다.

사실 원활한 군 통솔력을 발휘하고 작전을 입안하려면 오랫동안 병사들과 손발을 맞춰본 사령관이 좋겠지만 중세시대 당시 국왕이나 귀족들이 프리랜서를 따로 뽑는 이유는 반란의 위험성 때문이었다. 본인이 스스로 대규모 군단을 이끌면서 용병사업을 펼치던 용병부대장은 이를 고용하는 국가 입장에서 큰 위협 요소였으며 실제로 한 나라를 점령해 지도자가 되는 경우도 있었다. 이탈리아 밀라노 공국을 장악했던 스포르자(Sforza) 가문이 대표적이다.

용병에 대한 마키아벨리의 회의론

이러한 정치적 사정이 프리랜서가 활약할만한 환경을 조성했다. 15~16세기 유럽 대부분의 전쟁터는 프리랜서들의 무대였다. 하지만 애국심이나 승리에 대한 열정 따위는 10원어치도 없는 이 프리랜서들의 전쟁은 그다지 치열하지 않았다. 대부분의 선투는 누가 빨리 기동해서 주요 전략적 요시를 점령하느냐에 달렸으며 시일만 질질 끌다가 퇴각하는 경우도 다반사였다. 전투가 본격적으로 시작되어도 양자가 치열하게 싸우는 전면전은 거의 없었으며 대부분 제한전(limited war)의 성격이 강했다.

이처럼 당시 용병들은 그들이 체결한 계약 조건에 따라 전쟁의 강도를 조절했다. 고용주에 대한 충성심으로 목숨을 거는 일은 거의 일어나지 않았다. 이탈리아 르네상스의 거장으로 불리는 레오나르도 다빈치Leonardo da Vinci, 1452~1519가 그린 초상화의 제호 '콘도띠에로(condottiero)'는 '용병'을 뜻하는 데, 이는 이탈리아어로 '계약'을 뜻하는 'condotta'에서 유래했다.

레오나르도 다빈치, 〈콘도띠에로〉, 종이에 펜, 영국 박물관, 런던

『군주론』의 저자인 마키아벨리Niccolò Machiavelli, 1469~1527는 이런 프리랜서들의 도덕적 해이에 대해 강하게 비판했다. 그에 따르면 어떤 전투에서는 용병대장끼리 만나 서로 칼을 두어 번 휘두르는 것으로 싸움을 끝내고 평원에서 휴식을 취한 뒤 그들이 받은 보수로 서로 함께 술을 먹었다고 한다. 마키아벨리는 "용병대장은 유능할 경우 왕의 지위가 위험하며, 무능할 경우 왕의 돈이 아까우므로 결국 쓸모가 없다"라고 일갈하며 프리랜서들을 고용할 필요가 없다고 주장하기도 했다.

마키아벨리는 용병제도의 폐해를 지적하고 정부군의 중요성을 널리 알리기 위해 당시 미술계 거장 다빈치에게 용병의 도덕적 해이를 고발하는 벽화를 그려달라고 의뢰했다. 바로 그 유명한 '앙기아리전투'를 소재로 한 벽화다.

앙기아리전투는 롬바르디아전쟁 중인 1440년 피렌체공화국이 이끄는 이탈리아 동맹군과 밀라노 공국군 사이에 벌어진 전쟁이다. 전투는 이탈리아 중부에 대한 피렌체의 지배권을 사수해내며 피렌체의 승리로 끝이 났다.

하지만 앙기아리전투의 숨은 승자는 따로 있었다. 바로 전투에 참전한 용병들이었다. 당시 용병들은 막대한 돈만 챙기고 열심히 싸우지 않았다. 실제로 전투에서 기병 한 명이 전사하는데 그쳤고, 그 마저도 싸우다 죽은 게 아니라 말에서 떨어져 죽었다. 결과적으로 전승국 피렌체로서는 승리의 대가로 엄청난 경제적 손실만 초래한 석연치 않은 싸움을 한 셈이 됐다.

한편, 다빈치는 마키아벨리에게 의뢰받은 〈앙기아리전투〉 벽화를 완성하지 못하고 중도에 포기하고 만다. 그로부터 100여 년 뒤 바로크 화가 페테르 파울 루벤스Peter Paul Rubens, 1469~1527는 다빈치가 그리다만 미완성 벽화를 참조해서 〈앙기아리전투〉(255쪽)를 완성했다. 그런데, 루벤스가 그린 〈앙기아리전투〉 속 용병들의 모습을 보면 매우 기백이 넘치고 용맹스럽게 묘사되었다. 루벤스는 다빈치에게 작품을 의뢰했던 마키아벨리의 의도를 제대로 알지 못했던 걸까? 그림만으로는 도무지 진의를 확인할 길이 없다.

유럽 최후의 종교전쟁 30년전쟁과 용병들

아무튼 적지 않은 논란과 비난 속에서도 프리랜서들의 활약은 유럽 최후의 종교전쟁으로 알려져 있는 30년전쟁(1618~1648)까지 이어졌다. 이 전쟁에서 활약한 프리랜서인 알브레히트 폰 발렌슈타인Albrecht von Wallenstein, 1583~1634이란 용병대장은 후대 기업 문화에도 큰 영향을 끼쳤다.

발렌슈타인은 당시 신교파와의 전쟁에서 고전을 면치 못하고 있던 신성로마 제국 황제인 페르디난트 2세Ferdinand II, 1578~1637를 상대로 이전 프리랜서들과는 전혀 다른 계약을 체결했다. 대금을 전혀 청구하지 않고 특정 지역에 대한 한시적 조세권과 화폐주조권을 달라고 요구하면서, 자신의 요구 사항이 관철될 경우 즉각 대병력을 소집해 적군을 물리치겠다고 선언한 것이다. 앞뒤 가릴 사정이 아니었던 황제는 그의 요청을 들어줬고 그는 독일 전역에서 크게 활약했다.

발렌슈타인은 용병산업 전체를 수직계열화하는데 성공한 첫 프리랜서였다. 일단 유럽 각지의 부호들에게 투자금을 모은 뒤, 자신의 영지인 프리틀란트에 군수공장을 세우고 용병 장교들을 모집해 용병기업을 세워 대규모 병력을 모집했다. 군수공장에서 만든 무기와 식량은 용병기업에 고용된 용병들에게 지급됐고 전투 후 조세권을 할양받은 영지에서는 무자비한 약탈로 이익금을 충당했으며 다시 이 돈을 군수공장과 용병기업에 재투자해 병력을 키웠다.

이런 식으로 발렌슈타인은 독일 전역을 점령해나가며 15만 대군의 지휘관이 됐다. 당시 그의 병력은 프랑스나 스페인 같은 강대국들이 지닌 전체 전력과 맞먹을 정도로 규모가 크고 막강했다. 결국 너무나 힘이 커진 그를 두려워하게 된 페르디난트 2세는 발렌슈타인의 수하 용병대장들을 매수해 그를 암살하게 했고, 그의 용병기업도 끝내 무너지고 말았다.

이후 왕권이 강화돼 전쟁능력 못지않게 조직 충성도에 대한 중요성이 강조되면서 프리랜서들이 전쟁터를 휘젓던 시대는 막을 내리게 됐다.

오로지 전쟁만으로 먹고 산 나라, '헤센'을 아시나요?

오늘날 독일의 금융 중심지이자 런던과 함께 유럽 금융 허브의 양대 산맥이라 불리는 프랑크푸르트(Frankfurt)는 헤센 주(Land Hessen)에 속해 있다. 19세기 중엽 독일이 통일되기 이전에는 '헤센 공국'이란 독립적인 나라가 존재했던 지역이다.

역사를 들여다보면, 헤센은 유럽은 물론 미국에서도 악명 높은 지명으로 꼽힌다. 헤센은 18세기 유럽의 거의 모든 전쟁에서 약방의 감초처럼 끼어들어 활약한 헤센용병을 배출하던 군사국가로, 이 용병대의 잔혹함이 곳곳에서 악명을 떨쳤다.

〈슬리피 할로우(Sleepy Hollow)〉란 공포 영화에서는 미국 독립전쟁 당시 용병으로 팔려와 전투에서 사망한 뒤 악령이 된 헤센용병이 살인마로 그려지기도 했다.

존 트럼불, 〈1776년 12월 26일 트렌톤전투에서 체포된 헤센군들〉, 1828년, 캔버스에 유채, 51×76cm,
예일대학교 아트 갤러리, 뉴 헤이븐

그들이 용병이 될 수밖에 없었던 이유

헤센용병의 탄생 배경에는 근대 초기 독일의 역사는 물론, 오늘날 세계 전쟁 및 외교사를 뒤바꾼 사건으로 알려진 '30년전쟁'이란 처참한 전쟁이 도사리고 있다.

30년전쟁은 1618년부터 1648년 동안 독일을 무대로 로마 가톨릭교회와 그리스도교 사이에서 벌어진 최대 종교전쟁이자 최초 국제전쟁으로 불린다. 독일 황제가 보헤미아의 신교도를 탄압하자 신교도 귀족들이 반발하면서 전쟁이 시작되었다. 이처럼 처음에는 종교전쟁이었으나, 덴마크와 스웨덴, 프랑스 등이 참전하여 신교도를 지원하면서 국제전쟁으로 확산되었고, 영토와 통상 등 각국의 이해관계가 얽혀 무력 대결로 변질되었다.

30년전쟁은 독일에 씻을 수 없는 상흔을 남겼다. 수많은 무고한 사람들이 목숨을 잃었고, 집과 일터 등 삶의 터전이 송두리째 무너졌다. 프랑스 출신의 판화가 자크 칼로Jacques Callot, 1592~1635는 〈전쟁의 참상 : 교수형〉이란 판화를 제작해 전쟁의 폐해를 세상에 알렸다. 그림을 보면, 마을의 커다란 나뭇가지에 교수형을 당한 수많은 사람들의 모습이 적나라하게 묘사되어 있다. 십자가를 든 성직자는 사다리를 타고 나무 위로 올라가 교수형 당하는 사람들을 전도하지만, 그 모습이 부질없어 보인다. 교수형이 집행되는 나무 사이로 군인들이 빼곡하게 들어서 전시 상황이 급박하게 돌아가고 있음을 암시한다.

특히 30년전쟁의 주요 격전지였던 독일 중남부 일대의 바바리아와 헤센 지역은 쑥대밭이 됐고, 농경지, 산업시설 할 것 없이 거의 다 파괴돼 살아남은 사람들이 할 수 있는 일이라곤 남의 전쟁에 대신 나가 싸워주는 용병업만 남아있었다.

자크 칼로, 〈전쟁의 참상 : 교수형〉, 1632년, 판화, 12×22cm, 뉴 사우스 웨일즈 아트 갤러리

결국 당시 헤센을 통치하던 지도자들은 30만~40만 가량 남은 인구 중 남성인구를 추려 매우 강력한 군대로 키워내는데 온힘을 기울였다. 한때 인구의 7% 이상이 모두 용병이었고, 가족 중 남자들은 거의 다 군인으로 살았던 군사국가, 헤센의 명성은 이렇게 시작됐다.

1600년대 말부터 시작된 용병사업은 독일이 통일되는 1860년대까지 200년 이상 헤센을 먹여 살리는 지역산업으로 발전했다. 1700년대 중반이 되면서 헤센의 주요 고객은 영국으로 압축됐다. 왕실끼리 인척으로 얽힌 데다 세계적인 식민지 사업으로 막대한 자본력을 보유하게 된 영국이 헤센 용병을 대규모로 사들여 전투에 참전시키면서 수많은 헤센인들이 돈과 목숨을 맞바꿔야만 했다.

좀 더 효율적으로 용병을 선출하기 위해 헤센의 지도자들은 헤센 전체를 세 개의 영역으로 분리했다. 용병으로 판매한 병사들을 징병하는 지역과 후방에서 방어군을 뽑는 지역, 그리고 징병을 면제받는 대신 막대한 세금을 내야 하는 지역으로 각각 구분한 것이다.

16~30세에 해당하는 모든 남성들은 징병 대상이 됐고, 무려 24년이란 기나긴 세월 동안 의무 복무해야 했다. 그럼에도 불구하고 병사들은 급료가

높아 가족들에게 보낼 수 있는 생활비도 두둑했기에 긴 복무 기간을 묵묵히 견뎌냈다. 사실, 이미 전쟁으로 황폐해진 헤센 지역에서 먹고 살기 위해 영위할 만한 산업은 전무했기에 병사들은 용병 이외에 선택의 여지가 없기도 했다.

실제로 장정 한 사람이 전쟁에 나가 싸우면 한 달 급료로 소를 한 마리 살 수 있었을 정도로 급료가 두둑했다. 헤센의 청년들은 주저 없이 목숨을 담보로 전 유럽과 식민지 지역 전쟁에 뛰어들었던 것이다.

역사가 무서운 이유

헤센 용병들이 가장 많이 희생된 전쟁으로 알려진 것은 미국 독립전쟁이다. 당시 영국의 조지 3세George III, 1734~1820는 미국 16주 전역의 진압군으로 헤센 용병을 대거 고용했으며, 3만 명 가량이 미국 독립을 진압하기 위해 팔려갔다. 전체 원정군 중 1만7000명 정도가 전후 돌아왔지만 사상자가 엄청났다.

전쟁에 참전한 헤센 용병 가운데는 전투 도중 미군으로 돌아서서 미국에 아예 정착하게 된 사람들도 적지 않았다. 오늘날 독일계 미국인의 조상들을 살펴보면 상당수가 이때 정착한 사람들이라고 한다.

헤센 용병은 미국 독립전쟁을 그린 회화에 등장하곤 한다. 미국 독립전쟁을 소재로 한 그림들은 대체로 미국 화가들이 전쟁 영웅을 찬양할 목적으로 그린 것으로, 당시 적국인 영국을 대신해 참전한 헤센 용병들이 미국 화가들에게 좋게 묘사될 리 없었다. 미국의 역사화가 존 트럼불John Trumbull, 1756~1843은 〈1776년 12월 26일 트렌톤전투에서 체포된 헤센군들〉(261쪽)에서 부상당한 헤센군의 장교를 미국독립군이 체포해 부축하는 장면을 그렸다. 그림에서 미국독립군의 인도주의적 품격이 돋보이는 반면, 헤센군의 처지는 가여워 보이기까지 한다.

헤센 용병대의 고난은 미국 독립전쟁 이후에도 여러 전쟁에서 이어졌다. 그들은 프랑스혁명 당시에도 영국의 주요 용병대로 고용돼 프랑스혁명군과 싸우는데 동원됐다. 비슷한 시기 발생한 아일랜드 봉기 진압에도 동원돼 대규모 학살을 자행하며 전 유럽에 악명을 떨치기도 했다. 이후 나폴레옹Napoléon Bonaparte, 1769~1821이 전 유럽을 집권하면서부터는 다시 나폴레옹의 용병대로 편입되기도 했다.

앨런 램지(Allan Ramsay, 1713~1784), 〈대관식 예복을 입은 조지 3세〉, 1765년, 캔버스에 유채, 23×16cm, 사우스 오스트레일리아 아트 갤러리

고용주에 따라 학살의 도구로 이용되던 헤센 용병대의 운명이 바뀐 것은 1871년 통일 독일 제국이 선포되면서다. 헤센이 완전히 독일의 일부가 되고 나서 그들의 용병 사업도 끝나게 된다.

오늘날 독일인들에게 헤센 용병대는 어떤 의미로 받아들여질까? 20세기를 피로 물들인 두 차례 세계 대전의 전범국이라는 또렷한 주홍글씨의 상흔에 희석되어 헤센 용병대는 독일인들의 기억에서 희미해져 있는지도 모르겠다. 하지만, 크건 작건 전쟁에 대한 기록은 영원히 사라지지 않을 것이다. 역사가 무서운 이유다.

War History Gallery

역사상 가장 용맹스럽고 충직한 사자들 이야기

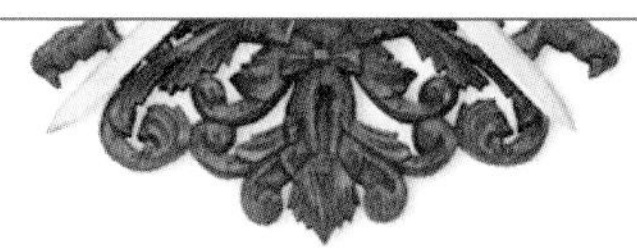

스위스 근위대가 로마 교황청에 간 까닭

로마 교황청의 중심지인 바티칸에 간 사람들은 누구나 중세시대의 복장을 한 스위스 근위대를 만날 수 있다. 500년 넘는 세월 동안 바티칸을 수호하고 있는 이 병사들은 이탈리아 르네상스의 거장 미켈란젤로Michelangelo Buonarroti, 1475~1564가 디자인했다고 전해지는 군복을 입고, 세계에서 가장 작은 나라인 '바티칸'을 지키고 있다.

그런데 왜 하필 스위스 근위대가 스위스에서 멀리 남쪽으로 떨어진 로마 바티칸을 수호하고 있는 것일까? 바티칸은 이탈리아의 수도 로마 안에 위치해 있으니 누가 봐도 이탈리아 군대나 경찰이 치안과 경비를 담당하는 게 합당해 보일 텐데 말이다.

이 의문을 풀기 위해서는 스위스 근위대가 교황청에 처음 고용된 500년 전 유럽으로 날아가야 한다.

장 뒤플레시 베르토, 〈스위스 근위대의 학살〉, 1792년, 캔버스에 유채, 124×75cm, 베르사유 궁전

마키아벨리조차 극찬한 역사상 가장 충직한 용병

중세시대 강력한 보병부대로 강대국 오스트리아로부터 자유를 쟁취한 스위스 군대는 용맹함으로 유럽 전역에서 이름을 떨쳤다. 당시만 해도 알프스 한가운데 위치한 산악국가로 별다른 산업이 발달할 수 없었던 스위스는 용병산업이 나라를 살리는 유일한 수단이었고, 스위스 용병은 전 유럽의 전선에서 크게 활약했다.

전쟁에 나가는 사람을 의미하는 '라이슬로퍼(Reisläufer)'라 불리던 스위스 용병대는 특히 장창부대로 유명했는데, 긴 창을 종렬로 세우고 두려움 없이 진격했으며 중도에 전투를 끝내거나 제한전(制限戰)을 펼치는 일반 용병대와 달리 주로 전멸전(全滅戰)을 선호했기 때문에 유럽 다른 나라의 군대들에게 공포의 대상이었다.

용병대는 보통 개개인의 이익을 중시하고 각자도생하는 경우가 많아 진형이 흐트러지기 쉬웠으나 스위스 용병대는 전투에서의 죽음을 매우 명예롭게 여겨 좀처럼 진형이 무너지지 않았다. 용병대의 충성심을 믿어선 안 된다며 징병제를 주창한 마키아벨리Niccoló Machiavelli, 1469~1527조차 스위스 용병들에 대해서는 극찬을 아끼지 않았다.

조제프 에두아르 뒤누아예 드 누아르몽(Joseph-Edouard Dunoyer de Noirmont, 1816~1896), 〈루이 16세의 스위스 용병 수비 연대〉, 19세기경, 판화, 28.5×22.5cm, 파리 군사 박물관

이런 용맹무쌍한 스위스 용병대가 교황청과 처음 계약을 맺게 된 것은 1503년 교황 율리우스 2세Jullius, 1443~1513가 스위스 연방에 근위병 200명을 파견해줄 것을 요청

하면서부터다. 이후 1506년에 근위병들이 바티칸에 도착했으며, 교황은 그들에게 '교회 자유의 수호자'란 이름을 붙여주었다. 교황청의 스위스 근위대는 이렇게 출발했다.

이후 20여 년이 지난 1527년 신성로마 제국의 카를 5세Karl V, 1500~1558가 로마를 공격해 교황청을 비롯한 로마 전역을 약탈한 '사코 디 로마(Sacco di Roma)' 사건이 일어났다. 당시 로마 시내 대부분이 폐허가 된 이 전투에서 중과부적(衆寡不敵)이던 교황청 수비대는 대부분 도망갔고 유일하게 스위스 근위대만 남아 교황을 지켰다.

이에 교황 클레멘스 7세Clemente VII, 1478~1534는 스위스 근위대에게도 돌아갈 것을 권고했지만 스위스 근위대는 끝까지 남겠다는 맹세를 지켜야 한다고 못박았다. 이후 교황이 피신할 시간을 벌기 위해 성 베드로 대성당 인근에서 끝까지 버티며 싸우다가 전원이 전사했다. 여기에 크게 감명 받은 교황 클레멘스 7세는 이후 교황청은 오로지 스위스 근위대만 고용하도록 못 박았으며, 그로부터 500년의 세월 동안 바티칸은 오직 스위스 근위대가 수호하게 됐다.

그들이 싸웠던 이유는 반드시 돈 때문만은 아니었다!

보통 용병은 남의 나라 전투에 돈을 바라고 뛰어든 사람들이란 인상이 강해 충성심이 약하다고 여기기 쉽지만, 스위스 용병대는 이런 선입견을 여지없이 날린 부대로 유명했다. 프랑스 대혁명 당시 고용주였던 부르봉 왕가의 루이 16세Louis XVI, 1754~1793를 지키기 위해 용병 768명이 혁명군과 싸우다 전원 전사한 역사 역시 유명하다. 프랑스 출신의 화가 장 뒤플레시 베르토Jean Duplessis-Bertaux, 1747~1818가 그린 〈스위스 근위대의 학살 Massscre of Swiss

Guards〉(267쪽)을 보면, 베르사유 튈르리 궁전 앞에서 붉은색 군복을 입은 스위스 용병대가 혁명군의 공격으로 무참히 사살된 장면이 생생하게 묘사됐다.

나폴레옹전쟁 이후 그들의 넋을 기리기 위해 스위스 루체른에는 부르봉 왕가의 상징인 백합 문양을 끌어안고 죽은 '빈사(瀕死)의 사자(Lion of Lucerne)'란 조각상이 세워지기도 했다. 이 작품은 덴마크의 조각가 베르텔 토르발센Bertel Thorvaldsen, 1770~1844이 설계한 것으로, 미국 작가인 마크 트웨인Mark Twain 1835~1910은 이를 가리켜 "세상에서 가장 감동적인 작품"이라고 극찬하기도 했다.

이후에도 각종 전투에서 스위스 용병대의 활약은 이어졌다. 제1차 세계대전 이후 스위스 용병대 활동을 스위스정부에서 완전히 금지하기 전까지 용병 수출이 계속됐다. 이 나라 저 나라에 팔리다 보니 스위스 용병대끼리 맞붙어 싸우는 전투도 비일비재했다. 크리미아전쟁과 이어 발생한 이탈리아 통일전쟁에서는 엄청난 숫자의 스위스 용병대가 서로 다른 고용주 부대 아래서 싸우다 서로 쏜 총에 맞아 죽는 비극도 발생했다.

이를 안타깝게 여긴 스위스 사업가 앙리 뒤낭Henri Dunant, 1828~1910은 정치적·외교적 이해관계에 상관없이 부상병을 돌보는 조직인 국제적십자사를 창설했다. 적십자사 깃발이 스위스 용병대 깃발과 색깔만 다르고 모양이 일치하는 것은 이러한 연유 때문이다.

오늘날에는 100여 명의 스위스 근위대가 바티칸을 수호 중이며 복장과 무기가 르네상스시대 것으로 보이지만 실제 무기는 스위스 소총이며 각종 중화기도 보유하고 있는 엄연한 현대식 군대다.

현재 스위스정부는 로마 교황청 근위대를 제외한 타국으로의 용병 수출을 금지하고 있으며, 교황청 근위대는 매우 까다로운 조건을 갖춘 스위스 미혼 남성 중에서 선발된다고 한다.

프랑스 대혁명 당시 고용주였던 부르봉 왕가의 루이 16세를 지키기 위해 용병 768명이 혁명군과 싸우다 전원 전사한 스위스 용병의 넋을 기리기 위해 스위스 루체른에는 부르봉 왕가의 상징인 백합 문양을 끌어안고 죽은 ‘빈사(瀕死)의 사자(Lion of Lucerne)’ 조각상이 세워졌다. 이 작품은 덴마크의 조각가 베르텔 토르발센이 설계한 것으로, 미국의 작가 마크 트웨인은 이를 가리켜 “세상에서 가장 감동적인 작품”이라고 극찬하기도 했다.

관동팔경에서 '관(關)'의 지정학적 함의를 찾아서

한 점의 산수화에서 읽는 권력찬탈의 역사

여기 한 점의 산수화가 있다. 조선시대 최고 화가 가운데 하나인 단원 김홍도檀園 金弘道, 1745~1806가 그린 〈구룡연〉이다. 김홍도는 금강산 최고 명승이자 관동팔경(關東八景) 중 하나인 구룡폭포를 비단 화폭 위에 먹빛만으로 담아냈다. 강원도 영동(嶺東)지방에 해당하는 '관동'은 빼어난 자연 경관으로 오래전부터 수많은 문인과 예인들이 흠모해온 곳이다. 조선시대 가사문학의 효시로 꼽히는 송강 정철松江 鄭澈, 1536~1593의 〈관동별곡(關東別曲)〉도 강원도의 명승지를 두루 유람한 뒤 그 감상을 적은 것이다. 이처럼 관동은 문인과 예인에게는 명작의 소재가 된 장소로 유명했다.

그런데, 김홍도의 산수화 〈구룡연〉이 또 다른 누군가에게는 예술이 아닌 권력의 유지와 확장을 위해 획득하거나 수성해야 하는 하나의 지형도로서의 의미를 갖는다. 특히 관동은 지정학적으로 매우 중요한 요지였는데, 관

단원 김홍도, 〈구룡연〉, 종이에 수묵, 43.3×28.4cm, 간송미술관, 서울

동의 '관(關)'자에 담긴 함의를 풀어보면 그 속사정을 알 수 있다.

산수화의 소재지로만 감상하기엔 너무나도 중요한 군사 요충지

한자를 가만히 들여다보면, 관동(關東)의 반대편에는 관서(關西)가 있을 듯하다. 그렇다. 관서 지역은 지금의 평안남북도 일대를 가리킨다. 물론, 관북(關北) 지역도 있는데, 함경남북도 일대가 해당된다. 한자 뜻 그대로 풀어보면, 해당 지역들이 '관(關)'을 중심으로 각각 동쪽, 서쪽, 북쪽에 있다는 의미다.

여기서 중심이 되는 '관'은 한국사의 주요 분기점마다 매우 중요한 역할을 해온 요충지, '철령관(鐵嶺關)'을 의미한다. 요새를 뜻하는 '관'이란 단어가 붙은 대표적인 곳으로 남부 지역의 '조령관(鳥嶺關)'도 있다. 조령관은 경상도 지역을 의미하는 '영남(嶺南)'이란 단어가 만들어진 배경이 되기도 했다.

상대적으로 우리에게 덜 알려진 '철령'은 오늘날 북한 강원도 회양군과 고산군 사이에 위치한 해발 685m에 이르는 고개를 가리킨다. 예로부터 중부지방과 관서, 관북 지역을 연결하는 중요한 교통로이자 군사적 요충지였던 까닭에, 수비 요새 기능을 위

경상도 일대를 의미하는 '영남'이란 말의 어원이 된 조령관의 모습. 조령관은 철령관과 함께 한반도에서 매우 중요한 관문으로 여겨져 왔다.

한 '관'이 일찍부터 세워졌다. 특히 고려와 조선의 왕조 교체기에 매우 중요한 지역으로 부각됐으니, 당대의 권력자들은 이 지역을 수려한 산수화의 소재지로만 감상하는데 그치기가 쉽지 않았으리라.

위화도 회군의 속사정

고려는 1259년에 몽골 제국과의 오랜 전쟁 끝에 화의하고 오늘날의 관서와 관북 지역 일대를 모두 몽골에 할양했다가 관서 지역은 반환받았고, 관북 지역은 공민왕恭愍王, 1330~1374 때 무력으로 되찾았다. 이때 관북 일대 영흥 지역인 쌍성총관부를 관할하던 조선의 태조 이성계李成桂, 1335~1406의 가문이 원(元)나라에서 고려로 내투(來投)해 고려의 장군이 되기도 했다.

한편, 1387년에 원나라를 몽골 고원으로 내쫓고 중국의 새 주인이 된 명(明)나라는 과거 원나라에 속했던 영토를 자국 영토로 귀속시키겠다고 연고권을 주장하고 나섰다. 그리고 이듬해인 1388년 요동 일대에 철령위(鐵嶺衛)라는 행정기구를 설치하고 고려에 일방적으로 통보한 뒤, 압록강 일대에 경비병을 보내고 양국 국경지대에 포고문을 내걸고 단속에 나서기 시작했다. 이것이 그 유명한 '철령위 문제'의 시작이다.

태조 이성계는 조선의 건국을 정당화시킬 목적으로 공민왕 내외의 영정을 그려 조선의 종묘에 봉안하였다. 이는 고려는 공민왕에서 끝났다는 의미이기도 하다.

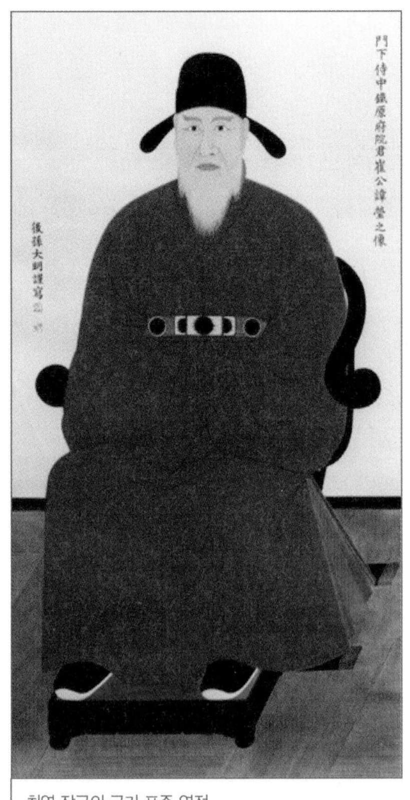

최영 장군의 국가 표준 영정

이에 당시 고려의 집권자였던 수시중(守侍中, 고려시대 도첨의부에 소속한 관직) 최영崔瑩, 1316~1388은 크게 분노하여 멋대로 월경한 명나라 경비병 스물한 명을 사살하고 다섯 명을 현지에서 생포했다. 결국 양국 사이는 돌이킬 수 없는 상황으로 치달았고, 최영은 당시 임금인 우왕禑王, 1365~1389의 명을 받아 요동정벌 계획을 발표했다. 이성계의 반대에도 불구하고 강행된 요동정벌에는 좌·우군 3만8000여 명, 수송부대 1만1000여 명을 포함해 약 5만의 병력이 동원됐다.

당시 경제적 상황이 좋지 않은 고려 입장에서는 전 국력을 동원한 정벌이었지만, 이성계의 위화도 회군에 따라 고려군은 국경을 넘지도 않고 돌아왔고, 오히려 개경에서 최영의 수비부대와 교전을 벌이게 됐다. 약 8000여 명의 병력으로 수비에 나섰던 최영은 중과부적(衆寡不敵)으로 참패했으며, 시가전까지 벌인 결과 고려의 수도와 궁궐은 회군한 요동정벌군에 함락되고 말았다.

이성계의 회군이 성공하고 새로 고려의 조정이 재편되자 명나라는 곧바로 오늘날의 외교부격인 예부(禮部)를 통해 철령위 설치를 중지하겠다는 표문을 고려 사신에게 보냈다. 회군 당시 이성계 일파 및 일족들의 일사분란했던 움직임 등을 고려하건대, 오늘날 역사학계에서는 위화도 회군이 명나라 측과 사전 교감이 있었던 것으로 추정하고 있다.

전주 경기전에 있는 태조 이성계의 어진

한편, 이른바 '관'에 얽힌 권력 싸움은 우리뿐만 아니라 중국과 일본의 역사에서도 전해진다. 중국의 경우 『삼국지』에서 흔히 볼 수 있는 장안(長安)성이 위치한 '관중(關中)' 지역은 북쪽의 소관(蕭關), 남쪽의 무관(武關), 서쪽의 대산관(大散關), 동쪽의 함곡관(函谷關) 등 네 개 관으로 둘러싸여 있다고 해서 관중이라 불린다. 일본 본토 역시 크게 '간사이(關西)'와 '간토(關東)' 두 지방으로 나뉘며, 그 기준이 되는 지점은 세키가하라 지역이다. 이곳은 임진왜란 직후 도요토미 계열인 서(西)군과 도쿠가와 계열인 동(東)군이 대규모 교전을 벌인 지역이기도 하다.

왜 그들은 조국을 향해 총구를 겨눴을까?

청나라 고유의 군사제도

병자호란 당시 남한산성를 포위하고 공격하던 청나라 군사들 중에는 조선인 출신 병사들이 있었다. 청 태종 홍타이지文皇帝, 1592~1643를 사령관으로 섬기며 조국을 공격해야만 했던 이 조선인 병사들은 명나라 멸망 후, 베이징(北京)부터 난징(南京)까지 중국 대륙을 누비며 청나라의 중원 정복 사업의 선봉에 서기도 했다. 남의 전쟁에 희생된 이 비운의 병사들은 '조선팔기'라고 불린다.

여기서 '팔기'란 청나라 고유의 군사제도인 팔기군(八旗軍)의 팔기를 뜻한다. 청나라는 종족에 따라 지배민족이었던 만주족의 만주팔기, 몽골족의 몽골팔기, 투항한 명나라 사람들로 구성된 한인팔기, 조선인 출신들로 구성된 조선팔기 등 팔기군 부대를 운영했다. 조선팔기는 매우 우수한 조총부대로 구성돼 있었고, 이들은 청나라의 중원 지배에 중요한 역할을 도맡았다.

예수회 선교사이자 화가인 주세페 카스틸리오네(Giuseppe Castiglione, 1688~1766)가 그린 〈건륭제 행차도〉에는 청나라 최전성기를 이끈 건륭제(乾隆帝, 1711~1799)를 호위하는 팔기군이 등장한다.

'이기는 쪽에 투항하라'는 어명

조선팔기는 처음부터 자원해서 청나라에 투항한 병사들이 아니었다. 그들은 임진왜란 이후 조선 조정이 뼈를 깎는 노력을 통해 만든 최정예 조총수들로서 원래는 조선의 서북 변방을 수호하던 조선의 병사들이었다. 복잡다단하게 얽힌 명·청 교체기의 대륙 상황과 광해군-인조정권 교체기의 혼란 속에서, 조국으로부터 버림받은 이 정예 병사들은 어쩔 수 없이 변발을 하고 청군의 앞잡이가 돼서 조국을 공격해야만 했다.

조선팔기군이 청나라에서 생겨나게 된 배경에는 광해군-인조정권 교체기에 연달아 벌어진 두 가지 사건이 놓여있다. 바로 '사르후전투'와 '이괄의 난'이다. 1619년 벌어진 사르후전투와 5년 뒤 벌어진 이괄의 난은 모두 조선이 청나라의 침략에 제대로 대응하지 못하게 된 직접적 원인이 된 사건들이다. 이 두 사건으로 말미암아 조선을 지키던 병사들이 거꾸로 조선으로 총구를 돌리게 됐기 때문이다.

먼저 사르후전투는 당시 조선뿐만 아니라 동아시아 역사 전체를 바꾼 희대의 격전으로 기억된다. 명나라의 요동 정벌 계획에 따라 명군 10만 명과 조선군 1만3000명이 동원된 이 전투에서 명군이 참패하면서 청나라는 멸망 위기에서 벗어났고, 이후 중원 정벌을 노릴 정도의 국력을 쌓게 된다.

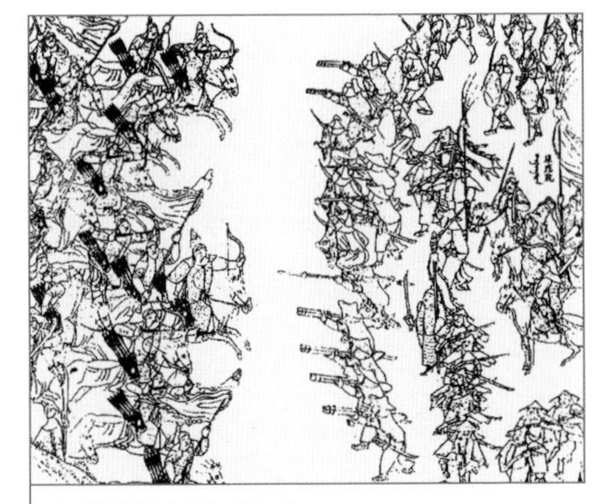
사르후전투를 묘사한 일러스트

당시 광해군이 이끌던 조정은 임진왜란 때 대병력을

파병해 준 명나라의 파병 요청을 도저히 무시할 수 없었다. 1619년 당시 시점까지 명나라는 매우 강력한 나라였으며, 청나라는 명나라의 만리장성 요새를 공략하지 못하고 요동에서 활로를 찾고 있던 시기였다. 다만 명나라 장수들은 평지인 만주에서의 싸움에 익숙하지 못했고 장수들끼리 협조도 제대로 이뤄지지 않아 각개격파 당할 위험이 컸다. 이런 상황을 간파했던 광해군은 파병부대의 사령관이었던 강홍립姜弘立, 1560~1627 장군에게 상황을 봐서 이기는 쪽에 투항하라는 밀명을 내렸다.

충남 공주시에 보존된 쌍수성사적비(충남유형문화재 제35호)에는, 인조가 이괄의 난을 피하여 공산성에 머물렀다는 기록이 새겨져 있다.

전투 결과 명군은 철저히 각개격파됐고 최정예 조총부대로 구성된 조선군도 갑자기 몰아친 바람에 휘말려 조준 사격을 제대로 못하는 사이에 순식간에 8000명의 병력을 잃고 그 자리에서 항복하고 말았다. 훗날 투항한 5000여 명의 조선군 중 고국으로 돌아온 사람은 2000여 명 뿐이었고, 나머지는 팔기군에 강제로 편입됐다. 임진왜란 이후 각고의 노력으로 키운 최정예 부대를 순식간에 잃은 조선은 당장 방어력이 크게 약해졌다.

조선은 인조반정 이후 서북지방 방어력 증강에 힘을 기울였는데, 이괄

李适, 1587~1624 장군을 위시로 강력한 서북 방어 병력을 키워내는데 주력했다. 그러나 논공행상(論功行賞 : 공로를 조사하여 상을 내림)에 불만을 가진 이괄 장군이 2만의 서북 수비 병력을 이끌고 1624년 한양으로 진격해 변란을 일으키면서 서북 방어에 구멍이 뚫리고 말았다. 이른바 '이괄의 난'은 가까스로 진압됐지만 이괄의 난에 가담했던 조선 병사들은 역적으로 몰려 죽을 위기에 처하자 어쩔 수 없이 압록강을 건너 청군에 투항했다. 사르후전투 때 잔류된 조선군과 함께 조선팔기가 창설된 것은 그 이후였다.

누가 그들에게 돌을 던지랴

조선팔기는 1627년 정묘호란에 이어 1636년 병자호란 때도 조국을 공격하기 위해 동원됐다. 청나라 군대가 조선군의 허실을 정확히 꿰뚫고 병자호란 당시 불과 일주일 만에 한양을 주파할 수 있었던 데는 조선팔기군의 역할이 컸다. 병자호란 당시 청군은 명나라의 오랜 경제 제재로 식량난에 허덕이고 있었고 사실상 도박과도 같은 전투를 펼친 터였기 때문에 조선군 방어의 약점을 정확히 몰랐다면 승리하기 힘든 상황이었다.

병자호란 이후 조선팔기군은 청나라 군대와 함께 중국 전역을 누비게 된다. 1644년 명나라가 멸망하고 산해관을 지키던 명나라 장수 오삼계吳三桂, 1612~1678가 만리장성의 문을 열자 조선팔기군은 만주팔기와 함께 명나라의 수도 베이징을 공격했다. 이때 청나라의 요청에 따라 파병된 조선군도 함께 베이징을 공격했다. 아울러 조선팔기군은 중원정벌에 동원됐고 그 일부는 베트남까지 파병된 정황이 발견되기도 했다.

최병욱 인하대학교 역사학과 교수가 쓴 『동남아시아사』에서는 베트남 하

조선팔기군이 최정예 조총부대였다면, 청나라의 지배민족이었던 만주족으로 구성된 만주팔기군은 유목민족답게 기동성이 탁월했다. 병자호란 이후 조선팔기군과 만주팔기군은 함께 중국 전역을 누볐다.

노이 부근의 '응옥 호이(玉回)' 마을에 사는 '낌(金)'씨 성을 가진 사람들 이야기가 나온다. 이들은 자신들이 청나라 군대를 따라 왔던 조선인들의 후예라고 주장한다. 베트남혁명 시기에 족보가 다 사라져 확인할 길은 없지만, 이들의 주장은 신빙성이 높다. 18세기 말 '레(黎) 왕조'를 무너뜨린 '떠이썬' 출신 삼형제의 반란군을 진압하기 위해 청나라의 팔기군 20만 명이 출동했는데, 이 원정군에 포함됐던 조선팔기군 중 일부가 포로로 잡혀 정착했을 가능성이 있다는 것이다.

역적으로 휘말려 자신들이 지키던 조국에서 버림받고 역으로 조국을 침략하는 전쟁에 선봉으로 동원되었고, 만리타향까지 끌려가 전쟁을 치러야 했던 조선팔기군의 파란만장했던 운명이 가슴을 먹먹하게 한다.

국가는 어떻게 패망에 이르는가?

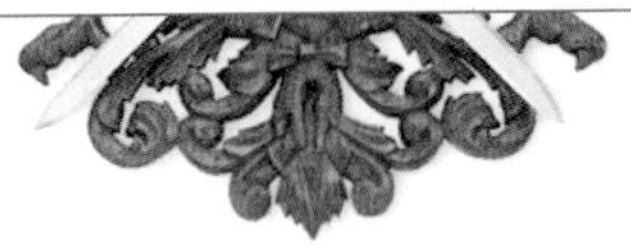

국사 교과서가 놓친 중대한 사실

누군가 '국가는 어떻게 패망에 이르는가?'라는 뼈아픈 질문을 해온다면, 1894년경 일제와 청나라가 조선 땅에서 벌인 전쟁에서 답을 찾을 수 있을 듯하다. 청일전쟁은 보통 한국의 식민지화에 단초가 된 전쟁으로 평가받는다.

그런데, 이 전쟁과 관련해 국사 교과서를 보면 한 가지 의문을 갖게 된다. 청일전쟁 직전까지 동학군을 토벌했다는 조선의 '관군'은 대체 뭘 했는지 여부다. 외국군이 진주해 자기네 땅에서 전쟁을 벌였다면 분명 이를 막든, 누군가와 연합해서 싸우든 교전 내용이 나와야 정상이지만 조선군의 움직임에 대해서는 국사책 어디에도 없다.

그렇다면 그때 조선군은 대체 뭘 하고 있었을까? 이 질문에 대한 답은 한 가지가 아니다. 중앙에서 파견된 장위영(壯衛營) 군대는 일본군과 연합해 청군과 싸웠고, 당시 평양감사가 이끌던 평양의 지방 주둔군인 위수병(衛戍兵)

토시히데 미기타(Toshihide Migita, 1862~1925), 〈위해위전투에서 항복하는 청군 사절〉, 1895년, 종이에 채색

청일전쟁 당시 보초를 서고 있는 조선군과 청군포로들 모습. 사진 뒤쪽에 조선인들과 일본군 모습도 보인다. 청군 포로 중에는 조선 지방군들도 섞여있었다.

들은 청군과 연합해 일본군과 싸웠다. 전라도 지역의 지방군들은 동학군과 연합해 일본군을 친다며 북상했고 이들을 공격한 것은 일본군과 연합한 조선 관군이었다. 이처럼 청일전쟁에서 조선군은 자기들끼리 서로 총구를 겨누고 전투를 벌였다.

최악의 외교!

이런 한심하기 짝이 없는 행태가 나왔던 이유는 당시 조선의 국왕 고종과 그의 정치적 파트너였던 명성황후, 그리고 집권 민씨 척족이 최악의 외교를 벌였기 때문이다. 보통 청일전쟁이라 하면 단순히 일제의 야욕이 발단이 된 것처럼 알려져 있지만, 실제 발단이 된 것은 고종의 잘못된 '파병 요청'이었다.

1894년 2월, 동학 농민군이 봉기해 북상하기 시작했고, 조정에서 파견한 토벌군도 패퇴하자 다급해진 고종은 청나라에 파병을 요청코자 했다. 그러나 대신들이 모두 반대했다. 1885년, 청나라와 일본이 체결한 톈진조약에 의거해 청나라에 파병을 요청할 경우 일본도 파병할 것이며 그렇게 되면 조선이 양국의 전쟁터가 될 것이 자명했기 때문이다.

그러나 조선왕실인 전주 이씨 가문의 발호지인 전주가 동학군에 함락된 이후 고종은 청나라에 파병할 것을 줄기차게 주장했으며, 결국 왕명에 따라 청나라에 파병이 요청됐다. 청군은 톈진조약에 따라 일본정부에 파병을 알렸고, 일본은 기다렸다는 듯이 제물포에 병력을 상륙시키고 경복궁을 불시에 습격해 점령한 뒤 고종의 신변을 확보한 이후 조선에 내정개혁안 5개조와 함께 친일내각을 세워버렸다.

경복궁 함락 과정도 기막혔다. 원래 일본군은 당시 조선군의 무장 상태에 상당히 긴장한 상황이었고 경복궁 습격 날 동원된 병력도 1000여 명에 지나지 않았다. 또한 도성 밖에 병사들이 일본군의 대궐 침범 소식에 입성해 교전을 펼쳤으며 당시 신무기였던 기관총 등 각종 중화기로 무장한 조선군은 상당히 선전했다. 그러나 일본군이 고종의 신변을 확보하자 고종은 조선군에 무기를 버리라고 명을 내렸고, 이에 따라 조선군은 교전을 멈추고 일본군에 항복했다.

이렇게 스스로 화를 불러들인 고종과 민씨 정권의 이후 행태는 더욱 가관이었다. 중앙군은 일본군과 함께 연합해 청군과 싸우도록 명을 내리고 지방군에는 다른 밀명을 내려 청군과 연합해 한양으로 진격해, 궁궐에서 일본군을 쫓으라는 명령을 내렸다. 결국 조선군은 단합해서 외세를 물리치지 못하고 최고 지도자의 어리석은 결정에 따라 외세에 철저히 이용당하고 만 것이다.

청일전쟁 당시 일본군 모습. 기관총도 없었고 빈약한 무라타 소총으로 무장한 상태였으며 식량과 탄약 보급도 떨어진 상태였지만 기강면에서 앞서 있어 주로 도적떼로 구성됐던 청군을 물리칠 수 있었다.

청나라 군대도 일본군보다 규모가 컸고 보급도 탄탄한 편이었지만 군대 기강이 엉망이었고 병사들 대부분이 도적 출신이라 정규전에 익숙하지 못했다. 결국 평양에 주둔하던 청군 1만3000여 명과 조선군은 일본군을 만나 하루 만에 대패했다. 당시 일본군은 탄약과 식량 부족에 시달렸다. 만약 조선과 청나라 연합군이 하루만 더 평양성을 사수했다면 일본군은 알아서 자멸할 위기에 처하고 말았을 것이다. 결국 군대 기강의 차이가 승패를 가른 셈이다.

왕비의 피살, 왕의 도주

청일전쟁 이후 고종과 조선조정은 착실한 내정 개혁과 국력 양성에 힘쓰기보다는 또 다른 '박쥐외교'를 통해 이이제이(以夷制夷, 오랑캐를 이용하여 다른 오랑캐를 통제하고 부림)만을 노렸다. 고종과 명성황후는 삼국 간섭으로 일본이 랴오둥 반도를 청나라에 반환하는 것을 보고 러시아에 접근해 친러 정책을 펼쳤으며 이 과정에서 명성황후는 을미사변으로 암살당하고 만다. 이에 고종은 다시 아관파천을 통해 러시아 공사관으로 도주했으며 러시아의 힘을 빌려 친일내각을 박살내고 이 과정에서 수많은 개화파 지식인들을 숙청했다.

★ THE BURIAL OF AN ORIENTAL EMPRESS. ★

The Corean Empress Who Was Murdered.

명성황후 장례식을 보도한 1898년 1월 9일자 「샌프란시스코 크로니클」(이미지 출처 : 헐버트 박사 기념사업회)

결국 식민지화로 가는 망국의 길목에서 일제의 야욕 못지않게 국왕인 고종과 민씨 척족들의 정치 및 외교적 행태가 크게 한몫했던 셈이다. 한반도를 둘러싼 위기감이 고조되고 있는 상황에서 당시 고종과 민씨 척족이 보여줬던 최악의 정치와 외교적 행보는 결국 나라의 명을 재촉하고 말았다.

▌청일전쟁 당시 청군과 일본군의 진로 및 조선군의 태도

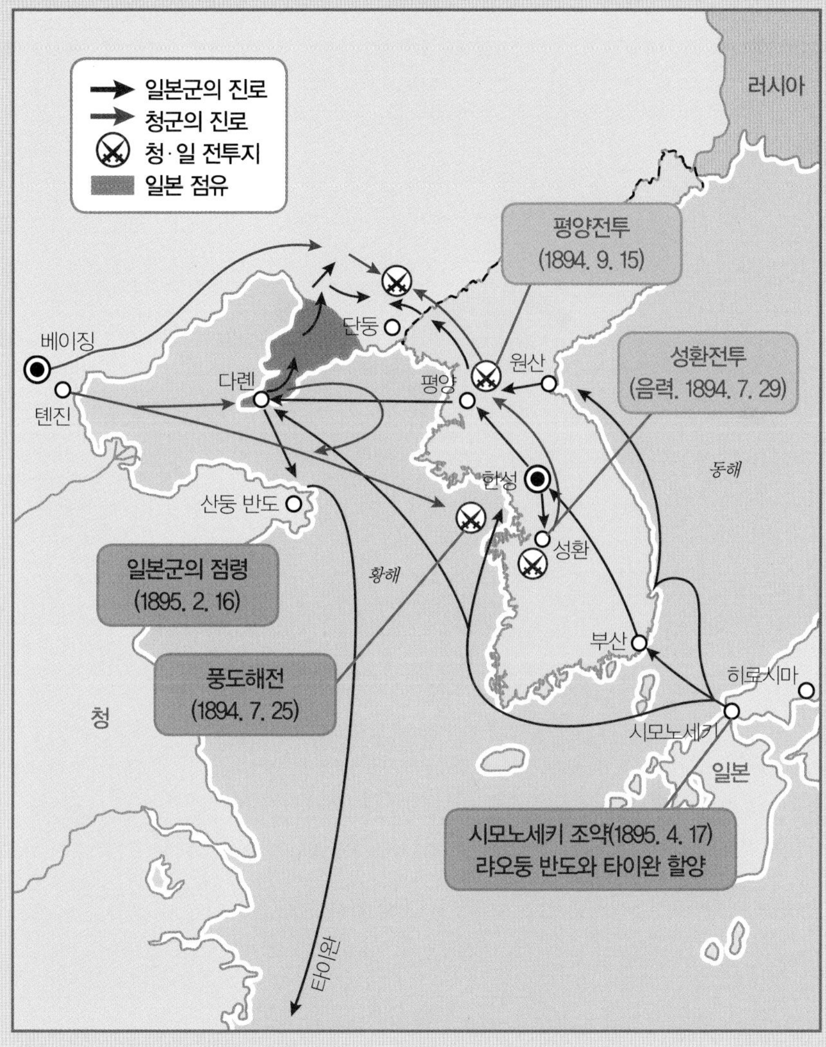

- 중앙에서 파견된 장위영(壯衛營) 군대 : 일본군과 연합해 청군과 싸움.
- 평양감사가 이끌던 평양의 지방 주둔군인 위수병(偉戌兵) : 청군과 연합해 일본군과 싸움.
- 전라도 지역 지방군 : 동학군과 연합해 일본군을 치기 위해 북상해 일본군과 연합한 조선 관군과 충돌
- 결국 청일전쟁에서 조선군은 조선군끼리 총구를 겨누고 전투를 벌임.

나무위키와 네이버 두산백과를 인용하여 재구성

War History Gallery

일제는 왜 조선에 '활쏘기 금지령'을 내렸을까?

일제가 두려워했던 것

일제강점기가 막 시작된 1910년, 총검을 찬 군경을 동원한 일제의 '무단통치'가 시작되면서 그들이 시급히 내린 칙령 중 하나가 바로 '활쏘기 금지령'이었다. 이는 치안 관련 칙령으로 내려진 조치로 민간에서 일체 활쏘기를 못하게 하는 명령이었다. 이후 구한말까지 서울에서도 아주 흔하게 볼 수 있었다는 '활터(射亭)'는 일제강점기를 거치며 자취를 감추기 시작했고, 세계적으로 명성을 얻고 있는 한국 양궁에 비해 국궁은 오늘날 명맥만 유지하는 상황이 됐다.

사실 1910년이면 이미 활이라는 제식무기에서 벗어난 시대이고 조선에서도 1894년 갑오개혁 이후에는 의병들도 대부분 개인화기인 총기로 무장한 상태였다. 활쏘기는 스포츠 정도로 생각할 수 있는 시대였지만, 그럼에도 일제가 그토록 활을 못 쏘게 했던 이유는 무엇일까?

강희언, 〈사인사예〉, 종이에 묵, 26×21cm, 개인 소장

활의 나라, 조선!

일제가 조선인들의 활쏘기를 금지한 이유는 매우 단순했다. 활을 잘 쏘면 그만큼 총도 잘 쐈기 때문이다. 조선인들은 대부분 명궁이었고, 이런 사람들에게 활보다 훨씬 쏘기 쉬운 총기가 쥐어지면 그 살상 효과는 배가 될 수밖에 없었다. 조선총독부 입장에서, 만약 조선에 엄청난 소요사태가 발생해 총기가 민간으로 대량 유출될 경우, 곧바로 의병이 일어날 수도 있는 상황을 우려했을 것이다.

구한말까지 이어진 조선의 활 문화를 살펴보면, 일제의 우려가 단순한 기우가 아니었음을 알 수 있다. 조선인들은 남녀노소 누구나 활을 잘 쐈는데, 열세 살 이상부터 활쏘기를 배웠다고 한다.

무과시험 준비생들은 물론, 문과를 공부하는 선비들도 활쏘기가 유학자의 덕목 중 하나인 육예(六藝)에 속한다고 하여 열심히 수련했다. 조선시대 중인 출신 화가 담졸 강희언澹拙 姜熙彦, 1710~1784이 그린 〈사인사예(士人射藝)〉(291쪽)를 보면, 갓을 쓴 선비들이 활을 다루는 모습이 매우 구체적으로 묘사됐다. 조선시대 풍속화가 기산 김준근箕山 金俊根, 생몰연도 미상은 선비들이 과녁을 향해 활쏘기를 겨루는 장면을 그렸다.

조선시대 풍속화가 기산 김준근은 선비들이 과녁을 향해 활쏘기를 겨루는 장면을 그렸다.

조선시대에 활쏘기는 신분을 가리지 않는 무예이자 스포츠였다. 노인들은 물론 심지어 기생들까지 활을 쏴서 내기를 할 정도로 조선은 '활의 나라'였다.

한민족의 시조라 여겨지는 동이족(東夷)의 '夷'자 역시 활을 잘 쏘는 종족임을 나타내는 글씨로 알려져 있고, 조선시대에 이르러서는 조정에서 적극적으로 활쏘기를 권장했다. 특히 북방 여진족과 남해안 일대 왜구 문제로 인해 민간인들도 적극적으로 지역방어에 나서게 해야 한다는 제안에 따라 세종대왕 집권기에는 아예 변방 주민들은 모두 활을 익히게 했다. 조선을 대표하는 풍속화가 단원 김홍도檀園 金弘道, 1745~1806는, 교관이 일반 농민에게 활쏘기를 알려주는 장면을 그렸다.

『세종실록』에는, 북쪽 변방의 열세 살 이상 주민들에게 모두 활을 익히게 하고, 고을마다 그냥 서서 쏘는 보사(步射)와 말을 타고 쏘는 기사(騎射), 말 타고 창을 날리는 기창(騎槍) 등 세 과목을 시험 봐서 고을마다 30여 명을 뽑아 등수별로 포상토록 지시한 기록도 있다. 이후 세조 집권기에 문신인 양성지梁誠之가 고한 내용이 『세조실록』에 다음과 같이 기록돼 있다.

"조선의 인민은 100만 호인데 그중 활을 쏘는 사람이 30만 명이고 정병이 10만 명이며, 용사가 3만 명입니다."

세조 역시 활쏘기를 장려해 궁사 100만 명을 길러 오랑캐를 제압할 것이라 기약했다는 내용이 전해지는 바, 조선시대에는 집집마다 유사시 궁병으로 쓸 수 있을 정도로 활을 잘 다루는 사람이 많았던 것으로 추정된다.

단원 김홍도(檀園 金弘道, 1745~1806), 〈활쏘기〉, 18세기 후반, 22.7×20cm, 종이에 옅은 채색, 국립 중앙 박물관, 서울

이처럼 조선이 '명사수의 나라'임을 방증하는 기록은 여러 고서를 통해 전해지고 있다. 실학의 선구자 지봉 이수광芝峰 李睟光, 1563~1628이 1614년에 편찬한 백과전서 『지봉유설(芝峰類說)』에는 동아시아 삼국을 대표하는 무예 및 무기로 조선의 활쏘기, 중국의 창술, 일본의 조총이 기록돼 있다. 1598년 출간된 조선시대 최고(最古)의 무예 도서 『무예제보(武藝諸譜)』에는, 조선의 무사들은 창검술보다는 활쏘기 연마에 훨씬 열중했다는 내용도 전해진다.

독일 왕자까지 격찬한 조선인의 사격 솜씨

임진왜란과 병자호란 등 전쟁을 거치면서 민간의 활쏘기는 계속 장려됐고, 무기가 화승총으로 바뀐 뒤에도 여전히 장전속도 면에서 화승총보다 우수한 활은 제식무기로 애용됐다.

활을 잘 쏘는 민족답게 총기 역시 잘 다뤘던 만큼, 조선인들의 사격 솜씨는 동아시아 일대에서 유명했으며, 병자호란 당시에도 많은 청나라 장수들이 저격받아 죽기도 했다. 이후 청나라는 나선정벌 때 조선의 조총수들을 파견해줄 것을 요구해오기도 했다. 그만큼 조선군의 사격능력이 우수했음을 방증하는 대목이다.

하인리히 왕자

구한말에는 국왕인 고종의 적극적인 장려 덕택에 활쏘기가 군과 민간

고종의 장려로 경희궁 북쪽에 마련된 활터 황학정에서 활 시위를 당기는 조선인들

에서 모두 크게 유행했다. 이는 독일에서 온 왕자의 영향도 컸다. 1899년 6월 당시 독일 황제 빌헬름 2세Wilhelm II, 1859~1941의 친동생인 하인리히Albert Wilhelm Heinrich, 1862~1929 왕자가 독일 제국의 동아 함대 사령관 자격으로 대한 제국을 공식 방문했을 때, 고종에게 조선의 궁술이 몹시 인상적이며 가치 있는 무술이라고 평가했다는 기록이 전해진다. 하인리히 왕자는 조선의 전통 궁술을 보고 크게 감탄하면서 직접 활을 쏴보기도 했었다고 한다.

고종은 당시 군사강국으로 알려진 독일의 왕자가 조선의 전통 무예인 궁술을 칭찬한 일에 매우 감격해 왕자가 떠난 그 다음날 바로 궁술을 장려하라는 지시를 내렸다. 그해 가을에 만들어진 활터가 오늘날에도 남아있는 국궁장인 경희궁 북쪽에 위치한 황학정(黃鶴亭)이다.

1910년 조선을 침탈해 식민지로 삼은 일제는 조선의 풍속을 말살하기 위해 할 수 있는 모든 수단을 동원했다. 일제는 하루빨리 조선이란 나라의 흔적을 지워버리고 싶었을 것이다. 그런 일제에게 조선인들의 활쏘기 실력은 문화와 풍속을 넘어 대단히 위협적인 군사적 재능으로 받아들여졌다. 결국 조선에서 활쏘기를 금지시키지 않으면 안 되었던 것이다.

War History Gallery

어느 로켓 과학자의 영욕의 세월

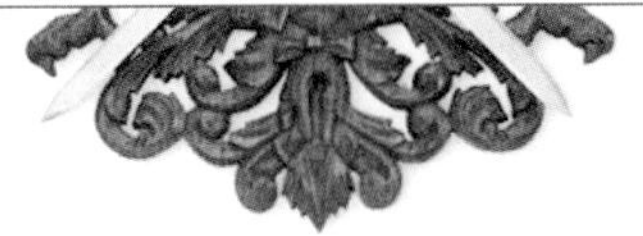

로켓과 미사일의 차이

"로켓의 성능은 완벽했다.
엉뚱한 행성에 떨어졌다는 것만 제외하면."

세계 최초의 탄도 미사일인 나치 독일의 V2 미사일을 설계한 베르너 폰 브라운Wernher von Braun, 1912~1977 박사가 V2 미사일에 대해 남긴 이 말은 로켓과 미사일의 관계를 가장 정확하게 표현한 말이다.

원래 미사일(missile)이란 말은 우주로 향하는 발사체에는 쓰이지도 않았던 단어였다. 모두 '로켓(rocket)'이란 이름으로 불리던 두 발사체가 분류되는 것은 최종 목표의 차이 때문이었다. 대기권 밖으로 나갔다가 다시 지구로 돌아와 지상에서 폭격되는 미사일과 우주공간으로 날아가는 로켓은 사

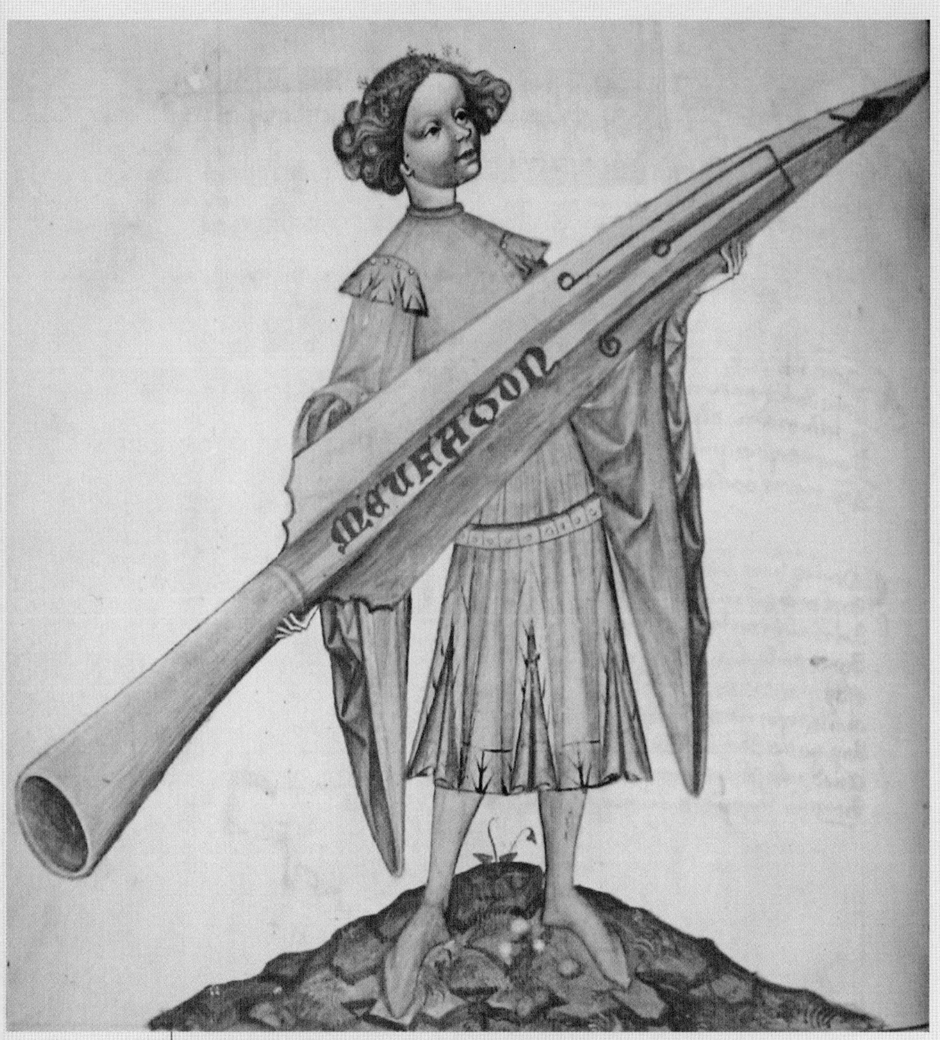

독일의 무기발명가인 콘라드 케이저(Konrad Kyeser, 1366~1405)가 쓴 최초의 무기도해서 『Bellifirtis』(1405년)에 수록된 그림 〈로켓을 들고 있는 알렉산더 대왕〉.

실 기본 원리부터 개발 역사까지 함께 움직였던 동일한 물건이었다.

로켓의 오래된 역사

미사일은 라틴어 'Mittere'에서 비롯된 말로, 원래의 뜻에는 '던지다', '전송하다'란 의미가 담겨있다. 오늘날 미사일이란 무기에 한정돼 사용하던 말이 아니라 활, 돌팔매, 투석기 등 원거리 무기 전반을 통칭할 때 쓰던 용어였다. 이 말이 현대에 와서 하나의 무기를 지칭하는 단어로 바뀐 것은 로켓의 발명 덕분이었다.

1944년 런던을 향해 발사되기 전 V2

로켓은 원래 연료와 산화제를 이용해 가스를 내뿜어 추진력을 얻는 발사체 전반을 말한다. 하단에 '분사 추진 기관'을 달고 있는 모든 비행체는 로켓에 속한다. 몸체 상단에 폭발물을 달고 있는 미사일도 종류에 상관없이 모두 로켓의 범주에 들어간다. 다만 순수 평화 목적의 로켓과 군사 무기인 미사일을 분류하는 것은 지상 목표를 향해 유도가 되는지 아닌지 여부에 달렸다.

로켓 자체의 역사는 상당히

긴 편으로 보통 중국 당(唐)나라 말기인 9세기 말에 처음 만들어진 '화전(火箭)'이 최초의 로켓으로 알려져 있다. 중국에서는 아직도 로켓을 화전이라고 부른다. 우리나라에서도 고려시대 이후 이런 로켓 무기들이 활발히 쓰였는데, 현대 다연장 로켓포의 기원으로 알려진 '신기전(神機箭)'이 대표적인 로켓 무기에 해당된다. 독일의 무기발명가이자 작가인 콘라드 케이저Konrad Kyeser, 1366~1405가 쓴 최초의 무기도해서 『Bellifirtis』(1405년)에는 〈로켓을 들고 있는 알렉산더 대왕〉(297쪽)이란 삽화가 수록되어 있다. 서양에서도 오래전부터 로켓에 대한 관심이 컸음을 방증하는 그림이다. 이처럼 로켓에 대한 관심은 동서고금을 불문하고 대단했다.

한편, 대기권 밖으로 날아가 우주공학 분야를 개척한 로켓은 제2차 세계 대전이 한창인 1940년대 출현했다. 미국의 물리학자 로버트 고다드Robert Goddard, 1882~1945 박사가 1926년 액체 연료 로켓을 개발한 뒤 1935년에 로켓으로 음속 돌파에 성공한 것을 계기로 로켓공학은 세계적인 연구 대상이 됐으며 특히 탄도 미사일 연구에 관심이 많던 당시 나치 독일에서 오늘날 로켓의 시초가 탄생했다. 세계 최초 탄도 미사일인 V2 미사일이 그 주인공이다.

V2로 초토화된 런던

V2의 설계 및 개발을 담당했던 베르너 폰 브라운 박사는 나치 독일에 협력한 전범 중 한 명으로 알려져 있지만, 협력 여부와 관계없이 일생 로켓 연구에 빠져 살던 인물이었다. 그의 유년시절은 실험용 로켓을 만들어 날리다가 사고를 여러 번 쳐서 부모에게 혼났다는 일화로 가득하다. 본래는 음악가가 꿈이라 첼로와 피아노 영재로 불렸지만 중학생 이후 어머니가 선물해준 천체 망원경으로 밤하늘을 바라보다가 우주비행사가 되겠다는 꿈을 꾸기 시작했다고 전해진다.

이 순수한 소년의 꿈은 그가 약관의 나이에 베를린 대학교에서 박사 학위를 받은 이후부터 움직이기 시작했다. 1933년 나치당이 집권한 이후 모든 로켓 개발은 독일 육군에서 맡게 됐으며 브라운 박사는 독일군 소속의 연구소에서 로켓을 개발하게 됐다. 브라운 박사는 고다드 박사가 개발한 액체 연료 로켓 원리를 이용해 1942년에 당대 최고의 로켓이자 탄도 미사일인 V2 개발에 성공했다. V2는 세계 최초로 실전 배치된 로켓이자 미사일로서, 1944년 런던을 향해 발사됐다. V2 공격으로 런던에서는 2700여 명이 사망하는 참사가 초래됐다. 당시 처음 선보인 현대식 미사일 폭격으로 영국인들은 큰 충격에 빠지고 말았다.

그러나 이미 지상전과 공중전에서 대패한 나치 독일은 1945년 5월에 히틀러Adolf Hitler, 1889~1945가 베를린 지하 벙커에서 자살하면서 끝이 났고, 브라운 박사와 그가 이끌던 로켓 공학자들은 전후 미군에 항복했다. 이들을 서로 차지하기 위해 소련군과 미군 간 치열한 경쟁이 벌어진 결과, 미군은 브라운 박사와 연구 인력을 얻었고, 소련군은 로켓 생산 공장을 점령해 V2 로켓과 부품들을 입수하는데 성공했다. 이것을 기반으로 미국과 소련은 냉전시대 치열한 우주 개발 경쟁에 들어가게 된다.

무엇을 발명했느냐보다 어떻게 사용했느냐가 중요

미국과 소련은 냉전시대 우주 개발을 통해 두 가지 결실을 맺는다. 하나는 대륙간 탄도 미사일(ICBM)을 비롯한 핵무기였고, 또 다른 하나는 아폴로 11호의 달 착륙이었다. 마지막 상단 로켓을 분리하는 시점에서만 차이가 나는 두 발사체의 특성상 개발은 거의 같이 이뤄졌다. 실제로 세계 최초의 ICBM이었던 R-7 미사일은 소련의 유인 우주선 소유즈 발사체의 모델이 됐다. 미국 최초의 유인 우주선에도 아틀라스 ICBM이 쓰였다. 오늘날에도 냉전 후 퇴역한 ICBM 발사체들은 종종 위성 발사용 로켓으로 쓰이곤 한다.

한편 로켓의 아버지였던 브라운 박사는 아폴로 11호의 달 착륙으로 엄청난 위명을 얻었지만 정작 본인은 고령이 되는 바람에 우주여행이라는 평생의 꿈을 이루지 못하고 눈을 감았다. 말년에 화성 유인 탐사를 계획했지만 달 착륙 경쟁에서 소련을 이긴 이후 오히려 우주 개발 예산이 삭감되면서 화성 탐사 계획은 취소되고 말았다.

한편, 브라운 박사가 남긴 로켓공학과 탄도 미사일 기술은 탄도 계산을 위해 고안된 컴퓨터와 컴퓨터 연산을 빠르게 하기 위한 네트워크의 정밀화로 이어졌고, 이것이 민간으로 나오면서 인터넷으로 발전하게 된 것이다. 로켓과 미사일이 IT의 발전에 지대한 영향을 끼친 셈이다.

1969년 9월 25일 아폴로 11호의 달 착륙을 기념한 합성 사진. 마치 브라운 박사가 달 표면을 걷고 있는 것처럼 그의 그림자가 자연스럽다(사진 : Dan Beaumont Space Museum).

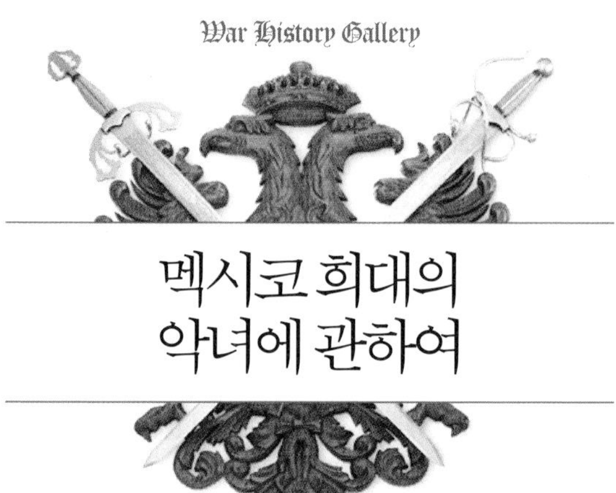

멕시코 희대의 악녀에 관하여

멕시코의 팜므파탈?

멕시코인들이 희대의 악녀이자 매국노로 여겨온 여인이 있다. 역사 속 악녀들이 그러하듯 그녀 역시 미천한 신분으로 태어났지만 빼어난 미모에 머리까지 총명해 권력께나 휘두르는 뭇 남성의 마음을 사로잡았다. 오늘날 멕시코의 전신 아즈텍 제국을 멸망시킨 에르난도 코르테스Hernando Cortes, 1485~1547(51쪽)의 아내 '말린체Malinche, 1496~1529' 이야기다.

말린체는 아즈텍 제국과 옛 마야 왕국 접경 지역에 기거하던 부족 출신으로, 노예 신분으로 어린 시절을 보냈다. 그러던 중에 부족장이 스페인 출신의 탐험가이자 정복자인 코르테스와의 전투에서 패한 뒤 그 댓가로 여자 노예 20여 명을 바쳤는데, 그 가운데 한 명이 말린체였다. 군계일학(群鷄一鶴)의 미모 덕분에 코르테스의 눈에 띄었고 남심을 사로잡는 화술과 매너로 단숨에 정복자의 안주인 자리까지 잡아챘으니 그녀의 처세술은 타의추종을 불허할 만 했다.

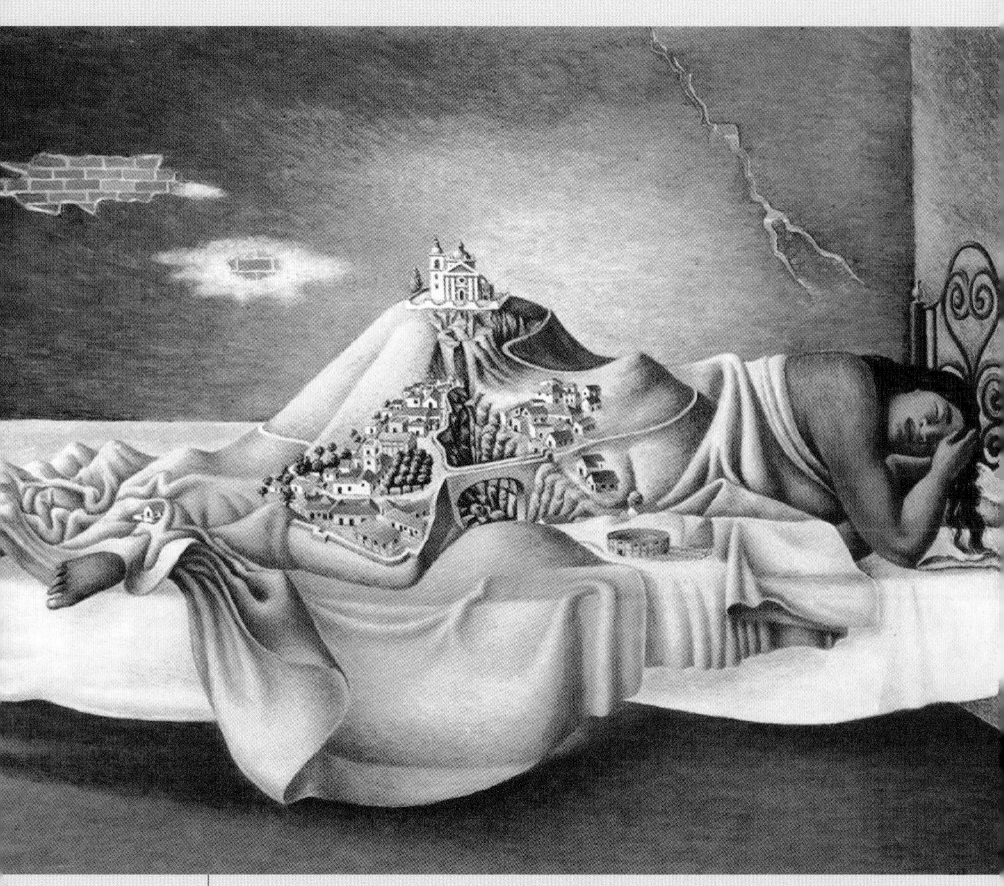

안토니오 루이스(Antonio Ruiz, 1897~1964), 〈말린체의 꿈〉, 1937년, 캔버스에 유채

그녀가 매국노가 되고만 이유

노비에서 정복자의 안주인으로 인생역전에 성공했으니 이제 그녀에게는 풍요롭고 안락한 삶이 기다릴 만도 했다. 그런데, 말린체의 삶은 달랐다. 남달리 영특했던 그녀는 단숨에 스페인어를 익혀 코르테스는 물론 그의 부하들과도 자유롭게 의사소통할 수준에 도달하더니, 아즈텍 제국 공용어인 나와틀어를 비롯해 각종 중남미 현지 언어, 풍습, 사고방식, 종교까지 습득했다.

그녀는 코르테스의 통역사 노릇을 하며 남편에게 아즈텍 제국의 현지 정보를 모두 가져다줬다. 코르테스는 아내 말린체의 정보를 토대로 아즈텍 제국에 반감을 품고 있던 틀락스칼라족 및 토토카나족과 연합하여 아즈텍 제국의 중심 도시인 테노치티틀란을 공격해 아즈텍 제국을 멸망시켰다.

오늘날 멕시코인들이 말린체를 매국노라 여기는 이유가 여기에 있다. 그녀가 코르테스의 통역사가 되어 그를 물심양면으로 돕지 않았다면 고작 500여 명 정도였던 스페인 군대에 인구 3000만 명이 넘는 아즈텍 제국이 멸망하지 않았을 것이라고 멕시코인들은 생각했다.

디에고 카마고(Diego M. Camargo, 1529~1599), 〈코르테스와 통역 중인 말린체〉, 1585년, 종이에 연필

스페인군이 아즈텍 제국과의 전투에서 압도적 우세를 점할 수 있었던 것은 양군의 무장력에서 차이가 컸기 때문이기도 했다. 하지만 아무리 그렇더라도 500여 명 정도의 소규모 병력으로 수십만에 이르는 아즈텍군을 괴멸시킨 것은 현지 동맹들을 적절히 활용한 말린체의 외교력이 큰 역

할을 했기 때문에 가능했다.

결국 19세기 이후 중남미 일대 국가들이 유럽 본국으로부터 독립하고 민족주의가 자리 잡으면서 말린체는 완전히 역적으로 전락하고 말았다. 심지어 민간에서는 '라 요라나(La Llorana)'라는 귀신으로 불릴 지경에 이르렀다. 당시 멕시코 원주민들 사이에서 말린체 귀신은 남자를 시름시름 앓게 해 죽이는 악령으로 여겨졌다.

'꽃 전쟁'이라 불리는 아즈텍의 만행

하지만 최근 들어 말린체가 진정 매국노인지 여부에 대한 의구심이 커지고 있다. 무엇보다 멕시코의 전신인 아즈텍 제국이 당시 중남미 원주민들에게는 지옥의 정권이었으며, 그런 아즈텍도 딱히 멕시코 원주민이 세운 나라가 아니었다. 오히려 말린체를 비롯해 코르테스에 연합해 아즈텍을 무너뜨린 부족들 입장에서는 백인 동맹과 힘을 모아 압제자들을 무찌른 독립의 역사로 바라볼 수도 있다는 주장이 설득력을 얻고 있다. 아즈텍 제국의 실체를 파헤칠수록 말린체를 변호할 수 있는 여지는 점점 커진다.

원래 아즈텍 제국은 13세기에 북미 대륙 북쪽에서 멕시코 고원으로 내려온 메히카 부족이 세운 나라로, 군사력을 바탕으로 급성장했다. 흔히 '제국'이란 표현을 쓰지만 사실 아즈텍은 한 명의 황제에 의해 일사분란하게 통치되는 중앙집권적 제국이 아니라 테노치티틀란, 텍스코코, 틀라코판이란 세 개의 도시가 군사동맹을 맺고 주변 부족들을 군사력으로 통치하는 '도시국가 동맹체'였다. 이를 두고 '에슈카 틀라톨로얀(excan tlatoloyan)', 우리말로 '삼각동맹'이라고 부른다.

아즈텍이 만약 당대 중국처럼 지방 곳곳까지 관료제로 통치됐다면 코르테스가 그처럼 순식간에 거대한 제국을 해체시키지 못했을 것이다. 이 느슨한 지방행정의 한계를 알고 있었던 아즈텍 삼각동맹은 매우 잔인한 방식으로 지방을 통치했다. 그것은 특정 지역의 부족들이 군사력이 강해지거나 인구가 급증해 삼각동맹을 위협할 정도의 군사력이 생기면 일부러 전쟁을 일으킨 다음, 그 지역 청년들을 대거 끌고 와서 수만 명을 한꺼번에 신에게 바치는 인신공양 행위를 하는 것이었다. 이를 통해 아즈텍 삼각동맹의 상대적 우위는 지속되었고, 내분의 싹을 아예 제거했다.

아즈텍의 이런 전쟁을 가리켜 흔히 '꽃 전쟁'이라 부른다. 꽃 전쟁은 대규모 살상을 일삼는 것이 아니라 인신공양용 포로를 잡기 위한 전쟁이기에, 날카로운 무기들을 배제한 채 벌인 전쟁에서 비롯한 명칭이라고 한다.

아즈텍 삼각동맹은 상대 부족과의 전쟁에 앞서 스파이로 '포치테카(pochtechah)'라는 일종의 외교관을 보냈다. 포치테가는 상대 부족들에게 반역을 부추겨 전쟁을 일으켰고, 미리 준비된 아즈텍 병사들이 상대 부족을 공격해 포로를 끌고 와 인신공양에 바치는 참상을 거듭 저질렀다. 이 방식으로 아즈텍은 무려 300년 가까이 지금의 멕시코 일대를 다스렸다. 해마다 수많은 청년들이 잡혀가 인신공양으로 희생되는 아픔을 겪어온 멕시코 원주민 부족들에게 아즈텍은 그야말로 철천지 원수의 나라였다.

그녀에 관한 역사적 재평가를 기다리며

상황이 이러하다보니 코르테스가 아즈텍 삼각동맹의 중심 도시인 테노치티틀란을 공격하자 주변 부족들이 일제히 봉기해 코르테스를 도운 것이다. 코르테스는 자신의 소규모 병력과 함께 원주민 병력 20만 명을 동원할 수 있었고, 이들 새로운 동맹은 아즈텍 삼각동맹군을 철저히 무너뜨렸던 것이다. 이런 전략을 세우는데 큰 공을 세운 인물이 바로 말린체였다.

살육전이 없는 꽃 전쟁에 익숙한 아즈텍 군대는 무차별 살육전을 벌이는 코르테스군과의 싸움에서 큰 어려움을 겪었다. 특히 흑요석을 박은 창과 화살 등 석기시대 무기 말고는 별다른 살육무기가 없는 상황에서 철제 무기와 갑옷, 화승총과 대포로 무장한 스페인 군대를 이기는 것은 불가능했다. 아즈텍 병사들은 숫적 우세를 앞세워 소수 스페인군을 포로로 잡는 데까지는 성공했지만, 죽이지 않고 포로로 끌고 다니다가 놓치는 경우가 다반사였다.

더구나 서유럽의 온갖 전염병과 비위생적 환경에서 살아남은 스페인 군인들은, 한명 한명이 세균 덩어리나 마찬가지였다. 당시 중남미 지역은 유럽처럼 치명적인 전염병을 옮기는 가축을 대규모로 사육하지 않았다. 따라서 중남미는 전염병 청정 지역으로서, 콜레라와 천연두를 비롯한 각종 전염병에 대한 면역력이 떨어졌다. 더러운 전염병을 보균한 스페인 군인들은 멕시코 원주민들에게는 공포와 혐오의 대상이었고, 결국 전투에 맞서 싸우기도 전에 도망하는 원주민들이 적지 않았다.

아즈텍 멸망 이후 코르테스와 동맹을 맺고 그를 물심양면으로 도왔던 부족들은 스페인 식민지 시절에도 상당한 자치권을 누리며 스페인에 서서히 동화되어 갔다. 말린체 역시 코르테스와 사이에서 아이를 낳았고 코르테스가 본국으로 송환돼 돌아간 이후에는 다른 스페인 군인과 재혼하기도 했다.

그리고, 아즈텍의 압제에서 부족을 구한 한 여인의 일대기가 희대의 악녀이자 매국노의 만행으로 변하게 된 것은, 그녀가 죽고 300년이란 시간이 더 흐른 뒤의 일이었다. 이후 또 다시 시대가 변하면서 그녀에 대한 역사적 재평가가 이뤄지고 있다. 이제 말린체는 매국노의 이미지에서 벗어날 수 있을까?

국가란 진정 '엉터리 수작'에 지나지 않는 존재일까?

조르바가 꿈꾸는 자유

"내 조국이라고 했어요? 당신은 책에 쓰여 있는 그 엉터리 수작을 다 믿어요? 당신이 믿어야 할 것은 바로 나 같은 사람이에요. 조국 같은 게 있는 한 인간은 짐승, 그것도 앞뒤 헤아릴 줄 모르는 짐승 신세를 벗어나지 못합니다."

니코스 카잔차키스Nikos Kazantzakis, 1883~1957의 대표작 『그리스인 조르바』에서 주인공 조르바는 현대인들에게 '진정한 자유인'이란 이미지로 재해석되고 있다. 한때 대형서점에서 50~60세대가 가장 좋아하는 1위 작품으로 선정된 이유도 조르바가 건네는 자유와 해방의 목소리에 반응한 것이란 평이 줄을 잇는다. 우리나라에서는 흔히 은퇴를 앞두거나 이미 은퇴한 사람들이 정신적 여유를 찾기 위해 읽는 책으로 유명해졌다.

골리즈 레즈번(Golriz Rezvan), 〈조르바〉, 2015년, 캔버스에 유채, 19.7×15.7cm, 사치 갤러리, 런던

하지만 실제 이 작품에 깔려있는 배경인 '발칸전쟁'이란 참혹한 역사를 마주하면, 이 책이 결코 진정한 자유를 찾는 노년의 괴짜 사기꾼이 벌이는 시트콤만이 아님을 알 수 있다. 소설에 등장하는 주인공 조르바부터 그를 둘러싼 인물들은 모두 수많은 외세에 둘러싸여 19세기부터 20세기까지 100년이 넘는 기간 동안 전쟁의 상흔 속에 살아갔던 그리스 사람들을 상징한다.

『그리스인 조르바』의 1946년 초판본. 이 책의 원제는 '알렉시스 조르바의 삶과 모험(Vios kai politia tou Alexi Zormpa)'이다.

발칸전쟁은, 강대국 오스트리아의 발칸 반도 진출을 막기 위한 러시아의 계략이 발단이 되었다. 러시아는 발칸 반도에 속한 나라들의 결속을 꾀했고, 이로써 불가리아 · 세르비아 · 그리스 · 몬테네그로 사이에 '발칸동맹'이 성립되었다. 하지만 발칸동맹은 러시아의 의도대로 작동되지 않았다. 러시아는 발칸동맹을 반(反)오스트리아동맹으로 할 의도였지만, 발칸동맹국들은 발칸 반도에 있는 터키(투르크)의 영토를 획득하려는 데 목적이 있었다.

1912년 10월 발칸동맹국과 터키의 전쟁에서 강대국 터키는 예상 밖으로 고전을 면치 못하다가 패하고 말았다. 이후 휴전과 개전을 반복하다가 영토 분배를 둘러싸고 발칸동맹 내부에 대립이 심화됐다. 동맹국 중 휴전을 중재했던 불가리아가 1913년 6월에 돌연 같은 동맹국인 세르비아와 그리스를 공격함으로써 발칸전쟁은 새로운 국면을 맞이했다. 이번에는 몬테네그로 · 세르비아 · 그리스 · 루마니아 · 터키 등이 동맹이 되어 불가리아에게 선전포고를 하면서 전쟁이 확산됐다. 불가리아는 패전을 거듭하다 도브루

소티리오스 크리스티디스(Sotirios Christidis, 1858~1940), 〈제2차 발칸전쟁〉, 1913년, 판화, 국립 역사 박물관, 아테네

자를 루마니아에게, 마케도니아를 그리스와 세르비아에게 할양했으며, 카바라 일대도 그리스에게 양도했다. 두 차례의 발칸전쟁으로 발칸 반도에 위치한 나라들 간의 헤게모니 싸움은 더욱 격해졌고, 이는 결국 제1차 세계대전이 터지는 빌미를 제공하고 말았다.

그리스인의 비애

발칸 반도는 유럽에서도 역사가 참으로 복잡한 지역이었다. 1453년 동로마제국이 오스만터키에 의해 멸망한 후 500년 가까이 터키의 지배를 받다가 1829년 그리스가 독립하면서 발칸의 정치지형은 끊임없이 변화했다. 서부의 오스트리아-헝가리 제국, 동부의 러시아 제국은 터키의 발칸 영향력을 약화시키기 위해 배후에서 수많은 그리스인 독립 조직들을 후원하고 부추겼다. 영국과 프랑스도 자국의 이익에 따라 함대를 끌고 와 발칸 분쟁에 개입했다.

조르바가 '부불리나'라는 애칭으로 부르는 오르탕스 부인은 1866년부터 30여 년간 이어졌던 '크레타 봉기'를 상징하는 인물이다. 1897년 그리스정부는 과거 그리스 영토에서 모든 터키군을 몰아내야한다는, 이른바 '대(大) 그리스주의'에 휩싸인 대중들의 압력에 따라 오스만터키군과 전쟁을 벌였지만 참패했다.

하지만 곧바로 러시아, 프랑스, 이탈리아, 영국 등 열강이 개입해 크레타는 자치국 형태로 그리스의 보호국이 된다. 젊은 시절 이 4대 열강의 제독들을 사로잡았다는 그녀의 회상 속에는 크레타 섬이 겪었던 전쟁의 상처가 고스란히 담겨있다.

발칸전쟁에 휘말려 그리스를 위한다는 명목 하에 일어난 비적떼에 가담해 전투를 치렀던 조르바는 조국이란 개념을 몹시 경멸하는 인물로 등장한다. 19세기 이후 근대 그리스와 발칸 반도의 역사는 제2차 세계 대전이 종전될 때까지 끝없는 전쟁의 역사였다.

1829년 독립 이후부터 그리스의 국내외 상황은 매우 불안한 상태를 유지했다. 각지에서 일어난 분쟁, 러시아와 오스트리아 등 주변 열강의 개입, 영국 등 강대국에 진 채무로 1893년 이후 파산한 재정 상황 등이 그리스를 더욱 포화 속으로 밀어 넣었다.

그리스에서는 100년 넘게 전쟁과 내전을 치르면서, 전쟁의 당위성마저 점점 사라지고 말았다. 단순히 오스만터키와의 성전을 주장하던 민족주의 색채가 짙었던 전쟁은 점차 왕정주의자, 민주주의자, 자본주의자, 공산주의자 등 이데올로기가 다른 파벌간의 전쟁으로 비화됐다. 소설 속 조르바가 국가란 존재를 경멸할 수밖에 없는 상황이었던 것이다.

죽어야 비로소 얻어지는 자유

1912년과 1913년 벌어진 제1차, 제2차 발칸전쟁은 이듬해 1914년 제1차 세계 대전이 발발하면서 그 범위가 더욱 확산됐다. 러시아혁명의 물결 속에 카프카스지방에 살던 15만 명의 그리스인들이 인종청소를 당하는 등 난세의 연속이었다.

소설의 실제 모티브가 된 실존 인물 그리스인 기오르고스 조르바스Giorgis Zorbas는 훗날 그리스정부에서 공공복지부 장관이 된 카잔차키스와 함께 카프카스에서 볼셰비키(Bolsheviki) 과격단체에 의해 처형된 그리스인들을 송환시키기 위한 계획에 뛰어들기도 한다.

조르바가 살았던 참혹한 시대의 역사적 배경을 조금이라도 이해하고 나면, 그를 통해서 현대인들이 느끼고자 했던 목가적인 자유가 얼마나 터무니없는 것인지 머리를 조아리게 된다.

당시 조르바의 조국 그리스는, 고국의 고토(古土)를 회복한다는 명목으로 불나방처럼 뛰어든 사람들, 자신의 이념을 지키기 위해 죽어나간 지식인들, 그리고 열강에 의해 자행되어온 전쟁으로 희생된 죄 없는 아이들과 여인들이 넘쳐나는, 한 마디로 생지옥이었다.

작가 카잔차키스는 죽기 전에 자신의 묘비명을 아래와 같이 미리 써 두었다고 한다. 그는 자신이 그토록 갈구했던 자유란 죽음을 통해 생지옥을 탈출하고서야 얻을 수 있음을 깨달았던 게 아닐까?

"나는 아무것도 바라지 않는다.
나는 아무것도 두려워하지 않는다.
나는 자유다."

군사강국에서 복지강국이 된 나라

유럽 최고의 군사 천재

조금은 뜬금없는 질문으로 이 책의 마지막 글을 시작해야 할 것 같다. '스웨덴'하면 당신은 무엇이 가장 먼저 떠오르는가?

이케아 가구, 볼보 자동차, 복지국가 모델, 뮤지컬 〈맘마미아〉의 주인공이자 전설적인 팝 그룹 아바(ABBA)……

누가 봐도 평화롭고 풍요롭기만 했을 것 같은 이 나라가 한때 유럽 최고의 군사강국이었다는 사실은 잘 알려져 있지 않다. 실제로 17~18세기경 스웨덴은 100여 년간 유럽에서 매우 중요한 역사적 한 페이지를 장식했던 군사대국이었다.

스웨덴을 유럽 전쟁사에 길이 남긴 인물은 17세기 유럽 최고의 군사 천재로 알려진 구스타프 2세 아돌프Gustav II Adolf, 1594~1632 왕이다. 그는 근대 서양 최고 전쟁 천재로 기억되는 나폴레옹Napolèon Bonaparte, 1769~1821이 세계 7대 명장

제이콥 호에프나겔(Jacob Hoefnagel, 1575~1630), 〈구스타프 2세 아돌프의 초상화〉, 캔버스에 유채, 64×47cm, 왕궁 군사 박물관, 스톡홀름

중 한사람으로 꼽은 인물이기도 하다. 그는 갖가지 군사적 혁신을 단행한 왕이자 세계사에서 처음으로 근대적 국민개병제를 실시했던 인물로도 유명하다.

전쟁 천재 나폴레옹마저 감탄하게 한 군사 정책

스웨덴은 국토가 45만295km^{2}로 남한 면적의 다섯 배에 달하는 넓은 영토를 가지고 있지만, 영토 대부분이 북극권에 가까운 극한 지역으로 인구는 1000만 명 남짓밖에 안 된다. 구스타브 2세 아돌프 왕이 활동하던 17세기에는 인구가 200만 명을 겨우 넘어서는 수준이었다. 당시 이미 인구가 수천만 단위를 넘어선 프랑스나 독일의 거대한 왕국들에 비하면 소국이었다.

스웨덴처럼 한 나라의 인구가 적으면 일단 노동력과 군사력이 부족할 수밖에 없다. 특히 전쟁이 빈번했던 시기에 군사력이 약하면 주변국에 늘 시달릴 수밖에 없다.

구스타프 2세 아돌프 왕은 이러한 인적자원의 한계를 넘어서기 위해 전국을 일정 규모의 행정 단위로 편성해, 각지의 군 간부들에게 지역 단위별로 백성들을 훈련시키고 모든 국민을 사실상 예비군으로 편제시켜 언제든 대규모 병력을 동원할 수 있도록 하는 근대적 의미의 국민개병제와 총력전 개념을 처음 도입했다. 당시 유럽의 군대 편제는 대부분 용병제도로 병력 동원에 한계가 있었는데, 스웨덴의 국민개병제는 인구가 적은 상황에서도 30년전쟁이란 유럽 최초의 국제전에서 상당한 군사적 우위를 유지하는 밑거름이 됐다.

아울러 구스타프 2세 아돌프 왕은 훗날 나폴레옹전쟁에까지 영향을 끼치는 근대전의 기반인 야전 대포를 유럽 전장에 뿌리내린 인물로 유명하다. 당시까지 대포는 대부분 중동에서 도입된 대구경 포가 주를 이뤘고, 야전에서 병사들을 대상으로 쏘는 게 아니라 성벽이나 개별 요새 등 고정된 건축물을 사격해 파괴하는데 주로 쓰였다. 그러나 그는 경량화된 소구경 대포를 말이 끌게 하는 기마포부대를 운용해 야전에서 대규모 포격전으로 화력을 투사시키게 함으로써 전장의 풍경을 바꿔 놨다.

군사강국 스웨덴이 얻은 것은 무엇인가?

구스타프 2세 아돌프 왕의 군사 정책은 스웨덴을 유럽의 신흥 강대국으로 떠오르게 하는 밑거름이 됐다. 무엇보다 스웨덴 군대는 30년전쟁에서 크게 활약할 수 있었다. 비록 구스타프 2세 아돌프 왕은 30년전쟁 당시 독일 뤼첸전투에서 너무 급하게 선봉에 서서 지휘를 하다가 적에게 포위되어 전사하고 말았지만, 이후 스웨덴은 약 100년에 걸쳐 '북방의 사자'로 불리며 군사강국으로 군림했다. 실제로 그 당시 스웨덴은 독일 북부 일대와 핀란드를 지배하며 이른바 '스웨덴 제국'을 건설할 수 있었다.

다비드 폰 크라프트, 〈칼 12세의 초상화〉, 캔버스에 오일, 스웨덴 국립 박물관, 스톡홀름

이처럼 스웨덴 제국 탄생에 혁혁한 공을 세운 스웨덴군은 유럽 내에서 엄정한 군기

구스타프 세데르스트룀, 〈고국으로 옮겨지는 카를 12세의 시신〉, 1884년, 캔버스에 유채, 265×371cm, 스웨덴 국립 미술관, 스톡홀름

로 유명했다. 이는 프랑스의 태양왕 루이 14세Louis XIV, 1638~1715와 독일 프로이센의 프리드리히 2세Friedrich II, 1712~1786가 모두 스웨덴군을 벤치마킹해 군사 제도를 개혁했던 이유가 되기도 했다.

하지만 군사강국 스웨덴의 위엄은 결국 계속된 전쟁으로 인해 얼마 가지 못했다. 스웨덴의 마지막 군사 천재로 알려진 카를 12세Karl XII, 1682~1718는 열다섯의 어린 나이에 즉위했음에도 불구하고 1700년 러시아를 공격해 발트해 연안 일대를 장악하고 북방에 거대한 제국을 건설했다.

러시아 깊숙이 우크라이나 일대까지 쳐들어갔던 카를 12세는 군사적 위엄을 떨쳤지만 외교전에 실패해 주변에 너무 많은 적들을 두게 되었고, 스웨덴을 꺾기 위해 절치부심하던 러시아의 표트르 1세Pyotr I, 1672~1725와의 대북방전쟁에서 패배하며 결국 터키로 망명하는 신세가 되고 말았다. 이로 인해 핀란드를 러시아에 빼앗기게 되었고, 북독일 지역 일대의 스웨덴 영토마저 모두 상실하게 되면서 스웨덴 제국의 영광은 역사 속으로 사라지고 말았다. 이후 스웨덴은 북유럽의 패권을 상실했고 19세기 초반에는 나폴레옹과의 전쟁에서도 패하면서 군사강국의 명성마저 잃고 말았다.

카를 12세를 그린 두 장의 그림은 군사강국에서 패전국으로 저물어가는 스웨덴의 운명을 그대로 투영하는 듯하다. 다비드 폰 크라프트David von Krafft, 1655~1724가 그린 초상화(317쪽) 속 카를 12세의 모습은 당당한 전쟁 영웅이다. 하지만, 스웨덴의 역사화가 구스타프 세데르스트룀Gustaf Cederström, 1845~1933이 그린 〈고국으로 옮겨지는 카를 12세의 시신〉은 춥고 초라한 패전국의 현실이 적나라하게 묘사됐다. 왕의 시신을 운반하는 병사는 얼굴을 붕대로 싸맨 채 추운 눈길을 걷고 있고, 행렬 옆에서 한 아버지와 아들이 고개 숙여 카를 12세의 명복을 빌고 있다.

스웨덴이 군사강국이 되어 얻은 것은 도대체 무엇이었을까? 제국으로서의 영광은 길지 않았고 결국 주변에 적들만 늘려 끊임없이 전쟁만 겪었을 뿐이다.

전쟁으로 인한 상처와 후유증이 컸던 탓일까? 장기간 계속된 전쟁의 피로감은 스웨덴을 전쟁에서 멀찍이 물러서게 하는 계기가 됐다. 스웨덴은 1905년 노르웨이가 독립한 이후에도, 제1차, 제2차 세계 대전이 발발했을 때도 중립국의 지위를 유지하며 전쟁에 개입하지 않았다. 20세기 중반 이후 스웨덴이 집중했던 것은 군사강국이 아닌 복지강국이었다. 오늘날 스웨덴은 국방비에 쏟아 부어야 할 막대한 국가예산을 복지로 돌리면서 전 세계가 부러워하는 복지국가의 가장 이상적인 모델이 된 것이다.

작품 찾아보기

작가명 가나다 순

인명 찾아보기

| 가 · 나 · 다 |

| 라 · 마 · 바 |

| 사 · 아 · 자 |

| 차 · 카 · 타 |

| 파 · 하 · 기타 |

미술관에서 만난 전쟁사

초판 1쇄 발행 | 2018년 8월 16일
초판 4쇄 발행 | 2020년 4월 20일

지은이 | 이현우
펴낸이 | 이원범
기획·편집 | 김은숙
마케팅 | 안오영
표지 및 본문 디자인 | 강선욱
펴낸곳 | 어바웃어북 about a book
출판등록 | 2010년 12월 24일 제2010-000377호
주소 | 서울시 강서구 마곡중앙로 161-8 C동 1002호(마곡동, 두산더랜드파크)
전화 | (편집팀) 070-4232-6071 (영업팀) 070-4233-6070
팩스 | 02-335-6078

ISBN | 979-11-87150-45-9 03900

| about **SCIENCE** |

일상공간을 지배하는 비밀스런 과학원리

시크릿 스페이스(개정증보판)

| 서울과학교사모임 지음 | 402쪽 | 18,000원 |

나사못이나 자물쇠처럼 작고 평범한 사물에서
4차 산업혁명을 이끄는 인공지능에 이르기까지
기본원리를 낱낱이 파헤친 과학해부도감

- **교육과학기술부 '우수 과학 도서' 선정**
- **네이버 '오늘의 책' 선정**
- **행복한아침독서 '추천 도서' 선정**

우리 몸의 미스터리를 푸는 44가지 과학열쇠

시크릿 바디

| 의정부과학교사모임 지음 | 400쪽 | 18,000원 |

세상의 모든 과학은 우리 몸으로 통한다!
"인간은 어떻게 살아가는가?"에 대한
가장 재밌고 유익하고 명쾌한 과학적 해답

- **한국출판문화산업진흥원 '세종도서 교양 부문' 선정**
- **행복한아침독서 '추천 도서' 선정**

과학이 만들어낸 인류 최고의 발명품, 단위!

별걸 다 재는 단위 이야기

| 호시다 타다히코 지음 | 허강 옮김 | 263쪽 | 15,000원 |

**바이러스에서 우주까지 세상의 모든 것을
측정하기 위한 단위의 여정**

센티미터, 킬로그램, 칼로리, 퍼센트, 헥타르, 섭씨, 배럴 등등
우리 생활 깊숙이 스며든 단위라는 친근한 소재를 하나씩
되짚다보면, 과학의 뼈대가 절로 튼튼해진다.

138억 년 우주를 가로질러 당신에게로

어크로스 더 유니버스

| 김지현 · 김동훈 지음 | 456쪽 | 20,000원 |

**"지난 10여 년 동안 우리는 세계 곳곳을 돌아 행성 지구에서
별이 가장 잘 보이는 곳을 찾아다니며 드넓은 우주와 만났다!"**

북극 스발바르 제도, 호주 쿠나바라브란, 미국 뉴멕시코,
몽골 알타이사막, 하와이 빅아일랜드……
몸집보다 큰 천체망원경을 둘러멘 길 위의 과학자들의 여정

| about **STORY** |

당신의 혀를 매혹시키는 바람난 맛[風味]에 관하여

플레이버 보이

| 장준우 지음 | 16,800원 |

이탈리아, 스페인, 프랑스를 거쳐 스칸디나비아 반도에
이르기까지 음식의 역사와 원형을 찾아 길 위에 선
미각소년[味覺少年] 장준우의
세상에서 가장 지적인 맛에 관한 인문학적 탐사

마음의 허기를 채우는 음식에 관하여

맛 읽어주는 여자

| 모리시타 노리코 지음 | 지희정 옮김 | 243쪽 | 14,800원 |

음식에 담긴 삶의 서사와 시대의 풍경을 음미하다

우리 주변 가장 가까운 음식들의 유래와 역사, 음식에 담긴
시대의 풍경 및 음식이 우리 몸과 정신에 어떤 영향을
미쳐왔는지에 관한 인문학적 탐사.

마음을 두드리는 감성 언어

단어의 귓속말

| 김기연 지음 | 264쪽 | 12,800원 |

"글씨의 아름다움을 품은 단어는 머릿속에서만 맴돌던
어떤 말을 선명하게 바꾸어놓았다. 너무나 당연해서 스쳐버린
일상의 기억들이 책을 읽는 순간 이토록 싱싱하게
다가올 줄은 몰랐다. 슬금슬금 읽다보면 끝나버리는
한 권의 분량이 아쉬운 책!" _ 윤광준(사진작가)

작품이, 당신의 삶에 말을 걸다

명작을 읽을 권리

| 한윤정 지음 | 324쪽 | 16,000원 |

문학과 영화, 예술의 숲을 종횡무진 누비며
왜 이 작품이 명작의 반열에 올랐는지를 알려주는 명작독법

- **문화체육관광부 '우수 교양 도서' 선정**
- **네이버 '오늘의 책' 선정**
- **국립중앙도서관 사서 '추천 도서' 선정**

| about 美미 · 知지 · 人인 (미술관에 간 지식인 시리즈) |

이성과 감성으로 과학과 예술을 통섭하다

미술관에 간 화학자

| 전창림 지음 | 372쪽 | 18,000원 |

- 한국출판문화산업진흥원 '이 달의 읽을 만한 책' 선정
- 교육과학기술부 '우수 과학 도서' 선정
- 행복한아침독서 '추천 도서' 선정
- 네이버 '오늘의 책' 선정

명화에 담긴 과학과 예술의 화학작용

미술관에 간 화학자

두 번째 이야기

| 전창림 지음 | 372쪽 | 18,000원 |

불후의 명화가 진화해 온 화학적 수수께끼를 풀다!

- 고흐의 〈해바라기〉가 갈색으로 시든 이유?
- 수학의 선이냐, 화학의 색이냐? 선과 색의 싸움
- 악녀(팜 파탈)를 더욱 치명적으로 그리는 화학적 기법이란?
- 미세먼지 자욱한 세상에서 유난히 빛나는 한 점의 그림은?

의학의 눈으로 명화를 해부하다

미술관에 간 의학자

| 박광혁 지음 | 390쪽 | 18,000원 |

문명을 괴멸시킨 전염병부터 마음속 생채기까지
진료실 밖에서 만난 명화 속 의학 이야기

캔버스에 청진기를 대고 귀 기울이면 삶과 죽음 사이 어딘가에 서 있는 인간의 이야기가 들려온다.

캔버스에 숨겨진 수학의 묘수를 풀다

미술관에 간 수학자

| 이광연 | 361쪽 | 18,000원 |

점과 선, 면과 색, 대칭과 비율, 원근법과 점묘법 등
미술의 모든 요소와 기법에 관한 수학적 발상과 원리

"나는 이 책을 읽는 내내 명화 속에서 수학 원리를 발견하는 신기한 경험을 만끽했다. 이 책을 다 읽고 나니 수학책 속 어떤 도형에서 불쑥 모나리자의 미소가 겹쳐지곤 한다." _신항균(서울교대 수학교육과 교수)